外事干部学习培训教材

涉外礼宾礼仪

周加李◎著

图书在版编目（CIP）数据

涉外礼宾礼仪 / 周加李著. —北京：世界知识出版社，2023.8

外事干部学习培训教材

ISBN 978-7-5012-6475-9

Ⅰ.①涉… Ⅱ.①周… Ⅲ.①外交礼节—中国—干部培训—教材 Ⅳ.①D821

中国版本图书馆 CIP 数据核字（2021）第 253263 号

责任编辑	刘豫徽
责任出版	李　斌
责任校对	陈可望

书　　名	涉外礼宾礼仪 Shewai Libin Liyi
作　　者	周加李
出版发行	世界知识出版社
地址邮编	北京市东城区干面胡同 51 号（100010）
经　　销	新华书店
网　　址	www.ishizhi.cn
电　　话	010-65233645（市场部）
印　　刷	北京虎彩文化传播有限公司
开本印张	880 毫米×1230 毫米　1/32　12¼印张
字　　数	206 千字
版次印次	2023 年 8 月第一版　2024 年 10 月第二次印刷
标准书号	ISBN 978-7-5012-6475-9
定　　价	68.00 元

版权所有　侵权必究

本书获"外交学院一流学科建设文库系列丛书"出版资助,特致谢忱!

序

礼宾礼仪是国与国之间表示敬意与友好的一整套礼仪规范和行为准则。礼是对他人的恭敬之心，仪是礼的外在表现。礼宾礼仪受到世界各国的普遍重视。我从事外交工作近四十年，其中二十四年都是在做礼宾工作，并有幸担任了外交部礼宾司司长一职，深知礼宾工作的重要性。礼宾工作不是简单的迎来送往、吃穿住行，它是集政治性、规范性、技术性和艺术性为一体的工作。

一国礼宾工作水平的高低，一定程度上体现出该国的综合实力、国家形象与文明程度。由此可见，外交外事工作人员掌握礼宾礼仪的基本要素与技能是多么重要。要做到这一点，我认为首先应对礼宾礼仪知识进行系统的学习和研究。然而，目前礼宾礼仪的专业性书籍非常少。幸运的是，外交学院的周加李副教授一直在外交学院从事外交礼宾礼仪的教学与研究工作，她勤奋好学，孜孜不倦地探索着礼宾礼仪，是中国首位从事外交礼宾礼仪研究的女博士，发表出版了与礼宾礼仪相关的多项研究成果。她曾为多家中央国家机关以及企事业单位提供授课与咨询。周加李博士撰写的《涉外礼宾礼仪》一书，是她近十五年从事礼宾礼仪课程讲授、学术研究和社会服务的一个阶段性总结。作为曾长期从事礼宾工作的外交老兵，我对周加李博士的努力和研究成果表示高度赞赏。

阅读本书，我发现这本书有不少亮点。

第一，系统性。该书共十章，基本上涵盖了礼宾礼仪各个方面的内容，对礼宾礼仪规范进行了系统性梳理，并从三个逻辑层次展现：宏观的大型活动、中观的专业知识以及微观的人员素养等。书籍呈现点、线、面的布局，内容较为全面，具有系统性。

第二，学术性。该书既有对礼宾如何做的实操性梳理，也有对礼宾的学理性阐释，比如第一章从横向维度探讨礼宾是什么：价值、概念、内容与原则；也从纵向维度探讨礼宾的发展：过去、现在与未来。最后一章还对礼仪习俗与文化以及中国礼宾特色这些重要问题进行了探究。作者在阐释这些内容时引用了很多文献，并进行了深入的分析，超越了研究礼宾仅仅

序

介绍"如何做"的局限。

第三，趣味性。该书所包含的学术性并不妨碍它的可读性，作者以通俗易懂的语言，配合丰富的案例以及部分图片，使书籍阅读起来轻松、直观、有趣。这种学术性与趣味性的很好结合，我想正是作者不断积累的结果。

总之，该书是作者多年从事外交礼宾礼仪教学和研究的一个成果，尽管这是一本针对全国外事干部撰写的教材，但对涉外工作者来说，也是一本不可多得的礼宾专业图书。

是为序。

外交部礼宾司原司长
中国前驻希腊、爱尔兰大使
中国前驻旧金山大使衔总领事
2023 年 6 月 6 日于北京

目 录

第一章 涉外礼宾礼仪基础

第一节 价值、概念与内容 …………………………… 1
一、礼宾礼仪的价值 ………………………………… 2
二、礼宾礼仪的概念 ………………………………… 7
三、礼宾礼仪的内容 ………………………………… 12

第二节 产生、发展与趋势 …………………………… 15
一、礼宾礼仪的产生 ………………………………… 15
二、礼宾礼仪的发展 ………………………………… 18
三、礼宾礼仪的发展趋势 …………………………… 20

第三节 基本原则 ……………………………………… 25
一、宏观层面：惯例、对等与平衡 ………………… 25
二、中观层面：差别、细致与形象 ………………… 28

三、微观层面：守纪、体谅、应变 …………… 31

第二章　礼宾礼仪中的会面、会见、会谈礼仪

第一节　邀约与迎送礼仪 ………………………… 36
一、邀请与答复礼仪 …………………………… 37
二、迎送礼仪规范 ……………………………… 39
三、对待迎与送的态度 ………………………… 45

第二节　会面礼仪 ………………………………… 48
一、会面中的称谓礼仪 ………………………… 48
二、会面中的介绍礼仪 ………………………… 57
三、会面中的致意礼仪 ………………………… 61

第三节　会见、会谈（谈判）礼仪 ……………… 71
一、会见、会谈（谈判）的类型 ……………… 72
二、会见、会谈（谈判）相关的礼宾规范 …… 74
三、需要留意的几项细节 ……………………… 78

第三章　礼宾礼仪中的仪式与活动礼仪

第一节　开幕、颁奖与签字仪式 ………………… 83
一、开幕仪式 …………………………………… 84
二、颁奖仪式 …………………………………… 87

三、签字仪式 ………………………………… 90

第二节　国际会议、参观访问、观看演出的礼仪
………………………………………………… 94
一、国际会议礼仪 …………………………… 95
二、参观访问礼仪 …………………………… 100
三、观看演出礼仪 …………………………… 102

第三节　对外馈赠礼仪 ………………………… 107
一、对外赠礼的选择 ………………………… 108
二、对外赠礼的规范 ………………………… 111
三、接受赠礼的规范 ………………………… 114

第四章　宴请与酒水礼仪

第一节　宴请的组织与安排 …………………… 119
一、宴请常见的几种形式 …………………… 120
二、宴请的组织与安排 ……………………… 124
三、正式宴请的流程 ………………………… 130

第二节　就餐的礼节 …………………………… 135
一、中、西餐具的辨识与使用 ……………… 135
二、不同菜肴进食法 ………………………… 141

三、就餐姿势、风度与注意事项 ………… 146

第三节　酒水礼仪 ………… 150
　一、白、红葡萄酒礼仪 ………… 150
　二、祝酒知识与技巧 ………… 153
　三、咖啡与茶的品饮 ………… 156

第五章　礼宾次序与位次排序

第一节　礼宾次序起源与规范 ………… 161
　一、礼宾次序的起源 ………… 161
　二、化解位次之争的重要规范 ………… 164
　三、礼宾次序的灵活运用 ………… 168

第二节　位次排序的尊位标准 ………… 171
　一、高与低、先与后的尊位 ………… 172
　二、中与旁、外与里的准则 ………… 175
　三、左与右的准则 ………… 178

第三节　位次排序的运用 ………… 182
　一、会见、会谈（谈判）的位次排序 ……… 183
　二、签字仪式与交通工具的位次排序 ……… 189

三、宴会中的位次排序 ………………………… 194

第六章　国家标志礼仪与外交特权

第一节　国旗、国徽礼仪规范 ………………………… 204
一、国旗、国徽的适用场合 ………………………… 205
二、国旗、国徽的悬挂位置 ………………………… 208
三、国旗、国徽的使用规范 ………………………… 214

第二节　国歌礼仪规范 ………………………… 218
一、国歌的适用场合与活动 ………………………… 218
二、奏唱国歌的礼仪规范 ………………………… 221
三、外交外事中的国歌奏唱规范 ………………… 222

第三节　外交特权与豁免 ………………………… 225
一、外交特权与豁免的适用人员与时间 …… 225
二、使馆的特权与豁免 ………………………… 230
三、外交人员的特权与豁免 ………………………… 233

第七章　对外文书及其涉及的礼宾礼仪

第一节　对外文书的种类 ………………………… 239
一、外交类的文书 ………………………… 240

二、外事类常用的文书 ………………………… 243
　　三、电子类的对外文书 ………………………… 247

第二节　对外文书的使用规范 ……………………… 249
　　一、格式规范 …………………………………… 250
　　二、语言文字规范 ……………………………… 253
　　三、对外文书的注意事项 ……………………… 255

第三节　外事活动中的名片 ………………………… 257
　　一、名片中包含的内容及常见外文缩写 ……… 258
　　二、赠送名片的礼仪规范 ……………………… 261
　　三、接受名片的礼仪规范 ……………………… 264

第八章　礼宾礼仪中的个人形象

第一节　服饰要求 …………………………………… 267
　　一、服饰的审美要求 …………………………… 268
　　二、服饰的规范要求 …………………………… 273
　　三、配饰的巧妙运用 …………………………… 278

第二节　发型与妆容 ………………………………… 284
　　一、个人清洁工作 ……………………………… 284
　　二、外交外事人员的发型 ……………………… 286

三、外交外事人员的妆容与香水 …………… 290

第三节 举止仪态 …………………………… 293
 一、体现美感的举止仪态 …………………… 294
 二、体现规范的举止仪态 …………………… 296
 三、体现文明的举止仪态 …………………… 299

第九章 礼宾礼仪中的沟通交流

第一节 交流的外交外事价值 ……………… 302
 一、交流在外交外事中的价值 ……………… 302
 二、交流对于外交外事人员的价值 ………… 305
 三、外交外事人员交流素养的构成 ………… 308

第二节 外交外事人员的语言技巧 ………… 311
 一、外交辞令的理解 ………………………… 312
 二、交谈内容的选择 ………………………… 315
 三、交谈方式的调整 ………………………… 320

第三节 外交外事人员的非语言技巧 ……… 324
 一、辨识积极的体态语 ……………………… 325
 二、辨识消极的体态语 ……………………… 328
 三、不同文化影响下的体态语 ……………… 330

第十章 礼仪习俗与文化

第一节 跨文化交流意识 ………… 335
　一、建立跨文化交流的"敏感度" ………… 335
　二、提升跨文化交流的"包容度" ………… 338
　三、增强跨文化交流的"和合度" ………… 341

第二节 世界三大文化圈及其文化 ………… 344
　一、儒家文化圈 ………… 345
　二、基督教文化圈 ………… 348
　三、伊斯兰教文化圈 ………… 352

第三节 中国礼宾礼仪中的文化特色 ………… 355
　一、"天人合一"思想对中国礼宾位次观的影响 ………… 356
　二、"尚礼好客"思想对中国礼宾宴请观的影响 ………… 359
　三、"以仁为本"思想对中国礼宾待客观的影响 ………… 363
　四、"中庸之美"思想对中国礼宾服饰观的影响 ………… 366

后记 ………… 373

第一章 涉外礼宾礼仪基础

何为涉外礼宾礼仪，它是如何发展成今天的样子？这一章将从立体层面对涉外礼宾礼仪进行介绍，横向层面对涉外礼宾礼仪的价值、概念、内容进行梳理；纵向层面对礼宾的起源、发展与未来的趋势进行分析；最后再对礼宾的基本原则进行介绍。这些基础性知识与理论阐述能够帮助我们更加深刻地理解礼宾礼仪。

第一节 价值、概念与内容

礼宾礼仪是外交外事不可分割的部分，那么，它有哪些价值，如何定义，包含哪些内容？这些是研究礼宾礼仪的重要基础。

一、礼宾礼仪的价值

"礼"是文化的重要组成部分,是一种古老的现象,是人类精神文明的产物。然而,各个国家礼的形态并不必然具有同一性。实际上,不同文化对衡量是否合乎礼仪的标准往往是不同的,同一场景中对客人表达尊重的方式也可能不一样。不同的人类群体、民族,甚至在同一民族的不同区域,都会有不同的礼的形态。

礼宾礼仪是在各国差异性"礼"的基础上,在国与国交往的实践中,经过几百年的发展不断完善与成熟、逐渐形成的一套系统性规范,这套规范为世界各个国家承认、接受与践行。因此,作为世界各国求同的结果,这些礼的规范具有"同一性特征",并为促进国家间和谐交往、减少摩擦与冲突作出了贡献。

世界各国不同的"礼"经过几百年的发展逐渐形成一套世界性的共识与普遍性的规范,它代表与反映的正是人类文明积淀的普适性价值,体现着全人类的智慧与不同文明的精华。它所具有的同一性特征是全球化的重要体现,也为世界各个国家从最初的互不往来、很少往来到现代国家之间的频繁互动创造了条件，使国与国交往时能够以各国都能读懂的信号传递尊重、表达友好，从而减少国家间官方交往的障碍与困难，为人类的和谐共存与国家之间的和平相处创造条件。

礼宾礼仪具有不能忽视的价值与意义。礼宾礼仪处于外交外事的最表层，是外交外事活动重要的组成部分。从表面上看，涉外礼宾工作较为技术性、事务性、操作性，礼宾官曾被笑称为"吃喝迎送跳"的干部，但实质上是一门综合的外交艺术，具有很强的政治性与政策性。礼宾礼仪贯穿外交外事活动的始终，很多重大外交活动和决策都是通过礼宾这一载体实施与体现的。礼宾礼仪的价值表现在以下几个方面。

（一）促进国家间顺利交往

礼宾礼仪被称为国家间交往的润滑剂。礼宾礼仪通过制定一系列交际礼节、规则，使每一位参与者享有他应享有的礼遇，既体现等级性也体现平等性，使活动有序进行，各国宾客在礼宾礼仪的和谐乐章中共舞。欧洲外交官沙利文认为，"国家之间交往时缺少礼宾礼仪将会遇到更多困难、国际关系将会遇到更多的障碍,缺少和谐同时出现更多的冲突,甚至战争"。① 在官方的涉外交往中,如果"打交道的对象超过六十个甚至更多国家,讲着三十或者四十种不同的语言,他们有着不同的习俗,很显然,这里需要一些共同接受的规则、规范为彼此顺利交往创造条件,把混乱和误解降低到最小"。② 尽管有人笑谈礼宾是自负和烦琐的,但它有一个非常重要的作用是为外国宾客们探讨政治、经济等严肃议题创造和谐、和平的氛围,使之可以把精力集中在实质性的问题,这便是礼宾礼仪的价值所在。总之,礼宾礼仪为促进国家之间的和谐交往作出贡献。

(二) 服务于外交与国家利益

礼宾礼仪是外交外事的重要组成部分,它是表象却体现与反映着国家利益,具有很强的政治性和政策性。外交学认为礼宾礼仪是为实施本国对外政策服务的,是直接体现外交政策的一个重要方面,③ 外交礼宾

---

① Oana Iucu and Paul Marinescu,"Diplomacy and Diplomatic Protocol," *Manager Journal* 8, no. 1, 2008, p. 16.

② Caroll Beaulac,"I can put a man in his place," *Saturday Evening Post* 225, no. 37, 1953, p. 32.

③ 鲁毅等:《外交学概论》,世界知识出版社,2004,第250页。

工作中的每一项内容和安排，都是为了国家间或政府间的关系服务。外交的政治性不容置疑，其实，外事是中国大外交的组成部分，同样要为国家总体外交服务，是国家政治意志的体现，也具有政治与政策性。礼宾礼仪为外交外事服务，就天然地具有了服务于国家利益的价值。1955年周总理曾提出"外事无小事，遇事多请示"，① 这是外交工作的一条纪律。这说明礼宾礼仪看似细节与微观，但小事往往蕴含了涉及政治的大事，不能轻视。

（三）体现各国文化传统

外交礼宾是一套得到世界绝大多数国家认可与践行的国际规范，然而，"礼"本身是文化的重要组成部分，礼宾礼仪是文化在外交实践中的显著体现，因而既具有国际性特征也具有民族国家的历史和文化特色。尽管礼宾礼仪的国际性特点显著，但各国在践行这些约定俗成的礼宾规范时，难免打上本国文化的烙印。比如，世界各国的民族服装如西方欧美国家的"塔式多"礼服、中国的"旗袍"、阿拉伯国家的"阿拉伯

---

① 张兵：《周恩来的外交点滴："外事无小事，遇事多请示"》，《湘潮（上半月）》2015年第7期，第45页。

大袍"、日本的"和服"等已经成为世界人民熟知的国家服饰符号。宴会中的菜肴也能体现各国的特色:如中国的"烤鸭"、意大利的"佛罗伦萨牛排"、阿拉伯国家的"烤全羊"等,都是国宴中经典的特色菜肴并享誉世界。① 这些文化特性点缀着具有统一性的礼宾礼仪,让礼宾的世界更加丰富多彩,体现了各国的文化传统与风俗民情,并事实上阐释了只有民族的才是世界的道理。

(四) 展现人员与国家形象

礼宾礼仪水平代表着一国人员与国家的形象。先看礼宾礼仪如何展现人员的形象。历史上,从事外交外事工作的始终是一国可以被称为精英之人,礼宾工作是外交外事工作不可分割的组成部分,它高端、重要、琐细、敏感,考验着人的能力,体现着人的素养,也是专业素质的体现,因而外交外事人员的礼宾素养是基本素养,礼宾礼仪知识是外交外事人员应知应会的业务知识。

就国家形象而言,一国礼宾礼仪的专业化程度体

---

① 周加李:《中国外交礼宾的发展变化与中国特色大国外交》,《外交评论》2019年第2期,第152页。

现与反映着国家的发展水平、现代化程度与文明进程。一个在礼宾礼仪上不能与世界接轨的国家很难被视为现代国家。礼宾礼仪水平高低代表着一国的整体实力与发展水平,比如,在2017年召开的"一带一路"国际合作高峰论坛上,中方在圆桌会议上提供了17种语言的同传服务、在国宴中同时款待700位中外嘉宾、宴会的菜单印制了16种语言、席间乐则演奏了29个国家的代表性乐曲等,① 这正是中国不断提升的国家实力在礼宾上的体现。最后,礼宾礼仪水平还体现了一国的文明进程。一个重礼的国家不能与野蛮画上等号,"礼"是文明的体现,是文明进程的反映。

二、礼宾礼仪的概念

基本概念如大厦的基座,为了更好地理解礼宾礼仪,需要对基本概念进行梳理。

首先从礼仪开始,何为"礼仪"?"礼仪"在中文中是一个古汉语词,本谓敬神,后引申为敬意,以及为表敬意而隆重举行的仪式。现代常见的一种对礼仪

---

① 王敏:《十八大以来中国特色大国外交礼宾》,《世界知识》2017年第19期,第69页。

的解释是将之看成一个合成词,礼仪由"礼"与"仪"构成,二者既有同也有异。《左传·昭公二十五年》记载,子大叔见赵简子,简子问揖让、周旋之礼焉。对曰:"是仪也,非礼也。"简子曰:"敢问,何谓礼?"对曰:"吉也闻诸先大夫子产曰:'夫礼,天之经也,地之义也,民之行也。'……淫则昏乱,民失其性。是故为礼以奉之……"① 从这段话可以得出礼与仪有差异,"礼"是上天规定的原则与正理,归属精神层面,"仪"是礼的物质载体与外在表现,"礼"不能离开"仪"而单独存在,"仪"需要"礼"的价值指引,二者一个无形一个有形,缺一不可。因此,现代社会可以把礼仪简单理解为:礼是人内心对他人、他事、他物的尊重与尊敬,仪是这种尊重与尊敬的外化,即外在表现。礼归属于精神层面,仪归属于物质层面,二者犹如人的两条腿缺一不可,这种定义把礼仪的精神层面提高到与外在表现相同的高度,因此,强调研修礼仪要内外兼修。

"礼仪"的英文词汇是"etiquette",英语对礼的定义是指上流社会中行为规范的法则,或指宫廷礼仪

---

① 杨伯峻编《春秋左传注五》,中华书局,2016,第1620页。

和官方生活中公认的准则。与英语世界所理解的"礼"相比,中国古代的"礼"外延更宽、重要性更强。礼在中国古代是无所不在的存在,涉及微观个人修为、中观社会交往、宏观国家治理三个层面。曾有学者指出"礼是中国传统文化的核心"①。

再看礼宾(protocol),该词源于两个希腊词(prōto- 和 kolla),意为"first glue",原意指把树叶粘到手稿上,后引申为把事情有序地连接到一起。道格拉斯·巴斯克认为:"在任何服务、商业经营、学术机构、工会甚至家庭中必须有一套程序规则和专业语言,它是一套国际公认的规则,一个群体内的成员遵守这套规则是非常有帮助的……礼宾让人们紧密连接、和谐相处而不是相反。"② 这种规则和规范在不同领域的表现稍有不同,因此形成了不同领域内的礼宾,如外交礼宾(diplomatic protocol)、商务礼宾(business protocol)、学术礼宾(academic protocol)、军事礼宾(military protocol)等。

"外交礼宾"(diplomatic protocol)在众多的礼宾

---

① 彭林:《中华传统礼仪概要》,高等教育出版社,2006,第1页。
② Chas W. Freeman, Jr. and David Ignatius, eds., *Diplomat's Dictionary* (Washington, D. C.: United States Institute of Peace Press, 1997), pp. 241-242.

中最为经典与正统。

"外交礼宾",也称"外交礼宾礼仪",或"礼宾礼仪",为国家和外交仪式中遵循的正式的礼仪、行为准则、位次安排与程序,① 也即政府、国家及其代表在对外官方活动仪式中的一套符合良好行为举止的规则。② 礼宾的主体有较为严格的限定——不是普通民众而是具有较高级别的领导人与外交人员,最典型的代表是国家元首、副元首、政府首脑与外长等,他们所从事的代表政府的官方外交礼仪活动称之为礼宾。

从礼仪与外交外事领域中的礼宾的关系来说,二者有联系也有差别,最大的不同有如下几点。(1)礼宾从属于外交范畴,具有政治上的考量和影响;礼仪从属于个人及社交的范畴。(2)礼宾具有官方色彩,更加正式;礼仪更具有私人性。(3)礼宾的主体并非任何个人,而是高层领导人与外交官;礼仪的主体可以是任何人。(4)违反礼宾规范可能会引起争议甚至冲突;违反礼仪会导致对个人态度、修养方面的议论

---

① Patrick Hanks and Gerald Alfred Wilkes, *Collins Dictionary of the English Language: An Extensive Coverage of Contemporary International and Australian English*, (Sydney: Collins, 1986), p.122.

② Mary Jane McCaffree and Pauline Innis, *Protocol, the Complete Handbook of Diplomatic, Official and Social Usage*(Englewood Cliffs: Prentice-Hall, Inc., 1977), p. XI.

与批评，但不至于引起较大冲突。

礼宾礼仪可以理解为礼仪的一个特殊分支，礼宾礼仪是礼仪的一个组成部分，但礼宾礼仪有专属性。从主体来说，礼仪包含礼宾，礼宾的主体——从事外交活动的"国家较高级别的领导人与外交官"包含在礼仪的主体——"任何人"中。只要是人就涉及礼仪问题，但只有代表国家从事外交活动的官方代表或者接待这些人员的人才涉及礼宾问题，普通老百姓一般不涉及礼宾问题，这也是为什么礼宾礼仪不能被"礼仪"一词替换。在中国国务院各部委负责涉外工作的机构只有外交部礼宾司能称"礼宾司"，其他部委的相关机构均不能称"礼宾司"，只能称"外事司"或"交际司"，这是由礼宾所蕴含的特殊含义决定的。

由礼宾礼仪的定义可见，礼宾的主体是国家高层领导与外交官，但为何礼宾礼仪也是外事人员应知应会的基本规范？

首先，根据中国的国情，外事工作是整体外交的一个组成部分。中华人民共和国外交部外事管理司，主要职责即拟订有关外事管理法规草案；审核地方和国务院各部门、中央企业的重要外事规定和报国务院的重要外事请示；协调地方和国务院各部门外事工作；

会同有关部门研究提出对重大外事违规违纪事件的处理建议。可见，外事是中国大外交的组成部分。其次，外事工作涉及政府间的官方交往，会接触到他国的高层领导与外交人员，因此，涉外礼宾礼仪素养也成为外事人员的重要素养。尽管只有外交部可以设立礼宾司，但其他部委及省、市、自治区很多设立了礼宾处，这说明了礼宾在外事工作中的重要性与必要性。最后，由于礼宾礼仪作为礼仪的最高典范与形式以及在跨文化交流中的功效性，人们认为礼宾的一些规则在其他领域也同样重要，因此出现了礼宾的多元运用。加之随着时代的发展，外交不断民主化、社会化，公共外交成为外交的一种重要形式，涉外礼宾礼仪的主体与对象也在逐渐扩大。外事与外交联系如此紧密，礼宾礼仪自然应成为外事人员应该了解与掌握的规范。

三、礼宾礼仪的内容

礼宾礼仪的内容相当丰富，既体现在宏观层面，如迎送礼仪、礼宾次序与位次排序、宴会安排、外交特权与豁免、国旗国歌国徽、国礼的赠送等，也体现在微观层面，如外交外事主体的言谈方式、行为举止、着装服饰等。

礼宾礼仪的宏观性内容展现在很多方面。与外事相关的有迎送礼仪,如邀请与应答、迎送的具体要求,东道方迎送人员级别、数量、迎接地点等。还有会面、会谈、会见时的具体安排与做法,以及当事人如何正确称呼对方、充当介绍人、正确致意等。位次中的礼宾次序按照1815年维也纳会议制定的规定执行,采取依据级别与任职时间先后确定礼宾次序的标准,为国家外交代表、宾客之间无争议的位次排序创造了条件。宴请是礼宾礼仪中的重要内容,尽管各国的宴请是在丰俭之间凸显民族特色,但外交礼宾中的宴请逐渐形成了一些共性特征,如富丽堂皇的场地、精致唯美的器皿、精心烹制的菜肴、精细简化的菜肴数量、高贵典雅的氛围、华美考究的服饰等。国家标志礼仪如国旗、国徽、国歌也形成了世界各国公认的规范,如对国家标志的尊重,国旗、国徽使用时的颜色、大小、位置有讲究,演奏、唱国歌时的态度与表现等。

微观层面的发生于外事主体身上的个人礼仪素养也是礼宾礼仪中不能忽视的内容,外交研究的是国与国之间的关系,但国与国之间的关系说到底是人与人之间的关系。外交外事主体本身的言谈方式、行为举止、着装服饰等也是礼宾礼仪不可忽视的组成部分。外事人员都该遵循着一套基于尊重的礼宾规范,如掌握分寸、讲究礼节、举止文雅、言谈礼貌、着装得体等。

外交外事从诞生之日起就有强烈的精英主义倾向。欧洲国家之间互派的使节是国王派出的代表其利益的人,故外交使节一方面是国王信任的人,另一方面是国家最优秀的人才,欧洲各国的外交官大都出身于贵族家庭,他们从小接受良好的教育、拥有较高的综合素养,他们需通晓多国语言、能言善辩、形象俊美、深谙礼仪、强于社交。其中,礼仪素养是外交外事人员的重要素质之一,马尔滕斯曾指出:对外交外事人员来说,尤为必要的是要有分寸。[1] 有分寸才有礼节,而礼节只有俗人才不予理会。可以说,社会文明程度越高,礼节作为一种节制必然越为人们遵循。因此,外事人员应给人一种高雅感,言语上侃侃而谈、不卑不亢;举止上优雅得体、气度不凡;着装上服饰讲究、场合适宜。

---

[1] 周启朋、杨闯等编译:《国外外交学》,中国人民公安大学出版社,1990,第351页。

第二节 产生、发展与趋势

作为一种国际规范的涉外礼宾礼仪,从历史的角度研究它的产生、发展与发展趋势可以更加深刻地理解礼宾礼仪。

一、礼宾礼仪的产生

礼是文明发展的必然产物,随着国际交往的发生和发展,逐渐形成了国与国之间的礼。自古以来,国与国之间无论中外都注重"以礼相待",讲究先礼后兵。从外交的起源开始,礼就扮演着重要角色。

中国是礼仪之邦,在早期的夏、商、周时期,诸侯国林立,天子与诸侯之间、诸侯与诸侯之间往来频繁,这种频繁的往来为外交礼宾礼仪的产生创造了条件,比如西周已设典礼官,官名曰宗伯,"使帅其属而掌邦礼",职责即辅佐皇帝与诸侯邦国的往来,《周礼·春官·大宗伯》提到,"以丧礼哀死亡,以荒礼哀凶礼,以吊礼哀祸灾,以禬礼哀围败,以恤礼哀寇乱。"①"以宾礼亲邦国,春见曰朝,夏见曰宗,秋见曰觐,冬见曰遇,时见曰会,殷见曰同,时聘曰问,殷覜曰视。"②"以脤、膰之礼,亲兄弟之国;以贺庆之礼,亲异姓之国。"③可见,礼已经为国家间交往服务,在礼的职位设置、礼的功能、礼的分类上都有了界定与区分。

春秋战国时期是中国历史上外交活动非常活跃的时期。由于"礼崩乐坏",各诸侯国迅速崛起,彼此互相攻杀,以图争雄争霸,为此,诸侯之间开展了空前繁忙的外交活动,外交使臣往来不断,"礼"逐渐成为国家间交往不可缺少的组成部分。比如,尊重代表国君的使者,并逐渐形成两国交战不斩来使的规范;国家间交往重视礼,提倡先礼后兵;重视仪式的作用,比如,古代的杀牲歃血、发誓订盟等,用仪式来昭告天下、宣示盟约,加强国家间联系,等等。

现代外交中的礼宾礼仪规范主要来自欧洲国家,

---

① 杨天宇撰:《十三经译注周礼译注》,上海世纪出版股份有限公司、上海古籍出版社,2004,第277页。
② 杨天宇撰:《十三经译注周礼译注》,上海世纪出版股份有限公司、上海古籍出版社,2004,第277页。
③ 杨天宇撰:《十三经译注周礼译注》,上海世纪出版股份有限公司、上海古籍出版社,2004,第279页。

在公元前 600 年前后,古希腊地区形成了大约 200 个以城市为中心的城邦国家,这些城邦往来非常频繁,他们既有合作结盟,也有对抗战争,逐渐形成了一些外交原则,也产生出一些外交礼宾礼仪的内容,如使者不可侵犯、战场上的死者无论敌友一律掩埋、尊重礼待盟友,等等。

到了中世纪,宗教仪式较为突出,它是一个指导不同国家统治者之间关系的重要因素。仪式可以增加统治者的合法性、权威性,部落、国家之间各种和约的签订似乎只有通过仪式的展示才具有可信度。另一个突出的礼仪表现是礼宾位次的确立,教皇朱利叶斯(Julius)1504 年首次确定了国家统治者之间的礼宾次序,这是日后欧洲国家代表间频繁的位次之争的开端,由于各国一致不同意接受这份排位名单,从此之后,引发了礼宾次序导致的各种争执。欧洲国家之间互派的使节,他们作为国王利益代表不惜一切代价维护本国国王及国家的权益,位次是国王及国家身份、地位、权力、威望、形象的标志,因此不能妥协,礼宾次序及相关位次之争正是各国外交代表为维护本国国王及国家权力与地位的体现。

无论是在春秋战国时期的中国还是在中世纪的欧

洲，外交礼宾礼仪都已形成了一定的形态，并随着历史的演进不断发展。作为国际性规范的现代外交礼宾体系则是两次世界大战之后的新外交的产物，礼宾体系缓慢完善，并逐渐规范化、制度化与法制化，最终扩展成国际性规范。

二、礼宾礼仪的发展

随着时代的发展，外交礼宾礼仪不断成熟。比如，围绕礼宾礼仪频繁发生的位次之争促使欧洲国家在交往过程中重视这个问题，1815年维也纳会议确立了礼宾次序的新原则，即放弃原来依据国家大小或影响力强弱，而采用依据外交代表的头衔与递交国书的时间先后确定礼宾次序的新标准。这种做法为解决礼宾秩序之争提供了解决方案。这一标准极大地缓解了外交领域频繁发生的位次纠纷并沿用至今。明确的礼宾次序规范为位次排序提供了依据，使外交活动有法可依，确保了国家间交往的顺利展开。外交礼宾次序的标准逐渐成为一种国际规范，为世界各个国家所认可。

两次世界大战给世界带来了巨大的影响，也影响了外交礼宾礼仪的发展。两次世界大战之前的外交被称为旧外交，外交的不透明性以及世界大小国家的不平等性导致了很多问题，传统的礼宾礼仪也存在缺陷，导致了一些混乱与无序性。同时，礼宾并未成为全球性的规范。

两次世界大战之后，历史的进程使外交实践发生了重大变化，外交由"旧外交"向"新外交"转变，表现在外交礼宾礼仪上有如下几点。

第一，对平等性的强调。1945年建立的国际组织联合国制定了主权平等的原则，表现在外交礼宾礼仪上就是，国与国交往要遵循主权平等原则下的对等与平衡，国家之间的平等也影响人际交往，表现为弱化等级性，平等对待他人。

第二，礼宾礼仪成为国际性的规范。两次世界大战之后，外交由"欧洲中心主义"向着"世界主义"发展，外交礼宾礼仪规范也由欧洲扩展至全球，是否接受、践行外交礼宾国际礼仪规范也成为检验一个国家是否是现代国家以及国际体系成员的试金石。

第三，礼宾礼仪规范由一系列国际法律与国际惯例确认。重要的礼宾规范除了1815年维也纳会议制定的规范，还包括《联合国宪章》确立的主权平等原则，以及1961年世界各国在维也纳会议签署的《维也纳外交关系公约》，这是对外交特权与豁免进行规范的国际法律文件，等等。国际惯例则是国与国之间经过几百年实践确定下来并得到公认的习惯性做法。

总之，随着时代的发展，现代外交中的礼宾礼仪规范逐渐发展与成熟，它是一套得到世界绝大多数国家接受、认可与践行的规范，是一套无声的沟通系统，不同国家用一套共享的符号表达尊重、传递信号。它为国与国、组织与组织、人与人之间的和谐交往作出了贡献。

三、礼宾礼仪的发展趋势

作为一套全球性规范，外交礼宾礼仪基本已经规范化、制度化与法制化，成为外交外事领域的重要规范。未来礼宾礼仪有什么样的发展趋势？对这个问题的思考将有助于我们更加深刻地理解外交礼宾礼仪以便更好地为外交外事工作服务。礼宾礼仪的发展趋势总体而言表现在三个方面。

（一）礼宾礼仪不断简化

外交礼宾礼仪的世界神秘、高端，在外人的眼中，它是隆重仪式、香车宝马、觥筹交错、珠宝华服的世界。尤其是传统皇室国家，仪式、礼仪往往是维护皇室尊严的重要组成部分，在国与国交往时，皇室礼宾隆重、奢华、讲究。比如，英国在维多利亚女王及爱德华七世的年代，一场国宴多达十二至十四道菜。其他没有保留皇室的各种政体的国家，因为各种原因，礼宾也普遍较为隆重。比如，中华人民共和国在建国初期，为了打破帝国主义孤立中国的图谋，获得更多国家的承认，在世界舞台上站稳脚跟，外交礼宾具有高规格、大规模、超隆重的特点，欢迎他国元首与政府首脑时出现过20万民众夹道欢迎的盛况，同时，国宴具有参加人数多、菜肴数量多、菜品名贵的特点。此外，二战后初期，由于交通工具与科技的限制，世界还没有像今天这般充分联通，元首出访没有今天这么频繁，接待高端访问数量较少、礼仪隆重以及访问时间较长是那一时期的特点。比如，美国总统艾森豪威尔执政的1952年至1960年，接待了60个国家的115次最高级别访问，平均每年14次。[①] 又如，1952年4月，荷兰女王朱莉安娜访问美国，在美国待了三

---

① 埃尔默·普利施科:《首脑外交》，周启朋、顾德欣、熊志勇、宫少朋译，世界知识出版社，1990，第139页。

个星期之久。1963年4月12日至5月16日，刘少奇主席和夫人王光美应邀访问了东南亚的印度尼西亚、缅甸、柬埔寨、越南，出访时间超过一个月，这在今天是无法想象的。首脑互访的有限频次为东道国在礼仪上隆重接待贵宾创造了条件。

然而，随着科技的发展、新型交通工具与通信工具的出现，世界变小，地球成村，全球化使世界依存度变高，国与国的联系日益密切。这些变化为国家元首活跃于外交一线、频繁出访创造了条件。随着首脑外交的活跃程度提升，需要耗费领导人大量时间、精力的礼宾活动的简化需求变得迫切，此外，随着全球外交民主化、社会化的发展趋势，耗费过多人力、物力、财力的礼宾逐渐被简化的风格所替代。比如，高官的访问时间变短，21世纪的国事访问与正式访问以两至三天居多；国宴与重要宴会的菜肴变得简单，西方国家的国宴多为两至三道主菜；外交外事中的服装正式度与历史上相比也在下降，例如，西方国家的男士参加国宴时从穿着燕尾服发展到大部分穿着塔式多礼服；等等。随着时代的发展，礼宾简化将会继续发展并成为一个大趋势。

(二) 各国文化特色在增强

外交礼宾礼仪是一套得到世界绝大多数国家认可的国际规范,具有典型的国际性特征,从萌芽开始经过上千年的发展,由最初各国国家相异的"礼"逐渐发展成一套国际通行的"礼"。由于"礼"本身是文化的组成部分,各国在践行外交礼宾礼仪之时,难免打上文化的烙印,为标准化的礼宾增加了特色与趣味性。整体而言,礼宾的国际性特点占主导,超越了文化性,国际性是普遍性,文化性是特殊性。

然而,随着时代的发展,一个国家越发展,人们的生活水平越高,越愿意展示与分享本国的传统文化,以强化身份与认同、突显自信与自强。这种文化特色恰恰是外交礼宾礼仪中最富有趣味与独特之处的部分。比如,致意礼节中的新西兰碰鼻礼、东南亚国家使用的合十礼、中国的抱拳与拱手礼,等等。欢迎客人时也有不同民族特色,例如,斐济的水门礼与卡瓦酒仪式,斯拉夫民族为客人敬献面包与盐,摩洛哥为客人敬献椰枣与鲜奶,等等。文化特色丰富了礼宾礼仪的程序化内容,使其既有国际性也有文化性,随着世界的多极化发展,各国践行礼宾礼仪时将会展现出越来越多的文化特色。

(三) 礼宾礼仪规范的多元化发展

现有外交礼宾礼仪规范仍然多以西方外交实践为基础，反映了西方世界的实力地位和对世界的影响。随着全球各国实力的此消彼长，例如，以中国为代表的新兴经济体的整体崛起，西方国家实力的相对衰落，全球呈现东升西落的变化，这些新兴经济体势必在礼宾的规则制定、内容构成上主张一定的话语权。礼宾礼仪规范将以个案或者特例的面目出现，随着数量的增多，特例有可能逐渐演化为正常的规范，促进与丰富礼宾规范的多元化。此外，全球事件也可能促成礼宾内容的丰富。比如，2020年新冠病毒疫情肆虐全球，给世界造成了巨大的生命与财产损失。疫情之下，人们见面打招呼的方式发生了改变，从原来最常用的握手礼，以及西方人见面爱用的拥抱与贴面礼改为合十礼、鞠躬礼、抱拳礼与拱手礼、碰脚礼、碰肘礼等。握手礼不再一统天下，而是要与其他的致意礼节共存，为世界人民的工作生活服务。礼宾是为政治服务的、是为国家间交往服务的，但礼宾不是僵化的，而是发展的，礼宾的多元化发展将会成为一种潮流与趋势。

第三节 基本原则

礼宾礼仪包含的内容广泛，了解礼宾礼仪的原则能帮助我们更好地理解与践行礼宾礼仪。下面从涉及国与国交往的宏观层面、涉及礼宾工作事务性的中观层面以及涉及个人素质的微观层面三个方面来分析。

一、宏观层面：惯例、对等与平衡

礼宾礼仪涉及国与国之间的官方交往，宏观层面的原则包括惯例、对等与平衡原则。

（一）惯例原则

礼宾礼仪规范由成文的条约与不成文的习惯性做法，即国际惯例（international customs）组成。国际惯例也叫国际习惯，是国际交往不成文的行为规则。它是各国在交往过程中逐渐形成的先例，最初为某些国家长期反复使用，后来为各国所接受并承认其法律效力。为国家间交往服务的礼宾最初并没有任何条约与制度可供遵循，随着国家间交往的深入，礼宾惯例逐渐形成，正如"世上本没有路，走的人多了也就成了路"。礼宾礼仪中的惯例有些受到国际法的保障，以条约的形式保留下来，有些则以惯例的形式保留下来、流传至今，后来逐渐被世界绝大多数国家接受与认可。比如，在欢迎仪式上，国家元首与政府首脑分别鸣放礼炮21响与19响，还包括检阅仪仗队、奏国歌等内容。惯例并不是静止不变的，本身是发展的，礼宾礼仪中除了惯例还有特例，礼宾特例是一种非常规性的做法，或称为破例，如果某个破例行为后来为各方接受，也会成为惯例。但是打破惯例需要慎重，需得到相关方的认可，否则可能会引发外交问题。

（二）对等原则

对等原则更多体现在双边关系中，是指如果一国以某种待遇对待另一国家，后者可以（假设这样做符合该国实际利益）给以同等回报，体现在外交礼宾中主要指两国领导人互访时讲究规格、级别、天数、费用等各方面的对等，还包括两国政府谈判代表的成员组成、级别等的对等，例如，大使对大使，参赞对参赞，对使馆人员优待也讲对等。例如，1941年，英国驻美大使哈里法克斯勋爵乘战舰到达美国，罗斯福总统采取了非同寻常的行动，登战舰迎接他，以感谢乔治六世国王在英国火车站欢迎到达的美国驻英大使——这是英国君主首次以这种方式接待一位外国使节。这正是礼宾中对等原则的体现。

(三) 平衡原则

平衡原则更多体现在多边关系中，是指"无差别""不厚此薄彼""不歧视""一视同仁"，体现在礼宾礼仪中主要指礼节的平衡性，忌讳在众多客人中毫无理由地优待或冷落某个人或某些人。面对众多地位相同或者相当的客观实体如国家、团体、人物、国旗等，应给予相同或相当的待遇。不遵循平衡原则可能引发矛盾，比如，美国总统艾森豪威尔担任总统之后，在1957年，由于患了心脏病，他决定不去机场迎接前来进行国事访问的沙特阿拉伯国王阿卜杜勒-阿齐兹·阿勒沙特，他宣称这是由国务院提出了一项革新做法，结果，由于是第一次执行，引发了沙特国王的反对，沙特国王认为这违反了平衡原则，这项白宫迎接他的建议是"对个人的侮辱，企图蔑视他本人、他的地位和他的国家"，在这种情况下要取消对华盛顿的访问。

最后，艾森豪威尔总统不得不改变计划，前往机场去迎接他的沙特阿拉伯贵宾。

惯例、对等与平衡这三条原则是现代外交中礼宾礼仪规范的重要原则与参照标准，不仅指导着国家官方之间的交往，对外事活动也有重要的借鉴意义。

二、中观层面：差别、细致与形象

礼宾工作非常琐碎，事无巨细，涉及礼宾工作事务性的中观层面原则包括差别、细致与形象原则。

（一）差别原则

在宏观性的原则中提到对于各个国家的客人应该遵循平衡原则，但需要注意的是在外交外事活动当中，要注意内外有别，亲疏有度。对内对外有所差异，对外礼待宾客，善待嘉宾是很好的做法，但内外不加区分也是不行的，这就是外交外事工作要讲究纪律性的原因。比如，在涉外活动中，保密工作注意不够，结果发生我国国内企业在接待外宾的过程中，由于过分热情好客，不分内外，不辨亲疏，把核心的车间和工艺流程让外宾参观，并且允许摄影摄像，以至于我方某工厂的机密信息泄露。结果，我们的优秀传统产品很快被他国加入高新技术以及更新包装的产品所替代，致使我国的产品被挤出国内外市场，损失惨重。工业技术尚且如此，其他敏感领域更需提防。

(二) 细致原则

礼宾工作非常具体、单调甚至有些琐碎，但琐碎中包含着不平凡，因为整个外交工作就像一部机器，而礼宾工作则是这部机器的一个重要组成部分。一项小小的礼宾安排就能体现出一个国家的外交政策、国家利益甚至民族尊严。英文中有一句话叫作"细节决定成败"（The devil is in the detail）。由于礼宾工作具有事务性的特点，在外交外事活动中，特别需要细致的精神与态度，才能把礼宾工作做好，一旦某个细节出现问题，可能引发外交事件、损害国家形象甚至影响两国关系。难怪有人笑谈，当没有犯错时，没有人会意识到礼宾的重要性，只有当礼宾出现失误时，才意识到礼宾是如此重要。比如，1966年，非洲某国政治经济代表团访华，在签字仪式上出现了为穆斯林客人上酒供宾主举杯祝贺的情况,① 根据伊斯兰宗教教规,穆斯林是不能饮酒的,这显然是礼宾工作中的失误。礼宾工作很难不出现失误,因而各国总在不断提升各自的礼宾水平。总之,礼宾工作的细致程度也越来越成为考验一国礼宾水平的标准之一。

(三) 形象原则

礼宾工作代表与展示着国家、组织、单位、个人的形象。礼宾工作的层次、水平、细致程度无形之中会展示所有的形象。一个在礼宾上表现杰出的国家是令人印象深刻的。比如,1972年2月尼克松访问中国,中国在礼宾上的表现让美国人接受了这样一个事实,即像中国这样一个传统的礼仪之邦,非常懂得如何运用礼宾艺术来营造自己所需要的谈判氛围。再来看日本,日本人以遵守规则、严谨闻名于世,在日本的皇室礼宾礼仪中,对于天皇与皇后站立的位置,宫内厅的仪典官甚至会用尺子去标注,以使他们之间的距离能够合乎皇室规范的要求,② 这展现的正是日本人的严

---

① 裴坚章主编《研究周恩来——外交思想与实践》,世界知识出版社,1989,第293页。
② 周加李主编《从理论到实践——外交礼宾礼仪研究》,世界知识出版社,2019,第215页。

谨与细致的形象。礼宾也会传递负面形象。2010年，俄罗斯外长拉夫罗夫到访以色列，可在他乘坐的飞机就要落地前，以色列方面才发现根本没人接机。原来这是以色列外交部工作人员故意为之，由于他们的工资水平远低于其他部门，因此，他们故意消极怠工给以色列抹黑，这些行为还包括：夏天穿拖鞋、牛仔裤去迎接外宾，或者干脆将一些外宾扔在酒店不管。这些行为怠慢了贵宾，最重要的是直接影响以色列的国家形象。礼宾素养也代表与反映着外交外事人员的个人形象与综合水平，这些也可以通过下文涉及个人素质的微观层面三大原则得以体现。

三、微观层面：守纪、体谅、应变

外交礼宾礼仪的微观性内容涉及礼宾中的主体，有三个重要原则是需要关注的：为爱国而坚守的纪律性、能够体谅交往对象、拥有灵活的应变能力。

（一）守纪原则

作为外交外事人员，如果不热爱自己的国家，不具有坚定而正确的政治立场以及高度的纪律性，是不适宜从事外交外事工作的,这一点各国无异。外交采用和平手段处理国与国之间的关系,外交并不意味着没有斗争,只不过这种斗争是"文斗、智斗",打的是"唇枪舌剑",周恩来总理曾说过,外事干部就是文职的解放军。[①] 正因为外交外事是一种特殊形式的斗争,是为政治服务的,是为实现国家的对外政策服务的,需要坚定与忠诚地执行和贯彻国家的对外政策与路线方针,因此,政治纪律素质也成为选拔和考核外交外事人员的首要条件。世界所有国家都选择那些能最忠于国家、最能坚决贯彻本国外交外事方针路线的人去担任这项工作。

(二) 体谅原则

礼仪的核心就是要尊重他人,如何尊重呢?体谅比尊重更进一步,意为凡事换位思考、为他人着想、以对方为中心等。一个懂得体谅他人的人是有魅力与宽大胸襟之人。比如,中华人民共和国的总理周恩来被称为大儒,是体谅他人的楷模。有一次,理发师为周总理刮脸时,周总理咳嗽了一声,刀子不小心把他

---

① 凌青:《周恩来早期外交指示》,《世界知识》2008 年第 6 期,第 51 页。

的脸刮破了，理发师十分紧张。周总理却和蔼地说："不用着急，这不能怪你，我咳嗽前没有向你打招呼，你怎么知道我要动呢？"周总理如此体谅他人实在令人感动。法国总统希拉克也有一个关于体谅他人的小故事，1999年10月，江泽民主席访问法国，应邀到希拉克总统的私宅做客，入座时，按照西方的礼节，男士要为邻座的女士拉开椅子，等女士坐好后，自己才能入座。希拉克彬彬有礼地拉开江主席夫人王冶坪的椅子，请她入座。大家刚就座，突然发现男主人大步流星走出了饭厅。正当大家纳闷儿时，只见希拉克手里拿着一个靠垫走到王冶坪女士的座位旁，把靠垫垫在她的背后。原来他是去客厅取靠垫了！不得不佩服这位1.9米多高的男士的体贴之心。

有些人认同体谅原则却不知道如何把体谅落实到行动上，美国礼仪专家艾米莉·波斯特曾经说过一句话，"礼仪是对他人感受的一种敏感意识"（Manners are a sensitive awareness of the feeling of others）。[①] 礼仪为什么是对他人的一种敏感意识？为什么需要敏感意识？这与下一个原则息息相关。

---

① Emily Post, "Quotations," *Emily Post Etiquette*, accessed on July 28, 2020, https://emilypost.com/about/quotations.

(三) 应变原则

作为一位具有较高礼宾礼仪素养的人，需要具备的一项重要的素养是应变能力，应变能力以敏感意识为前提，具有敏感意识才可能有快速的应变能力。礼宾是一项重要的工作，无论如何彩排，真正到了现场的那一刻，仍然有很多因素是不可控的，"计划总是赶不上变化"的情况时常发生，这种情况下，应变原则就显得很重要，尤其是应对突发事件。1997年7月1日，香港回归交接仪式盛大举行。议程之一是英中两国领导人分别讲话，先是查尔斯王子，后是江泽民主席。按照议程安排，王子讲完话转身落座，之后江主席讲话，江主席讲话完毕，王子起身与江主席握手合影，然后二位领导人退场。然而，到了交接仪式那一天，当江主席讲完话，查尔斯王子忘记起身与江主席握手与合影这一安排。场面一度有些尴尬，就在这最紧张与关键的时刻，中方司仪、时任礼宾司司长张业遂当机立断，说了一句"现在请江泽民主席和查尔斯王子退场"，之后整个活动才衔接上。这样万众瞩目的重大活动正是因为中方司仪的一句话而没有出现大的问题，难怪英国方面后来给予中方司仪一句很高的评价：

"你挽救了局面!"(You save the day!)

以上从涉及国与国交往的宏观层面、涉及礼宾工作事务性的中观层面以及个人素质的微观层面,探讨了礼宾礼仪的原则,它们之间是相互关联和有机结合的,这些原则的整体运用就能很好地彰显礼宾礼仪的"立体感"与"影响力"。

思考题

1. 外交领域的礼宾礼仪与普通的礼仪有何不同?
2. 为何外事人员必须熟悉礼宾礼仪规范?
3. 礼宾礼仪的基本原则有哪三个层面?分别是什么?

第二章 礼宾礼仪中的
会面、会见、会谈礼仪

从这一章开始,将用三章介绍与大型活动相关的礼宾礼仪,如会面、会见、会谈礼仪,仪式与活动礼仪以及宴请礼仪。

在外交外事交往中,会面、会见、会谈往往是宾主互动中的重要组成部分,从邀约,到迎接,再到见面时的各种礼仪礼节以及正式的会见会谈,包含了一系列的礼仪规范。

第一节 邀约与迎送礼仪

邀约是正式活动的前奏,迎送及相关的礼仪规范则是礼宾活动中的头尾,不能忽视。礼宾人员只有了解相关的规范才能在接待工作中很好地开好头、结好尾。

一、邀请与答复礼仪

在一些比较正式的活动中,双方必须要进行先期联络,任何正式活动双方都要事先计划、安排和部署,邀请是各种正式活动不可缺少的一个环节。

邀请分为两种,口头邀请与书面邀请。一些临时性和日常的活动,可以进行口头邀请。如果是正式活动,则需要书面邀请。邀请函一般提前一周至两周发出(有的地方须提前更早)。在讲究效率的时代,繁忙是现代人的常态,预约对于各种正式活动也就成为必不可少的一项条件。提前多长时间邀请也成为活动正式程度与对客人尊重程度的一个标志。有人笑言:提前一周是"请",提前三天是"喊",提前一天则是"抓"。尽管有人解嘲道:择日不如撞日,但非常正式的活动通常会提前几周发出邀请。欧美国家人士讲究提前预约,德国人甚至提前好几个月预约会见,可见现代人对时间的珍视与对事先约请的重视。

书面请柬应该包含哪些内容？请柬的书写有几个关键部分。第一，活动的主要人物和事由。在邀请函中，活动的主要人物和事由必不可少，要写清楚邀请人与受邀人的姓名，还有活动的事由，如国庆招待会、酒会、宴会、展览、开幕式等。第二，活动时间、地点。时间的标注有两种习惯，24小时与12小时制，一般西方国家喜欢采用24小时制的标注法，如晚上7点的活动请柬上会写19：00，而中文的正式请柬中，一般通行12小时制，比如晚上7点的活动请柬上标注"晚上7：00"。第三，着装要求。有些活动比较正式，因此，需要对参与活动人员的着装提出统一要求。外文的请柬中有一个专业术语叫"Dress Code"，汉语意思是"着装要求"或"着装规范"。在"Dress Code"的后面，会注明应穿着什么样的服装。而在汉语的请柬当中，往往直接注明"请着正装"，或者其他。国际礼宾礼仪中常见的着装要求包括：white tie——白领结燕尾服，black tie——黑领结无尾短礼服，formal Attire——礼服，semi-formal dress——半正式礼服，casual dress——便装，national dress——民族服装等。

正式的请柬往往还包含一项内容，就是对回复的要求。国际上常见的对回复要求的术语有两个，一个叫"R. S. V. P.",它是法语 Répondez s'il vousplaît 的首字母缩写,英文的意思是"Please reply",汉语译为"是否出席,务请致电回复",意思是不管是否出席都要回复;另一个叫"Regrets only",译为"如不出席,务请致电回复"。一般在这两个术语下方都会列联系电话。这种情况下,受邀请人应及时提前按要求回复。为何一定要按照要求回复呢?大型的活动东道方要订餐、安排位次、安排礼物等,如果在原计划之外突然多了一个人或者少了一个人,相应的计划与安排都会打乱,这对于东道方来说就会比较麻烦,一动百动,这往往是东道方最不愿意见到的。

二、迎送礼仪规范

迎送礼仪是外事工作中的重要一环,体现了东道方的形象、对来宾的尊重与重视。如果是他国国家元首与政府首脑进行国事与正式访问,东道国往往为来访国领导人举行隆重的欢迎仪式,其他人士来访,也要以礼相待,重视迎送。迎送礼仪中有哪些礼仪规范呢?下面从时间、地点、人物进行分析。

(一) 迎送宾的时间规范

迎宾时主人应比客人先到，送宾时主人应比客人晚离开。这个知识点看似简单，但稍不注意也容易出问题。比如，2018年11月29日，法国总统马克龙赴阿根廷参加二十国集团峰会，马克龙夫妇走出舱门时，竟没有任何一个阿根廷的高级官员接机，阿根廷方面弄错飞机降落时间，竟无人在机场接机，出现了礼宾失误。有些讽刺的是，马克龙总统出舱门第一个看到的竟然是穿着黄马甲的工作人员。马克龙总统来阿根廷之前，由于燃油税上涨的原因，法国境内举行了很多游行，游行的主体就是穿着黄马甲的人，确实有些令人尴尬。来迎接马克龙总统的本来是阿根廷副总统米切蒂，可因为协调上出了一些差错，这位副总统等到法国总统夫妇要上车时才赶到。

送客则要等到客人离开后主人才能离开，即主人遵循先来后走的原则，迎送客人主人先到后走是最基本和起码的规范，否则就算礼宾失误了。

(二) 迎送宾的地点规范

外宾来访到哪里迎接，迎送地点体现着尊敬的程度。一般来说，迎得越远体现的尊敬与重视程度越高，迎得越近体现的尊敬与重视程度越低。通常情况下，常见的迎接宾客的地点有三种：机场、港口或车站；来宾临时下榻的地点；东道方的办公地点。这三种地点体现的尊重程度不同：（1）迎送重要外宾都要赴来宾抵达的机场、港口或车站迎接，它适合于正式的迎送活动；（2）去来宾临时下榻的地点迎接，表达的敬意与隆重程度要低于第一种；（3）最后一种情况是主人在办公地点大门口迎接客人，它表现的尊重程度最低，只适用于迎送本地客人，不适用于迎接重要外宾。其实，在外交礼宾中最尊贵的迎接地点并非前面的三种，而是在天上，即来访国国家元首的飞机进入领空，东道方的军机升空护航。例如，2016年1月20日，中国国家主席习近平访问埃及，当专机进入埃及领空，埃及派出8架战斗机升空护航，以示对习主席的热烈欢迎。外事中的接待工作目前无军机护航这种特殊的做法，但同样遵循东道方迎送越远越尊重的原则。

（三）迎送宾的人物规范

来宾的级别不一样，迎送的规格有差异。如何体现对来宾的尊重与重视，东道方迎送人员的级别、人数与队形是重要参照标准。

1. 东道方人员的级别

东道方迎送客人员的级别、资历和社会名望是一个重要的规格标志。东道方迎送宾人员的级别、资历等越高，给予客人的规格越高。虽然一般来说外交中讲究对等原则，总统对总统、部长对部长、省长对省长、市长对市长……但每个国家都有自己的礼宾规定，迎接人员的级别既有遵循对等原则的，也有灵活运用的。考虑因素主要有国际惯例、东道国礼宾制度、两国的关系、来访者的身份和目的等。有时出于国家内政外交的需要，为了表达与某国特别的友好或某一段时期两国关系朝着友好的方向发展，也会出现特殊处理的情况，在现有的基础上派出高一级别人员迎接称为"升格接待"，以体现对客人的重视与尊重。总体来说，东道方迎送人员的级别越高，表达的尊重程度越高，体现的敬意越明显。

2. 东道方人员的人数

迎接人数体现仪式感，人数越多仪式感越强。迎送人员数量原则：东道方迎送人员人数越多越隆重。中华人民共和国建国初期，中国礼宾具有大规模、高规格、超隆重的特点。中国欢迎外国贵宾的人数令世界惊叹。如1954年10月19日,印度总理尼赫鲁访华,周总理亲自到机场迎接,从机场到迎宾馆有50余万人民群众欢迎,万人空巷。① 1960年9月28日,缅甸总理吴努率领360余人的代表团访华,数十万群众冒雨夹道欢迎。② 中方的做法给贵宾留下了深刻印象,获得高度评价,也为中国赢得了朋友。

3. 东道方人员的队形

东道方的迎送人员一旦人数较多,是否排队形以及排成什么样的队形就值得思考了。同样的迎送人员,不排队形就是乱哄哄的一片,无法体现仪式感与隆重感,列出队形不仅能展现东道方的形象、风貌、素养,还能充分体现对客人的尊重。所以,在礼宾中,迎送人员列队迎送客人是非常必要的。比较常见的迎送宾队形包括南飞雁型、领头羊型、平行线型这三种,如图1—图3。

---

① 马保奉:《礼宾新语》,新华书局,2019,第37页。
② 黎家松编《共和国的客人》,解放军文艺出版社,1999,第96页。

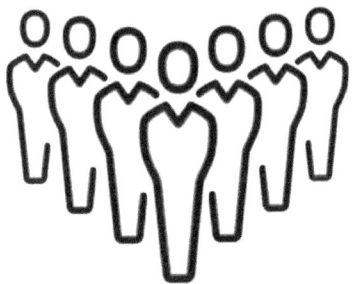

图 1　南飞雁型

图 2　领头羊型

图 3　平行线型

需要注意的是，平行线型的人员站立朝向既可以面朝前面的客人，也可以两排人员面对面站立。如果是有一定级别的东道方成员，可以采用面朝客人站立的方式；如果是普通迎送人员如卫兵、仪仗队队员等，则以面对面站立为宜。

迎送外宾除了时间、地点、人物几个方面的规范，在机场迎接时还要遵循国际惯例，如为贵宾铺上红地毯、献花、引导外宾到休息室休息。需要注意的是，迎送虽然是一体的，在操作时又是两个不同时空下的活动，二者谁更重要，该如何处理二者的轻重呢？

三、对待迎与送的态度

在外事工作中，迎与送哪个更重要？更多的人会重视"迎"！其实，"送"也非常重要，忽视"送"则意味着没有为礼宾工作画上一个圆满的句号。中国传统有一个"迎三送七"的原则。从数字可以看出，"送"比"迎"更重要，遵循这个原则可以很好地体现对贵宾的尊重，获得对方好感从而维护良好友谊。有些人会花心思和工夫在"迎"而忽视"送"，这恰恰是容易丢分的地方。

"迎三送七"不能机械地把"迎"与"送"分成三等分与七等分,"迎"三分"送"七分,应从整体上理解二者的关系。这个原则提醒大家关注"送"的重要性,"送"的重要程度绝不亚于"迎",甚至比"迎"更重要,不可轻视。如果可能,送得越远越好;如果做不到,至少要目送客人离开,直到客人在视线中消失。主客相送,寒暄完毕,客人转身离开后有可能会回头,主人过早消失是不符合礼仪规范的。这也是中国传统文化所倡导的送客之道,如《仪礼·聘礼》指出,"摈者出请事。宾出。大夫送于外门外,再拜。宾不顾"。[①]《论语·乡党》也指出,"宾退,必复命曰:'宾不顾矣。'"[②] 这两句话都提到三个字"宾不顾",即送客时,主人要等到客人不再回头,离开主人的视线,才是规范与符合礼仪的。

中华人民共和国外交礼宾中曾发生一件送客不到位惹得周恩来总理发怒的事。1956年,周总理与中方相关人员到机场为柬埔寨首相西哈努克送行,专机起飞后,我方参加送行仪式的很多负责干部却纷纷离去,

---

[①] 杨天宇撰:《十三经译注仪礼译注》,上海世纪出版股份有限公司、上海古籍出版社,2004,第245页。

[②] 杨伯峻译注:《论语译注:大字本》,中华书局,2015,第113页。

第二章 礼宾礼仪中的会面、会见、会谈礼仪

急着要去看一场重要的足球赛,这时,首相的飞机还在盘旋没有飞走,周总理和各国驻华外交使节都还站在原地未动,周总理十分生气,命人把他们叫回来,严厉批评他们无组织、无纪律,是大国主义的表现,是外交上的失礼行为。之后,根据周总理的指示,1956年9月,外交部以国务院名义下发了《接待外宾注意事项》,其中就有与送宾相关的内容:贵宾飞机起飞或专车开动时,应该挥手致意;在送行的主要领导同志和各国使节未离开的时候,不要先行离场。[①] 这个规定正是涉及送客的。

"迎三送七"原则不仅可以用到主客第一次见面的迎接,在后续的交往中仍然可以运用,比如,与外国客人打交道,如遇外国客人到办公室拜访,主方人员应到单位大门或者办公楼大门迎接;离开时,主人同样要把客人送到单位大门或办公楼大门,主人等到"宾不顾"时才能离开。如若客人还在主人的视线之内,主人就迫不及待地离开,万一客人不经意回头,就难免失望,即使主人迎宾再周到、再隆重,也无法弥补这种遗憾,最重要的是,东道方的礼宾礼仪水平

[①] 马保奉:《周恩来如何处理外交失礼事件》,《办公室业务》2011年第3期,第15页。

高低通过这个小细节展露无遗。因此,迎送客人时千万要重视"送",这恰恰是加分之处。

第二节　会面礼仪

外交外事活动中,迎接完客人,宾主见面免不了一些互动。下面介绍会面礼仪中比较常见常用的称谓礼仪、介绍礼仪与致意礼仪。

一、会面中的称谓礼仪

称谓在外交外事工作中非常重要,美国的礼宾专家罗伯特·希基(Robert Hickey)2008年出版了一本《荣誉与尊重:姓名、头衔、称呼的官方指南》的书籍,[①] 500多页的内容都在阐释称谓问题,可见称谓在外交外事工作中的重要性。正确称呼意味着对他人身份的尊重、承认与肯定,把王子称为殿下,把牧师称作神父,把小姐(Miss)称作太太(Mrs.),自然会让

[①] Robert Hickey, *Honor & Respect the Official Guide to Names, Titles, & Forms of Address* (Columbia: The Protocol School of Washington, 2013).

对方感到尴尬。这部分将介绍四种称谓法与世界主要国家的不同称呼。

(一) 四大类称谓法

称谓可以大致分成四大类，尊称称谓、职务称谓、荣誉称谓、礼仪称谓。

1. 尊称称谓

这一类称谓有特定的适用人群，主要指对皇室成员的称谓。对国王、天皇、女王要使用"陛下"，英文是"Majesty"，当面称呼"Your Majesty"，间接称呼"His/Her Majesty"。关于国王、天皇、女王配偶的称谓，除非配偶自身有爵位，可按照自身的爵位称呼，如对英国女王伊丽莎白二世的丈夫菲利普亲王。一般情况下，对他（她）们的配偶同用尊称"陛下"，如在丹麦、西班牙、日本、泰国、文莱等国家，称王后为陛下。[①] 皇室国家对于王子、公主、亲王等的尊称是"殿下"，英文是"Highness"，当面称"Your Highness"，间接称"His/Her Highness"。尊称称谓还有一种是对于贵族和高级官员的尊称"阁下"（Excellency）。一般

---

① 许祥林：《礼行天下国际礼宾和旅行》，世界知识出版社，2010，第192页。

用于部级以上（含部级）或内阁成员以上（含内阁成员）的官员，直接称呼"Your Excellency"，间接称呼"His／Her Excellency"，对于总统、大使、法官、市长、高级别神职人员都可以使用，如"Your Excellency Mr. President""His Excellency the President"。

对于神职人员称呼要非常注意。梵蒂冈城国元首的政治及外交称号是"教皇"。基督教各种教派对神职人员的称呼如下：天主教与东正教称神职人员为"神父"或"神甫"，"神父"这个翻译更常见，新教称神职人员为"牧师"。伊斯兰教对主持清真寺宗教事务人员的称呼是"阿訇"。犹太教中担任犹太人社团或犹太教教会精神领袖或在犹太经学院中传授犹太教教义者称为"拉比"。

2. 职务称谓

这一类称谓既可以是职业也可以是职业中的职务。职业称呼包括医生、护士、老师、法官、律师、记者、导演、教练、裁缝……职务称呼是指与工作相关的具体的职务，比如总统、国家主席、总书记、部长、司长、局长、处长，等等。需要注意的是，如果当事人职务变换或者职业生涯结束，这些称呼就不适宜使用了。但可以加上"前"字，比如，美国前总统比尔·

克林顿先生（Mr. Bill Clinton, Former President of the United States of America）。

3. 荣誉称谓

职务称谓受时间的影响，有些称谓则不受时间因素的影响，一旦获得可以终生使用，这就是荣誉称呼，它代表的是一个行业最高级别的称号，如教授、工程师、大使、大师、将军、博士等。需要指出的是，有些最高序列的职务称谓也可以成为荣誉称呼，比如，一国的总统、国家主席、总书记，等等，口头介绍可以直接称呼最高职务的职衔，但在非常正式的场合应该指出"前任"。

4. 礼仪称谓

如若不清楚对方详细情况，也可以采用大众化的礼仪称谓。英语中最常见的礼仪称谓是对男性称呼先生（Mr./Sir.），Mr.一般用在姓或全名前，Sir的尊敬程度较高，可以不加姓名单独使用。女士的称呼比男性丰富，有小姐（Miss）、女士（Ms.）、太太（Mrs.），Miss一般后面直接加姓或者加全名，常见于称呼未婚女性；Mrs.指夫人、太太，欧美国家女性传统上婚后会改用夫姓，如果Mary Shelley嫁给了John Smith，Mrs.后面可以加丈夫姓也可以加丈夫全名；

Ms. 指女士，用于婚姻状况不明或不愿意提及婚姻状况的女士，这种称呼法也受到越来越多女士的欢迎，如 Ms. Shelley。此外，称呼女士还有一项非常尊敬的用法是"Madam"，用于称谓资历、地位偏高的女士，一般单独使用，不与姓连用，与男性的称呼"Sir"同等级。

西方国家礼仪称呼可以与职务称呼连用，如"总统先生""市长先生""法官先生"等，中国最初没有这个习惯，后来在礼宾中逐渐出现了这种称呼，这还与周恩来总理有关系。1955年，印度尼西亚总理沙斯特罗阿米佐约来访，周总理为其举行欢迎仪式。中国的仪仗队队长跑步至贵宾面前，立正挥刀请他检阅仪仗队，但在高呼"请沙斯……"时，因心情紧张加之印度尼西亚总理名字过长，竟然记不起他的全名，急得满脸通红，不知所措。站在贵宾身边的周总理举手示意引导贵宾检阅仪仗队，给仪仗队队长下了台阶。仪仗队队长在国宾欢迎仪式上出现了这样的失误，后果很严重，但事后，周恩来总理并没有责怪那位诚惶诚恐的仪仗队队长。考虑到有些外国元首的名字很长，周恩来总理建议改为"总理阁下，请您检阅"，或者"国王陛下"等更好。之后，中国在国宾欢迎仪式上，仪仗队队长称呼国宾的方式全部改成了"国王陛下、总统阁下（先生）、总理阁下（先生）"。

需要注意的是，对于一个有尊称称谓、官职称谓与荣誉称谓的人，如果仅仅称呼对方先生、夫人、女士，将被视为无礼的行为。因此，在外交外事工作中，了解来访贵宾的详细情况是非常必要的。

（二）主要国家人名构成

前面介绍了常见的四种称谓法，不同国家，人名的称谓有一些差异。下面介绍不同国家的人名构成法。

1. 英美法国人

中国人的姓名是姓在前，名在后，但欧美国家的人士相反，是名在前，姓在后，顺序是"名+姓"，有两个名字的是"名+中间名+姓"。比如美国总统的名字唐纳德·约翰·特朗普（Donald John Trump），唐纳德是名，约翰是中间名，特朗普是姓。书写时可以把名缩写，但姓不能缩写，比如 D. J. Trump 或者 Donald J. Trump。西方国家人士的姓名还有使用父辈名字的习惯，这表明他们以自己家族历史为荣，比如美国石油大亨保罗·盖蒂（Paul Getty）的姓名就被他的子孙所沿用，为了将爷孙几代同姓同名区别开来，他们采用了 Paul Getty Ⅰ，Paul Getty Ⅱ，Paul Getty Ⅲ 的方式。以英文为官方语言的国家，姓名组成基本与英美人一样。关于改名字，对中国人来说是一件很麻烦且困难的事情，姓名与出生证、户口本等重要文件相连，改姓名牵涉到一系列的复杂程序。但对欧美国家的人士而言，改姓名是一件相对简单的事。西方国家女性的姓，按照传统，婚前随父，婚后随夫，如果丈夫去世、离异或者双方分居，那么，女性就可能会改姓，不再使用丈夫的姓。但是，随着时代的发展，也有不少女性坚持婚后不改姓。

法语虽然与英语不同，但法国人的姓名用法基本与英美人一样，一长串的姓名是由教名与长辈起的名字与姓组成。法国人的名字中常常带一些冠词比如 Le、La 等，还有介词 De 等，翻译时与姓连译，如 De Gaulle 译作戴高乐。女性姓名基本同英文姓名。

2. 俄罗斯人

俄罗斯人历来十分重视姓名，有句谚语是"有名字的是伊万，没名字的是傻瓜"。俄罗斯人姓名由三部分组成：名+父名+姓。如伊戈尔·杨诺维奇·伊万诺夫（Igor Yanovic Ivanov），伊戈尔为本人名字，杨诺维奇为父名，意为杨诺维奇之子，伊万诺夫为姓。①

全名一般只用在非常正式的场合中，如正式介绍、正式公文、正式证件等。在非正式的文件中，名字和父称可以缩写，但姓氏必须完整。

俄罗斯人口头的相互称呼一般称姓或只称名，正式形式是用名字+父名，这种称呼表示双方关系一般的客气叫法，如对于俄罗斯官员或者关系不熟的人，特别是对于俄罗斯领导人和高级官员，这是较为恰当的称呼法。再正式一些的尊称则是名字+姓。还有一种用法是姓+礼仪称谓或者职务称谓，这是一种正式的、中性的称谓，多用在对不太熟悉者表示某种敬意的称呼，如普京总统、梅德韦杰夫总理、拉夫罗夫外长，等等。俄罗斯人的全名可以有两个顺序：名+父名+姓；姓+名+父名，② 第二个顺序可以用在特别正式的文件中。

俄罗斯的女性出嫁要随夫姓，但无论离婚还是再婚都不能改变这个夫姓了，③ 这是与欧美国家女士不一样的地方。

---

① 许祥林：《礼行天下国际礼仪礼宾和旅行》，世界知识出版社，2010，第197页。
② 王丽春：《俄罗斯人的姓名》，《长春理工大学学报（社会科学版）》2011年第5期，第75页。
③ 万丽：《俄罗斯人的姓名略谈》，《读与写》2013年第9期，第27页。

3. 阿拉伯人

阿拉伯人信仰伊斯兰教，他们的姓名一般包括本名、父名、祖父名……再加姓，像列一个家谱。由于姓名较长，他们很少使用全名，往往把祖父名或者父名一起省略，只用本人名和姓，有时连本人名也省略，比如，埃及总统萨达特，他的全名是穆罕默德·安瓦尔·萨达特，穆罕默德是名，安瓦尔是父名，萨达特是姓。如果是正式场合，一般采用姓+职务称谓，如萨达特总统。如果是特别正式的场合里至少要出示两个名字，即本人名加上父名。而在朋友、亲属之间只提本人的名字就够了，如穆罕默德·艾哈迈务·欧勒菲只称呼穆罕默德就可以了。

此外，在本人名和父名之间，或父名与祖父名之间，有时带有"伊本"或"本"，表示儿子之意。如约旦国王侯赛因·伊本·塔拉勒，伊本意为侯赛因是塔拉勒的儿子。

阿拉伯人有各种各样的称号和尊称，这些称号原则上是写在姓名前面，也有写在姓名之间或者后面的，下面简单介绍：埃米尔（Amir，Emir），是王子、亲王、酋长、君主或元首的称号；苏丹（Sultan）是君主、国王的称号，如苏丹卡布斯·本·赛义德·阿勒赛义德（Sultan Qaboos Bin Said Al-Said）是阿曼苏丹国国家元首的称号；伊玛目（Imam）是宗教领袖、清真寺领拜人、伊斯兰教法学权威的意思；赛义德（Sayed，Syed）是先生、主人、老爷的称号；谢赫（Sheik，Sheikh）是长者、村长、族长、酋长的称号；哈吉（Haji）则是到麦加朝圣过的教徒称号。

以上介绍了几个主要国家的称呼礼仪，正确与规范的称呼是良好交流的开端，将为交流营造良好的氛围。

二、会面中的介绍礼仪

外交外事工作需要掌握介绍的礼仪规范，"介绍"又分自我介绍、经人介绍与唱名三种。

（一）自我介绍

涉外交往千变万化，在没有中间人的情况下，自我介绍就变得非常重要。如何在最短的时间内把自己介绍清楚？哪些规范是自我介绍不可缺少的呢？

涉外交往中的自我介绍有四项信息不可缺少：姓名、国家（在未知国家的情景下需要提及）、单位、职务。中国人最容易遗忘的一项信息是职务，这受中国文化崇尚谦逊低调的影响，中国人认为报出自己的职务有炫耀之嫌。但在外事工作中，告知职务是必要的，职务代表着一个人的社会层级，将帮助对方更好地了解其背景并决定如何与其打交道。告知职务的另外一个重要原因是解决了对方的一个大难题——称呼问题。很多人都有这样的感受，一个人做完自我介绍，我们根本不知道该如何称呼对方，如"惠特摩尔司长，您好，我叫陈丽"，这时，如何称呼陈丽就是一个问题，叫小陈、老陈都不太合适，称呼陈女士又显得很生疏。如果陈丽这样介绍自己，"惠特摩尔司长，您好，我叫陈丽，是中国上海市外办主任"，惠特摩尔司长就可以称呼陈丽为陈主任，这恰恰是为对方考虑的体谅做法。

如果一个人的身份、地位、级别特别高，介绍自己的职务确有不便，那么，最好的解决办法是中间人介绍或者唱名。

(二) 中间人介绍

如果一个人的地位很高、身份尊贵，自我介绍常常无法突显尊贵感，当事人也不便把自己的头衔毫无遗漏地逐一介绍出来。这时，中间人就变得非常重要。

涉外礼宾中如何把中间人当好？三步可以正确地介绍双方。

第一步，先确定双方中更重要的一位。参考因素是职务的高低、年龄的长幼、性别的差异、婚姻状况的不同、主客的不同或者先来者与后到者之别。正确的介绍第一步是要找出谁是最重要的那个人，如职务高低之间是级别高者重要，年龄长幼之间是长者重要，性别之间是女性重要，婚姻状况之间是已婚者更重要，主客之间是客人更重要，先到者与后到者级别相等的情况下先到者应更重要。

第二步，中间人按照尊者优先掌握信息的原则介绍双方认识。确定优先之后，中间人应把不那么重要的人介绍给更重要的人，然后再交换顺序。重要人士为什么要优先掌握信息？因为，掌握信息多少是体现一个人身份尊贵程度的标准之一，给予某人掌握信息的优先权是尊重某人的体现。

第三步，中间人必先称呼重要的那个人。如果中间人开口喊的是另一位，后面的顺序就会弄错。比如，美国某市市长贝恩斯·约翰逊到中国某市访问，按照客为尊的原则，中间人应如此介绍"约翰逊市长，请允许我为您介绍，这位是××市的张杰市长。张市长，这位是美国××市的约翰逊市长。"如此三步，一个正确的介绍就完成了。

（三）唱名（roll-call）

唱名一般是在重要的庆典或者会谈、会见时，由一位了解客方人员的人向主人及其他客人报告被唱名者的方式，这既是一种介绍，更是一种报告。在国家级的庆典活动中，一般由专门的司仪或者礼宾官负责此事。比如，2006年，在中非合作论坛北京峰会暨第三届部长级会议中，我国外交部礼宾司罗林泉司长就扮演了这样的角色，当非洲各国参加峰会的国家元首、政府首脑和代表进入人民大会堂时他高声唱名，向胡锦涛主席介绍和报告到会客人的国别组织、姓名及职务。俄罗斯国宴也有唱名的礼宾习惯，俄罗斯礼宾官向东道国元首夫妇与来访国元首夫妇采用唱名的形式介绍出席宴会的宾客，被唱名者沿中央台阶走到国宴大厅前厅，与两国元首夫妇握手问候。

实际上，在一些日常的外事活动中，也可以在客人到达时，进行一定程序的唱名，这样便于主客双方相互致意。唱名的基础是客方人员基本了解东道方主要人员的身份信息，要做好唱名工作，唱名人必须要先期了解客方人员的姓名、国家、单位、职务等基本信息。

三、会面中的致意礼仪

宾主见面，往往会采用一定的致意礼节表达情感，下面就介绍几种较为常见的致意礼节。

(一) 握手礼

规范的握手传递的是友好、尊重与善意；不规范的握手传递的是不够礼貌、不太欢迎的信息；拒绝握手传递的则是不友好、敌视甚至对抗的信号。作为全球使用率最高的致意礼节，规范的握手礼有哪些要求呢？

1. 谁先伸手？

伸手的总原则是"位尊者或者强势方"先伸手。具体来说：上下级之间，上级先伸手；长晚辈之间，长辈先伸手；男女之间，女士先伸手；主人与客人之间，主人先伸手，但是在客人告辞的时候，应该客人先伸手，如果主人先伸手就有逐客之嫌。

主客见面主人先伸手也有特殊的做法。比如，

1972年2月21日，尼克松访华，当尼克松专机的舱门打开，尼克松主动把手伸向两三米开外的周恩来。尼克松的这一行为就是要有意弥补1954年美国国务卿杜勒斯拒绝与周总理握手的失礼行为。可见，外交外事中的握手、伸手包含了政治含义，超越了简单的致意。需要注意的是，谁先伸手的问题也不可机械地运用，在公务类、政务类、商务类场合，应遵循"握手比不握手更重要"的原则。

2. 怎样握手？

握手的姿势有诸多细微的要求，良好的握手姿势可以体现一个人的礼仪素养、精神面貌与综合素质。具体来说有如下几点。

- 身体前倾：身体前倾是积极体态语，传递了尊敬与欢迎的含义。否则会给人傲慢、冷淡的感觉。
- 目视对方：握手时与对方有眼睛的互动与交流。
- 虎口相接：与对方伸出的手掌相握，虎口相接。
- 上下轻摇：双方的右手上下摇动三到四次。
- 及时分开：握完手要及时分开，如果不及时分开后续就会有些尴尬了。

- 力度适中：握手的力度要适宜，太大显得强势，太小显得自卑或高傲。

3. 握手注意事项有哪些？

- 戴着手套、墨镜、帽子与人握手都是不太尊敬的。美国前总统小布什曾因为戴着皮手套与斯洛伐克官员握手受到了批评。

- 与人握手不看对方眼睛是非常不礼貌的。

- 男性与女性在公务、商务等场合握手，推荐弱化性别差异、体现男女平等的全掌握姿势。在社交场合，如果男士想体现优雅与绅士风度，可以尝试握女士的四指；如果想展现平等与热情的现代感，可以采用全掌握。

- 与基督教徒握手应避免形成十字架。两人在握手时另外两人在他们的手上握手，由此形成了十字架形状。基督徒对于十字架非常敏感，耶稣是在十字架上受难的，十字架是救赎、忏悔的标志，要回避。

- 与阿拉伯人及印度人握手不能辅之左手。因为他们认为左手是不洁的，辅之左手会冒犯对方。

- 与大多数伊斯兰教国家的异性不要握手。伊斯兰教法规定，穆斯林妇女不能与陌生男子握手。

（二）拥抱礼与亲吻礼

很多西方国家的人士有行拥抱礼与亲吻礼的习惯，对于中国人来说，拥抱与亲吻没有握手那么常见，这些动作本身就是西方外交的传统。随着时代的发展，拥抱与亲吻礼逐渐成为外交外事的礼节之一，相关人员都应该有所了解。

1. 拥抱礼

拥抱礼是欧美人老友重逢和送别，或者与新结识的朋友在一起一段时间快分离时，为了表达喜悦、感激或不舍之意而行的一种礼节。陌生人第一次见面，一般不会行拥抱礼，除非是特殊的关系与特殊的情形。

案例：邓小平在国际场合主动行拥抱礼

因为特殊的政治原因，邓小平副总理曾主动向日本首相与外相行拥抱礼。1978年10月，邓小平以副总理的身份访问日本，并出席《中日和平友好条约》互换批准仪式。10月23日，当日本外相园田直和中国外交部部长黄华在《中日和平友好条约》上签字之后，

第二章 礼宾礼仪中的会面、会见、会谈礼仪

邓小平和福田相互举杯,随即,邓小平放下酒杯,走到福田跟前,同他拥抱。福田对邓小平的这一举动大为吃惊,显然是缺乏思想准备,因此表现得有些慌乱,不知所措,甚至有些狼狈。站在一旁同黄华握手的外相园田直看得有点愣神,没料到邓小平随即走过来同他拥抱。邓小平副总理的拥抱礼具有意想不到的效果,他正是通过小小的拥抱礼向世界表明:中国正在走向开放,中国外交在走向现代化。[①]

拥抱礼在外交外事中很常见,那么,拥抱礼有哪些规范与要求呢?下面介绍世界最常使用的欧洲大陆式拥抱礼的规范。

- 伸出双臂;
- 左手在下右手在上(左臂搂住对方腰部以上的位置,右臂搂住对方的左肩或环抱到右肩,越靠右越亲密);
- 热情拥抱可以轻拍对方的肩膀;

---

① 余玮:《魅力邓小平》,团结出版社,2016,第134页。

- 女士之间拥抱时还可以贴面;
- 顺序是右—左—右(每人先用自己的右侧脸贴对方的右侧脸);
- 一般3—5秒钟。

行拥抱礼时,切忌过于急促地伸出手臂,尤其是男性对女性的拥抱,以防拥抱遭拒。同时,如遇外国朋友要与我们行拥抱礼,不可躲避或尖叫。非情侣关系的男女拥抱时要留意距离,不可过近,不可拥抱得过紧、过久。

2. 亲吻礼(贴面礼)

致意礼节中的亲吻礼又称为贴面礼,拥抱礼与亲吻礼比握手礼更亲近,体现的亲密程度更高。一般来说,老朋友、好朋友和亲近的朋友才会行亲吻礼。亲吻礼的正确姿势是:

- 双手扶住对方的小臂、大臂或肩膀;
- 用自己的右脸颊贴住对方的右脸颊;
- 亲吻对方脸颊旁的空气,嘴唇不接触对方的皮肤;
- 同时发出亲吻的声音"啵";
- 亲吻的次数可以一次、两次,也可以三次,三次比两次或一次更正式;

- 传统的欧洲大陆式亲吻的顺序是右—左—右。

行亲吻礼时要注意脸部的顺序，一般情况下是右—左—右，首先要伸出自己的右脸，否则双方会撞脸。还要注意不要用自己的嘴唇接触对方的皮肤，而是亲吻对方脸颊旁边的空气，因此，亲吻礼又称为空气吻。

亲吻礼还有一个变式即"握手、贴面、亲吻礼"，与亲吻礼唯一不同的是行礼双方的双手不是抱住对方的手臂，而是握手。在握手的同时行贴面、亲吻礼，也就是贴面、亲吻时保持握手状态不要松开手。

（三）鞠躬礼、合十礼、抱拳礼

2020年初，新冠疫情在全球肆虐，外交外事中的致意礼节也发生了变化，为了保护自己与他人，没有身体接触的致意礼节受到推崇，这些礼节多来自亚洲国家。下面介绍具有东方色彩的三个礼节。

1. 鞠躬礼

鞠躬礼主要流行于日本、韩国。鞠躬的角度与表达感情的程度有密切关系，鞠躬的角度越大，表达的感情越强烈。15°为轻度行礼，同事或者亲密的人擦肩而过时轻微示意；30°为一般行礼，用于见到上司、接待长辈、迎送客人时使用；45°为尊敬行礼，用于拜托别人、接待重要客人和表达尊敬、深度感谢和致歉时使用；90°为隆重行礼，多用于谢罪、致歉、致哀等。鞠躬礼的规范如下：

- 鞠躬时双脚的姿势男女性有一定差异，女性双脚呈立正或者双脚并拢的姿势。男士双腿略微分开平行站立。
- 手部姿势男女也有差异，女士双手交叠于小腹或者双手自然垂直放于腿部两侧。男士双手紧贴裤线。
- 鞠躬时后背不能弯曲，正确的姿势是背部挺直以髋部为轴上身向前鞠躬。
- 目光要随着头部向下移动，鞠躬下去时不要把头与眼睛抬起来。
- 有时口中要说感谢或者问候的话。
- 起身前要屏住呼吸略微停顿一下。
- 起身后目光要与对方眼睛接触，为鞠躬画上句号。

2. 合十礼

合十礼源自印度，流行于泰国、缅甸、老挝、柬埔寨、尼泊尔等佛教国家，用于见面打招呼、祈祷、祝福、感谢、感恩和道歉。

第二章 礼宾礼仪中的会面、会见、会谈礼仪

在印度,行合十礼时会是双手合掌,两眼注视对方,弯腰欢迎礼拜对方,① 说一句"纳玛斯蒂"(Namaste),意为"感谢"。

在泰国,行合十礼时,一般是两掌相合,十指伸直,指尖朝上,举至胸前,同时,伴有双腿轻微下蹲姿势,头微微下低,口念"萨瓦滴",意为"你好"。女性念"萨瓦滴Ka",Ka是女性专用词,显得彬彬有礼。男性问好则念"萨瓦滴Krap",② 其中的Krap是男性专用的语气词。

双手合十时的位置与双方身份息息相关。见到身份、地位越高的人,指尖就举得越高,身体下降得越明显。合十礼又分站合十、蹲合十与跪合十。站合十常见于见平级、客户或年纪略长的人:行礼时双手合十,轻微低头,双手拇指尖落在下巴的位置。蹲合十常见于学生见老师、孩子见父母:行礼时双手合十,微低头,拇指尖落在鼻尖位置,同时腿部要一前一后下蹲,也可以男生鞠躬、女生下蹲。跪合十常见于平民百姓见佛祖与和尚:低头的同时,双手合十,拇指

---

① 沈妙瑜:《Namaste 生命喜悦的祈祷》,中国轻工业出版社,2011,第7页。
② 龙菊:《泰国文化中的非言辞交际——以合十礼为例》,《神州》2013年第3期,第16页。

尖落在眉心的位置，双腿跪地，也可以女生深下蹲、男生深鞠躬，而百姓见到国王与皇室重要成员，则要侧身跪地行合十礼。身份尊贵者或者长辈见到身份、地位低的人，双手放在胸前合十即可。

3. 抱拳礼与拱手礼

抱拳礼是中国习武之人常行的礼节，表示问候、祝贺或辞别。抱拳礼有较深的文化内涵，以武术中的抱拳礼为例，左掌代表文，右手是力的象征，右拳代表武。左掌掩右拳相抱，表示"勇不滋乱"等含义。

行抱拳礼时，动作规范是左右手一上一下，左手为掌，右手为拳，左掌掩右拳在胸前相抱，① 同时，两臂应屈圆，双肘应抬至胸的高度，不能过低，这是与拱手礼的不同之处。

还有一个中国传统的致意礼节是拱手礼。2020年3月29日，中国抗疫医疗专家组8人赶赴委内瑞拉协助抗疫，4月8日，委内瑞拉总统马杜罗会见中国援委抗疫医疗专家组时，用拱手礼向中国专家致以崇高致意。

与抱拳礼不同，拱手礼的核心动作便是"拱手"，

---

① 刘勇波：《揖礼考论》，《山西财经大学学报》2013年第S1期，第162页。

《尔雅·释诂》郭璞注曰:"两手持为拱。"① 按照古文"持"即握也,两手持即两手相握。拱手的姿势男女略有不同,男子是右手成拳,左手包住右手。女子则是左手抱虚拳,右手轻压左手。需要注意的是,行拱手礼时手臂的高度与抱拳礼有一些差别,抱拳礼的手臂要抬至胸的位置,拱手礼的手肘是自然下垂的。

以上介绍了三种源自西方国家的以身体接触为特点的握手、拥抱与亲吻礼,以及三种源自东方国家的以无身体接触为特点的鞠躬、合十、抱拳礼与拱手礼。随着国与国联系的加强,西方的接触性致意礼节不断被其他国家的人接受,同时,东方国家的非接触致意礼节也因其卫生与健康优势,被越来越多的人接受与践行。

第三节 会见、会谈(谈判)礼仪

如果说会面涉及刚刚见面时的迎接、称谓、介绍、致意等礼节,那么,会见和会谈则既有礼节性又有实

---

① 李学勤主编《十三经注疏 尔雅注疏》,北京大学出版社,1999,第45页。

质性，会见和会谈是外事工作中的重要交往方式，很多问题都是通过会见和会谈定基调与具体磋商的。

一、会见、会谈（谈判）的类型

会见与会谈（谈判）既有相同之处也有不同之处。

（一）会见

会见是外交外事中常见的礼宾活动形式，主客双方因身份的不同，词汇的表述上有差异。比如身份高的人士会见身份低的人士，多用接见、召见。凡身份低的人会见身份高的人，一般称为拜见或拜会。如果拜见君主，又称为谒见或者觐见。当今国际交往中的礼以主权平等为指导准则，礼的等级性与不平等性是现代国家摒弃与批判的，因此，中国放弃了等级性、尊卑性色彩明显的各种词汇，而选择"会见"这个比较中性的词汇，主要指主人见客人。如果是接见和拜会后的回访，则使用同样具有中性意义的"回拜"。

会见的内容不限，可以有政治性的、礼节性的和事务性的，有些则兼而有之。政治性会见相对比较正式与严肃，涉及政治、安全等问题。礼节性会见是包含礼仪性质的一种象征性会见,不会涉及实质性的内容,会见的时间比较短,内容也比较广泛,不会聚焦过于严肃的话题。事务性会见是围绕某一事务进行沟通、交流等。外事工作中的会见基本以礼节性与事务性的会见为主,较少涉及政治性主题,事务性会见会涉及业务交流、文化交流、招商引资等具体事务。总体来说,会见更具有象征意义与礼仪意涵,即使是外交领域的政治性会见,也更多是就涉及双方关系、国际局势等重大问题表态、宣示,为后期的会谈(谈判)奠定基调和打下基础,如果涉及更深入的细节则需要通过会谈(谈判)解决。

(二) 会谈(谈判)

会谈(谈判)是指双方或多方就某些重大的政治、经济、军事、科技、文化等共同关心的问题为达成某项共识或具体的协议而交换意见和进行磋商,或者就某项主题进行谈判。外事中的会谈更多涉及经济、文化等主题,政治、军事等高政治话题相对少一些,相比会见,会谈要复杂一些,是一种实质性、任务性的磋商、交涉,交流的内容也更加正式、深入、专业。会谈(谈判)还分主客场,事务性主题的会谈,有可能要举行多次,这次地点在 A 国,A 国是东道主,下次会谈(谈判)可能在 B 国,B 国是东道主。会谈又分双边会谈和多边会谈,双边会谈是指只有主客双方,多边会谈是指三方或以上的会谈(谈判)。比如,始于 2003 年的朝核六方会谈就是中国、朝鲜、韩国、日本、美国、俄罗斯六方举行的会谈,截至 2007 年共举行过六轮会谈。会谈(谈判)讲究双方或者多方参加人员身份与级别的对等或大致对等,如部长对部长、省长对省长、市长对市长等。与会见不同,会谈一旦达成双方或者多方的共识,就可形成法律性的文件,一旦签约,就具有一定的法律约束力。从这个角度来说,会谈(谈判)是主客双方或多方对于会见的深化与落实。

二、会见、会谈(谈判)相关的礼宾规范

会见、会谈(谈判)是外交外事中非常核心的环节,有一些值得注意的礼宾规范。

(一)准备

东道方应做好准备工作,如会见、会谈(谈判)

的时间、地点、双方参加人员的名单，核实好出发时间、路途、抵达、迎送等环节。会见、会谈（谈判）场地的安排，比如，如果要悬挂国旗，不管是采用立式旗杆的方式，还是墙面的悬挂法抑或是在会谈桌上的小国旗摆放，都要符合国际惯例与规范（这部分内容将会在国旗礼仪中专门讲解）。位次的安排要符合国际惯例（这部分内容将在位次排序中专门讲解）。桌签的准备如姓名或者职务要采用双语呈现，如果会见与会谈（谈判）桌上放置鲜花，所选鲜花应避免来访国嘉宾的文化与风俗禁忌，还要避免主客人员过敏的鲜花，等等。有些会见、会谈还需要准备纸、笔等文具。还有饮品的准备如纯净水、茶水、咖啡等。不管是会见还是会谈（谈判），主客双方落座时，主人方应请客人先行落座或者主客双方一起落座，以示尊敬，如果主人不管客人而先行落座是不礼貌的。

（二）介绍

在会面的部分介绍了自我介绍、两人之间的介绍以及唱名。涉及会见、会谈（谈判）中的双边多人之间以及多边多人之间该如何介绍？这常常是困扰很多人的问题。先看双边多人之间的介绍，主客各有两个代表团，应该先把谁介绍给谁呢？按照尊者优先掌握信息的原则，应该把不那么重要的一方先介绍给重要的一方，那么，主与客谁是重要的一方呢？主人方占有天时地利人和的优势，为了体现主人的心胸、气度与礼数，通常会把客人当成尊者，这一点也成为世界绝大多数国家认可的国际规范。在两方多人介绍时有几种方式可供选择。第一，如果主客双方各有一位级别高、需要突出的领导人，可以采用向两方领导人介绍代表团成员的方式。在介绍时，首先是东道方级别最高的领导充当介绍人，向级别最高的客方领导一一介绍东道方代表团成员。之后，再交换顺序，由客方级别最高的领导充当介绍人，向级别最高的主方领导一一介绍客方代表团成员。在国宾欢迎仪式中的介绍环节，基本遵循这种介绍方式。第二，如果两方不存在需要格外突出的领导时，也可请东道方成员中一位恰当人员向客方代表团成员分别介绍东道方成员，介绍的顺序是按照级别从高到低。之后，再请客方代表团成员中一位恰当人员向东道方代表团成员分别介绍客方成员。如此，两个代表团的成员每人都得到了介绍，也了解了对方的情况。第三，外事工作中的情况复杂多样，有时候还要结合自我介绍、中间人介绍以及唱名等方式。

多边多人之间的介绍较为复杂,国家至少包含三个及以上,每一国的人员有多人。在一个多边外交外事会见、会谈(谈判)中,往往是东道国的主持人一一介绍各国代表,或者是每一国的相关人员,可以是最高领导,也可以是最恰当的一位成员介绍本代表团成员。

(三)合影

会见会谈(谈判)一般都有合影的环节,合影包括双方领导人见面握手时的合影以及大合影,如果是大合影,东道方应该事先安排好合影站位图,以免现场混乱或者有人没有站在所属的位置上造成遗憾。位次在外交外事中从来都是极为敏感又极为重要的。最专业的做法是在每一位代表所站的位置贴上地签标记,每一位代表在礼宾人员的引领下找到自己的名字,或者自行找到自己的名字,这种方式不容易出错。合影的位次排序会在位次的章节讲解,总体上是前优于后,中优于旁,主立于左,客立于右(此处所讲的左右均以当事人为准),或者主客交叉排列。

东道方还应事先准备好摄影器材以及安排有经验

的专业摄影师。曾经出现这样的例子，一位经验不足的摄影师反复要求大家重来一次，耽误了时间，致使宾主不悦。

三、需要留意的几项细节

在会见、会谈（谈判）中还有一些不能忽视的细节，细节往往是体现礼宾水平的标准之一。

（一）时间

东道主应尽地主之谊，当好东道主，展现礼待宾客的风范。在时间上，主人方应该早于客人到达。客人到达时，主方人员应该视情到大楼正门或者会客厅（谈判室）门口迎候，主方迎接人员迎送得越远、迎送人员的级别越高，对客人的尊重程度越高。此外，会见、会谈（谈判）的时间把控也很重要，时间在礼宾礼仪中是非常重要的一个要素，会见、会谈（谈判）最好按照计划推进，缩时与超时都不符合规范。1989年5月16日，邓小平会见来访的苏联总书记戈尔巴乔夫。日程安排是10：00开始，12：00结束，13：00午宴。然而有趣的是，原计划的两个小时过去了，双方尤其是邓小平谈兴正浓、丝毫没有结束的意思，最后延时半个小时才结束。这种情况随着时代的发展、礼宾规范性的不断增强越来越少见了。越是高级别的会见，时间把控越严格，国事、正式访问中的时间往往是按照分秒计算的，一场活动推迟，势必会影响下一场活动。外事中的时间安排不如国事、正式访问中的礼宾要求那么高，但尊重时间、按照计划推进逐渐成为大的趋势，也成为考察一国礼宾水平高低的标准之一。

(二) 场地

会见、会谈（谈判）的场合选择很重要，场地并非越大越好，而应根据人数多少决定场地大小。如果人数多不能选择太小的场地，否则过于拥挤；相反，如果人数少也不能选择过大的场地，否则显得空旷，人的注意力容易分散。如果人数多，场地较大，需准备扩音设备，扩音设备应提前调试，设备是容易出问题的一个环节，专业工作人员应时刻在现场以备不时之需。曾经有个案例，中美两所高校代表团有场会谈，开场前，麦克风突然没有声音了，在负责音响的人员到来之前，大家手忙脚乱地调试，十分钟之后专业人员才赶到，等完全调试好，离开场时间已经过去了大约15分钟。尽管大家都耐心地等待，但这件事情事实上体现了东道方准备欠充分，办会水平有待提高。此外，场地的温度也会影响会见、会谈（谈判）的效果。如果是新建成的大楼，应该使用去异味、去甲醛的专业物质或者多开窗通风使异味与有害气味散去。会见、会谈（谈判）时，室内的温度也会影响效果，欧美国家的人士习惯在夏天把空调的温度调得很低，中国近些年重视环境保护，夏天不建议温度调得太低，冬天不建议温度调得太高，在举办国际性的活动时，应该兼顾国际标准与环保要求，以人的舒适度为考量点。

(三) 工作人员

一场正式的会见、会谈（谈判）离不开很多工作人员的服务，这些工作人员为会见、会谈的顺利进行提供保障，下面介绍比较有代表性的媒体、翻译与后勤人员的礼仪细节。

高端的会见、会谈（谈判），媒体人员不可缺少，他们要对会见、会谈（谈判）进行报道。媒体人员参加会见、会谈（谈判）活动，通常只在正式谈话之前与会谈刚刚开始的时候允许采录照片、视频，几分钟之后，除了陪见人员与必要的翻译、记录人员等，媒体人员会按要求离开。如有采访安排，一般是在会见、会谈（谈判）开始前或者结束后进行。

翻译是外事会见、会谈（谈判）中的重要工作人员，有着不可忽视的地位与作用。翻译人员的角色定位是绿叶、配角，打扮不可过于艳丽与招摇。此外，翻译人员的举止也影响着翻译的质量，翻译人员应该落落大方，翻译时眼睛与交流对象要有目光的交流，手势不应过多、过碎，还禁止当众抠指甲、挖耳朵、抠鼻子、揉眼睛等。在为领导翻译时，在镜头面前应灵活调整个人位置，既保证翻译的顺利完成又不喧宾夺主。

再来看服务人员。服务水准是体现礼宾水平的一个方面，总体来说，工作人员的服务应该以无痕为主，很多工作是做在前面，一切有条不紊，能充分满足会见、会谈（谈判）人员的需求，又不会有明显的服务痕迹。中方会见、会谈（谈判）通常上茶水，以前上的茶叶多为龙井绿茶，龙井绿茶也被称为国宾茶。随着时代的发展，中方款待外宾的茶叶也在多元化。中国是茶叶大国，各省的特色茶不尽相同，请外宾品尝本地的特色茶本身就是推介茶叶文化、创造商机的一种巧妙行为。比如,云南与福建都是茶叶大省,云南的普洱茶声名远扬,福建的大红袍、铁观音享誉海内外,他们用本地最有特色的茶叶款待外宾是情理之中的事。服务人员续水一般是隔二十分钟至半小时一次。如遇贵宾饮茶次数较多,杯中已空,则要及时续水。续水的位置是在每一位客人的右后方,续水时要减少对宾客的干扰。如果会谈、谈判的时间较长,还需要为客人准备茶歇的咖啡、点心等。

思考题

1. 迎送礼仪中关于时间、地点、人物的规范有哪些?
2. 称谓礼仪中的四大类称谓法是哪几种?
3. 东道方举办一次外事会见、会谈(谈判),在时间、场地与工作人员方面有哪些注意事项?

第三章 礼宾礼仪中的仪式与活动礼仪

在外交外事活动中,有一些大型的、仪式性的活动,如开幕、颁奖、签字仪式,还有国际会议、参观访问、观看演出等活动,此外,涉外活动中有时候还会涉及具有仪式性的赠礼。本章就专门介绍这些内容。

第一节 开幕、颁奖与签字仪式

仪式是一种象征性行为,自产生以来,一直伴随着人类文明的进程。仪式的象征意义远大于实际意义。仪式可以唤起人们的自尊心、敬畏心、责任心等多种崇高的情感,并有助于责任的承担,具有创造民族集体感、社群归属感和群体认同感的作用和功能。礼宾中有很多仪式性的活动，下面主要介绍开幕、颁奖以及签字仪式。

一、开幕仪式

一场盛大的开幕式，不仅是为了营造一种气氛与引起轰动，也是为了长期的发展。开幕仪式的类型较多，场馆相关的开幕仪式涉及博物馆、展览馆、陈列馆、艺术中心等；以大型活动为特色的开幕仪式涉及运动会、博览会、展览会等；主题相关的开幕仪式涉及纪念展、书画展、摄影展、戏曲展、公益论坛、读书节等；工程项目类的开幕仪式涉及开工、竣工、援建项目的交接等。开幕式的规模不等，大型的开幕式人数可达几万人甚至更多，比如，2008年奥运会开幕式，可容纳9万多人的体育场座无虚席，大约有10万人参加了现场的开幕式。小型的开幕式可不足十人，流程相对简单，但活动集中，同样具有特殊意义。

开幕式有一些基本的准备工作。大致包括：贵宾休息室的准备；签名簿、题词本、签字笔、嘉宾胸前鲜花等；隆重的开幕式上，双边活动要准备两国国旗，多边活动要准备多国国旗,有的场合还需要奏国歌;开幕式必不可少的一个环节是领导致辞,还需要准备扩音设备;外事活动中的开幕式通常会邀请媒体参加,有时是国内外多家媒体,需要为媒体人员提供基本的工作条件;如果需要剪彩,还需要准备红色绸缎、剪刀和托盘;如果仪式中有特殊的安排,如揭去遮盖物、种树、铲土奠基等,则需要准备相应的工具;如最后环节有宾主举杯庆贺的安排,还要准备香槟酒、冰桶、酒杯等。

开幕式通常强调它的仪式性与礼仪性,需要烘托神圣与崇高的气氛,展现人的高贵感。仪式类的场合均属于社交场合,服装应该适当隆重、正式,男士应穿着正式西服或者更隆重一些的中山装/改良中山装,女士应穿着西服套裙或者小礼服裙,通过服装体现对活动的重视以及自身的尊贵感。受邀参加开幕式的为中、外方的领导,领导致辞是必不可少的一环。双边活动中的开幕式,主持人需为东道方人员,第一位致辞的是东道方身份最高的人员,然后是外方级别最高的人员,之后,按照主客交叉以及级别逐渐下降的规律邀请几位代表上台致辞。多边互动中的开幕式,如果国家仅有三方,主持人可由各方负责人联合主持;

如果国家数量较多,一般为东道方代表主持。致辞的顺序则是按照一定的规则,比如国家首字母顺序、当事人级别、就职时间先后等。不管是双边还是多边的开幕式,首先致辞的都是东道方身份最尊贵者。

开幕仪式有一些需要注意的事项。开始之前,举办方应将议程发给每一位参加人,正式的开幕式要发送纸质版,不那么正式的可以用电子版代替。随着现代通信工具的发达,中国举办的很多活动工作人员往往会通过"微信"发送一份电子版的议程,以供随时查阅,十分方便。如果开幕式有主客方高级别的官员参见,安保工作十分重要,不同级别的领导有不同级别的安保措施。如果有剪彩仪式,如希望增加活动的隆重性,可以为剪彩嘉宾每人准备一副手套,戴白手套剪彩可以增加活动的隆重感。东道方人员还要提醒每一位参加开幕式的嘉宾将手机静音,尽管大部分人都有这样的素养,但也出现过观众席人员手机声干扰现场的情况。为了保持会场的秩序,主办方亦可人为屏蔽手机信号。

二、颁奖仪式

奖励是对他人杰出贡献的承认、认可。奖励有精神的也有物质的，颁奖的仪式化呈现可以为当事人带来强大的荣誉感，并产生示范作用，激发其他人不断前进。颁奖仪式本身对于推动行业发展、展现东道国的形象、促进国家间关系的发展均有益处。

世界上很多行业都有高级别的奖项。较为突出的如：电影行业的法国戛纳国际电影节的奖项，音乐界的格莱美奖，计算机行业的图灵奖，体育界的劳伦斯世界体育奖，护理界的南丁格尔奖，美国新闻界的普利策新闻奖，数学界的菲尔兹奖，以及包含物理、化学、生理学或医学、文学、和平等的诺贝尔奖，等等。这些奖项举世闻名，获奖者是这个行业的佼佼者，为行业的发展甚至人类的进步都作出了贡献。很多奖项具有国际性，获奖者也遍布全球。随着中国的发展，中国也设立了一些国际性的奖项，有些奖项甚至专门颁给外国友人，比如，中国国务院 1991 年设立的中国政府友谊奖，1994 设立的中华人民共和国国际科学技术合作奖，2016 年国家设立的中国对外最高荣誉勋章中华人民共和国"友谊勋章",等等,这些都是中国对贡献突出的外国专家给予的最崇高荣誉。

除了国家层面的奖项,中国的省、市、知名社团甚至高校也有一些国际性奖项,有些还专门颁给外国友人。比如,上海市人民政府为了表彰和感谢杰出外籍人士为上海经济建设、社会发展和对外交往作出的积极贡献,1989年设立了"白玉兰荣誉奖"。2011年北京创立了北京国际电影节。1990年中国人民对外友协会设立了"人民友好使者"荣誉称号。北京师范大学会林文化基金2015年设立了"会林文化奖",旨在表彰为中国文化国际传播作出突出贡献的人士。随着国际性的颁奖典礼、颁奖仪式越来越多,颁奖中的礼宾礼仪做法也需要进一步规范。

颁奖仪式可以隆重也可以简单,隆重的颁奖仪式东道方需要做很多准备工作,如场地、设备、安保、主持、翻译,等等,有些场合可能还会需要国旗、国歌、香槟酒。颁奖典礼同样属于社交场合,着装规范与开幕仪式同,像诺贝尔颁奖典礼堪称着装隆重程度最高的典范,"男士须穿着白领结燕尾服,女士穿着晚礼服。这是穿着像皇室成员那样最正式服装的最佳时间！穿着您本民族的服装也是允许的着装规范"。① 一般的颁奖仪式达不到这种正式程度，但得体穿着、适当修饰是对自己的尊重也是对他人的尊重。正式颁奖的环节，首先请领奖人上台，之后，颁奖人在礼仪小姐的引领下为领奖人颁奖。有的颁奖仪式还有向领奖人献花的环节，颁奖过程中拍照合影留念不可缺少。之后，是领奖人致辞，有的情况下颁奖人还要致辞。有些颁奖仪式还穿插了节目助兴。作为观众，为领奖人送上掌声、祝福是十分必要的，鼓掌也有礼仪规范，除了掌声清脆、响亮，鼓掌时还应该调整身体的角度，身体对着对方，同时适当前倾、目视对方，这样的掌声才是诚恳与打动人的。同样，接受掌声的领奖人也应该相应回礼，还礼的方式不限，需要注意的是，国际上的习惯性做法是接受掌声的获奖人一般不采用自己鼓掌的方式还礼，这一点与中国不一样，外事场合遵循国际惯例，应该采用其他方式还礼，如挥手、拱手、抱拳、鞠躬、抚胸等。

整体上，颁奖典礼是对他人贡献的一种认可、承认并通过仪式展示出来。是对他人劳动的一种肯定、

---

① "The Dress Code at the Nobel Banquet," The Nobel Prize, accessed on August 2, 2020, https://www.nobelprize.org/ceremonies/the-dress-code-at-the-nobel-banquet-3/.

对他人贡献的一种感谢、对他人付出的一种激励。良好的颁奖仪式具有激励人心、推动行业发展以及人类进步的作用。

三、签字仪式

签约是会谈（谈判）的成果性体现，凡重要的条约、协定、议定书以及合作项目的协议书、合同等签字时，一般要举行签字仪式。签约仪式是一种见证，更是一种履行条约的宣示，以仪式形式展示签约过程能增加郑重感、庄严感、神圣感。签约仪式是外交外事中非常重要的一种仪式。

签字仪式需要做一些准备工作，除了前面有关开幕仪式与颁奖仪式的内容中提到的，还包括与签字仪式密切相关的内容，如文本的校对、定稿、翻译、印刷、装订、盖火漆印等，还要准备签字桌、签字椅、文具、国旗、摄影、香槟等。各国的场地布置略有差异，有的国家把国旗挂在墙上，有的国家则把主客双方的小国旗放在签字桌上。如果是双边签约，应准备能容纳两人就座的长桌子，有的国家则摆放两张方桌，签字桌一般用深绿色的围布装饰，签字桌上除了摆放两国的小国旗，通常还会放置桌签与鲜花，两把椅子是必不可少的。双方签字人员的位次遵循国际惯例，按照主左客右（以当事人为准）的方式安排，国旗的位次与人的就座位次一致，亦是主左客右。签约是一项非常严肃的工作，再怎么仔细也不为过，充足的准备是顺利签约的保障。

　　签约中的具体规范包括以下几个方面。（1）出席人员。参加签字仪式的人员，可包括双方谈判的人员及其他必要人员。为了表示对所签条约、协定的重视，往往还要请更高级别的领导出席，双方高级别领导可以站立于签字桌的后方见证签约过程。（2）助签人。正式的签字仪式会安排两位助签人一左一右站立于两侧协助签约，如摆放合同文本、翻页、指明签字位置、防止漏签等。助签人须为对签约流程、法律条文熟悉的人员，不宜安排礼仪小姐助签，因为礼仪小姐不一定熟悉签约的国际规范与文本中的专业内容。曾经出现过礼仪小姐没有正确引导，致使签约代表在错误位置签约的情况。发现问题时，两位签约代表已经离开签约现场，后来工作人员不得不分别找两位代表补签，非常被动。（3）签字位置。在双边条约中，法律文本同样遵循"以右为尊"的原则，左右判断以文本自身为准，文本的右边从观众的角度看即是文本左边。为了保持签约的公正性与公平性，国际惯例遵循双方签约人"优先签字"的做法，即从签字人的角度看，在文本左边签字，然后由助签人员交换文本，双方再在文本右边签字。如签约时包括几种不同文字的文本，均需一一签字。（4）交换手势。全部签完后，两位签字代表起身交换文本，此时，因为是同时递接，考虑到右手为尊原则，每人最好用右手递文本，左手接文本，然后双方握手甚至拥抱，当然，也有双方交换文本之前，先握手的情况，由于当事人都是用右手握手，此时就只能左手递文本，右手接文本了。有的签字仪式还有交换签字笔的做法。（5）香槟庆祝。有些签字仪式还有喝香槟举杯庆贺的环节，双方碰杯、庆祝，恭贺签字仪式完成。如有穆斯林，应准备其他饮料代替香槟。

多边条约的签字，如果国家数量不多，签字代表可以同在签约台就座，如果国家数量较多，可在主席台只设一张桌子与一把椅子，签约国轮流上台签字。签字的顺序可以按照一定的规则，比如国名首字母，或者条约保存国首先签字，其他国家按首字母排序签字。

签约还有一些需要注意的事项。（1）各方保存的文本，是己方签字在上首位置的文本，上首在文本的右边，从观看人的角度看在左边，阅读时从左到右己方在先，这也是国际惯例。这一做法的术语是"倒本"。(2) 有些签约仪式允许记者全程拍照，有些仪式只允许拍摄其中的某个场面。(3) 不管是双边还是多边的签约仪式，对等原则非常重要，如签约人的身份、参加者的人数、座椅，等等，否则容易引发问题。

案例：引发波兰人民不满的一次签约

签约仪式中的礼宾安排不当也可能引发风波。2018年9月18日，波兰总统杜达在白宫与美国总统特朗普签署一份战略合作协议，在礼宾安排上，杜达总统遭遇美方的不公平对待。当二人在特朗普总统的椭圆形办公室签署协议时，竟然出现了特朗普一人坐在自己的椅子上签署，而波兰总统杜达站在特朗普总统旁边签署的情况。① 双边性的签字仪式需遵循的最基本原则是对等，两个国家的元首使用同一个长方桌或者每人一张款式、规

---

① Rick Noack, "Poland Used to Be Okay with Trump. Then, He Posted a Photo," *The Washington Post*, accessed on June 18, 2020, https://www.washingtonpost.com/world/2018/09/19/poland-used-be-ok-with-trump-then-he-posted-photo/.

格相同的桌子,就座签署协议是外交礼宾最起码的要求,但遗憾的是,美方既没有给波兰总统一把椅子,也没提供一张签署协议的桌子,杜达总统在特朗普总统办公桌的边角站着签署这一份完全不符合国际礼宾惯例的协议。之后,特朗普在推特上发布了二人签署协议的照片,引发波兰民众极大的不满,指责杜达"卑躬屈膝",使自己和整个国家受辱,同时也指责特朗普不尊重波兰。

从这个案例可见,签约仪式是非常神圣与严肃的,不尊重国际规范,随意地对待签约仪式,不仅不尊重客人,也是对自身的不尊重。

第二节 国际会议、参观访问、观看演出的礼仪

外交外事中常常有一些大型活动,下面介绍比较有代表性的是国际会议、参观访问、观看演出的礼宾礼仪规范。

第三章 礼宾礼仪中的仪式与活动礼仪

一、国际会议礼仪

国际会议是多边外交的重要形式,随着时代的发展,国际会议越来越频繁。国际会议是指三国及以上的代表参加的会议,就共同关心的问题进行讨论和交流,以期达成共识或找到解决方案。

国际会议的种类较多,与外事工作相关的主要有配合中央的主场外交活动的国际会议,还有经济商贸的、文化往来的、技术交流的、学术沟通的、友好互动的,等等。对于中国,有些国际会议是每年固定在中国的某一个城市举办;有些品牌性国际会议是每年在世界不同的地点举行,中国的某个城市会成为举办地;有些国际会议是中国政府承办,国内的某个城市协办;有些国际会议则是国内某个城市直接举办。比较有代表性的是国家主场外交国际会议,例如,2014年亚太经合组织工商领导人峰会在北京召开;2015年9月,中国人民抗日战争暨世界反法西斯战争胜利70周年纪念大会在北京召开;2015年11月,第四次中国—中东欧国家领导人会晤在苏州举行;2015年12月,上海合作组织成员国政府首脑(总理)理事会第十四次会议在郑州举行；2016年9月，二十国集团峰会在杭州召开；2017年9月，金砖国家领导人第九次会晤在厦门举行；等等。现在，中国各个城市举办的主场外交活动越来越多，未来还会成为发展趋势，各大城市都在为提升国家总体外交能力服务。

此外，还有一些城市直接举办或协办非外交、非政治类国际会议，比如，上海市1999年举行了上海"全球《财富》论坛"年会；广州自2012年开始举办每年一次的中国（广州）国际金融交易·博览会；北京2016年承办了"第39届国际标准化组织（ISO）大会"；等等。一个城市举办国际会议的数量、质量也成为评判这个城市国际化程度的指标之一。除了城市的硬件，软件变得越来越重要，礼宾礼仪水平作为一个城市承办大型国际会议的软件内容，是不能忽视的一个重要方面。

国际会议是一个系统工程，一个成功的国际会议需要举办方事无巨细，从内事到外事，到会议到旅游，从饮食到交通，从印刷到电信，从文书到翻译，等等。举办方需要付出大量的努力，作出周全的准备，进行静心的策划。有些高端的国际会议需要提前几年准备，篇幅所限，这里不一一展开，仅就几个需要注意的方面进行介绍。

(一) 会场

大型的国际会议有开幕大会、分论坛等,规模不一样,使用的场地有差异。国际会议往往会在较为高档的场地举行,以体现会议档次。每一个会场的布置要得当,背景板、主席台、代表席的座位、投影、音响、灯光、空调(暖气)、摄影、记录等要认真安排,有些需要事先调试。曾经在一个国际论坛上,主办方要播放几位无法参加会议的嘉宾发来的祝贺视频,工作人员提前试播了,但只关注是否可以把文件打开,没有关注发言人声音的大小,结果现场播放时声音极小,造成了遗憾。

(二) 翻译

现在国际会议的通用语言基本是英语,具体操作使用又分几种情况。一种是外方参会人员发言使用英语,中方参会人员发言根据各自情况使用英语或者使用中文,不论哪一种情况,高端的国际会议都会为所有参会人员安排同传翻译。有一类专业度较高的国际会议,如学术界的国际会议也存在全程使用英语的情况。如要配备同传，同传质量决定了听者接受的所有信息，因此，翻译人员的水平非常重要，有的翻译员有很强的语言功底，但对行业内的专业知识不够熟悉，会令翻译大打折扣。同传需要译者全身专注，一旦走神便会丢失信息，因此，在可能的情况下，为了保证同传的质量，提前索要发言人的发言稿是非常有必要的。

（三）服务

主办方的服务工作是多方面的，如所有参会人员的交通、食宿、安全、医疗、宗教需求，等等。要照顾好参会发言嘉宾，嘉宾分 VVIP、VIP、IP 等级，不同级别的人士礼宾待遇不相同，安保级别也不一样。还要照顾好参会的嘉宾，各个方面需安排得当。国际会议会邀请国际媒体人员参加，大型会议需要专门准备新闻发布室、媒体采访室，如需报道，应提前准备好新闻通稿，供媒体宣传参考。宗教是非常敏感的，尊重他人的信仰就是对他人最大的尊重，如果参加人员有特殊的宗教需求，比如，伊斯兰教信仰者一天有五次祷告，如果可能，应该为他们准备祷告室；在食物方面，穆斯林不吃猪肉，基督徒不吃动物头脚、内脏、血液等，多数佛教徒不吃荤腥，印度教徒不吃牛肉，这些都需要考虑进去。

（四）参会人员礼仪

一个成功的国际会议往往是所有人一起努力的结果，高素质的听众亦是不可或缺的。对于不用发言的参会人员有一些礼仪规范。规范着装，国际会议的着装规范通常为公务正式至公务休闲，应该按照规范相应着装。要遵守会议的秩序，比如不迟到、不早退，倾听他人发言时要专心、静音手机、不随意进出，在互动的环节应积极参与讨论。遇到不同观点应该包容、尊重，理性表达，像"你的观点是错误的""你的言论我完全不能接受""你的说法是可笑的"等，除了涉及政治性的错误言论需要立即表态反对外，应尽量少使用这一类容易引起不快的表述。对于不同观点，应该在尊重对方表达观点的同时，用礼貌的方式表达己方观点。

总之，礼宾是一个系统工程，既有大也有小，国际会议中的礼宾水平体现着一个国家、省、市的接待水平、文明程度与国家整体实力，是国家形象的反映。

二、参观访问礼仪

外宾到访不管是参加会见、会谈或者国际会议，参观游览往往是不可缺少与受人欢迎的，是繁忙公务活动的一种调剂。

参观访问是东道主宣传国家政策、介绍国家成就、促进双方合作的机会。对于外宾来说，参观可以了解某个行业的发展水平，或者欣赏美景、放松身心。在选择参观项目时可以考虑以下几点。第一，除了一些外国人来中国必参观的项目如长城、紫禁城、兵马俑等，项目选择既要考虑东道方希望展示的项目也要尊重外宾的意愿，给予几个备选方案请外宾自行选择往往是聪明的做法。第二，项目的安排应与来宾的专业、兴趣对口，最好还能考虑未来合作的可能性。第三，选择参观项目时要全面、均衡，推介优质的项目展现中国发展的成就是必要的，但一味宣扬我方如何强大、发达则不一定是最恰当与智慧的做法，这与中国是世界最大的发展中国家的自我定位与表述不符。适当地展示中国的挑战、偏远地区的奋进、新时代农民的机遇与困难等会增加外宾对中国了解的全面性与真实性。

第四，参观项目的选择要考虑参观人的年龄与身体状况，参观项目不能安排得过多、过密，使之过于劳累。第五，对于一些女外宾、贵宾的女眷等，可以安排一些妇幼、慈善、艺术相关的参观项目。第六，在参观之前，东道方的工作人员要打前站，检查一遍各方面的情况，比如，交通路线、沿途情况、材料准备、讲解员水准、饮食状况、卫生状况、安全情况，等等。还有天气状况也是不能忽视的一个因素，比如，是否下雨、下雪，是否过热、太晒，等等，如若登山，山上气温通常比山下低很多，要考虑客人的承受力。曾经发生过这样的情况，中方为某国外国领导人及团队成员安排了去当地一座知名的山峰游览，准备过程中，东道方的一位领导特别细心，他提醒了工作人员一句，虽然是9月，山下炎热，但山上气温很低，是否为各位外宾准备了大衣？经过领导的提醒，工作人员为外宾准备了军大衣。当外宾到达山顶，冻得有些瑟瑟发抖时，工作人员拿出为外宾们准备的大衣，外宾们无不深受感动，称赞礼宾工作的细致。

参观访问时有一些注意事项。首先，偏业务类的参观考察，项目介绍人首先应该言辞简明扼要，不宜长篇大论，也不宜说过多的套话、空话，开头也不宜过分谦虚，可以直切主题、节约时间。其次，如若项目涉密，应该注意内外有别，不允许拍照的地方应提前告知外宾。还需要注意的是东道方不能将外宾的日程、行程安排得过满，会见、会谈、会议、签约等活动本身就很紧张，加之有时差，如果行程排得太满会让宾客疲惫不堪，有时宾客希望有一些自行自由支配的时间，应该留出一些时间给宾客，活动并非越多越好。最后，要充分尊重外宾的宗教、习俗与文化，接待外宾采用"你想人家怎样待你，你也要怎样待人"的黄金法则，并不如"别人希望你怎么对待他们，你就怎么对待他们"的"以受众为中心"的白金法则。[①]

三、观看演出礼仪

艺术是人生不可缺少的一种抒情活动，观看演出是一种高雅的艺术享受，演出包括戏剧、音乐、舞蹈、杂技等形式，反映了一国的文化发展水平。请客人观看演出是款待外宾较为常见的形式，有时是专场，有时是去剧场。组织观看演出有以下注意事项与礼仪规范。

[①] 凌恩蓉：《处理人际关系的两个法则》，《领导科学》2001年第1期，第31页。

第三章 礼宾礼仪中的仪式与活动礼仪

(一) 节目的选择

节目选择有一些讲究,一般具有民族特色的节目比较受欢迎。但具有民族特色的艺术节目外宾不一定都能看得懂、听得明白,比如,中国戏曲中的京剧、昆曲、越剧等。这就需要东道方事先把节目简介发给对方,或者起一个让他们听得懂的名字。1954年,周恩来总理率团参加日内瓦会议,中方举行了一个电影招待会,其中一部片子是越剧《梁山伯与祝英台》,外国朋友如何看得懂呢?周总理建议在请柬上写一句话,"请你欣赏一部彩色歌剧电影——中国的《罗密欧与朱丽叶》",取得了很好的效果。[1] 随着时代的发展,中国戏曲普遍面临着如何与时俱进的挑战。为了更好地被国内外观众理解、适应年轻观众需要,为戏曲的唱、念、做、打、灯、服、道、效等方面融入现代元素成为很多业内人士探索的方向。还有一些民族特色节目要考虑以受众为中心,中方认为很好的节目,外国嘉宾也要认同才是好的。比如,杂技是中国的特色性节目,中国杂技受到海内外的热烈欢迎。台上一分钟,

---

[1] 《亮相日内瓦:国际舞台的处女秀》,《世界知识》2009年第20期,第24页。

台下十年功,精彩的表演是演员无数个寒暑苦练功夫的结果。但曾有外国大使表示,有些节目是年龄较小的杂技演员通过超强的柔韧性呈现,虽然很精彩,但挑战人类极限的表演难免让人怜惜这些孩子们。总体来说,那些融入了国际性元素的中国民族特色的节目非常受人欢迎。同时,在表演的过程中,如果穿插几个来访者国家的节目,比如舞蹈、歌曲、乐曲等,能取得更好的效果。

(二) 入席与位次

高端国际会议往往会有专场的文艺演出,有些则是邀请外宾去剧场或礼堂观看。有时最重要的贵宾到达剧场后会先在贵宾室休息,有时最重要的宾主直接入场,入场时全体观众起立鼓掌欢迎。当然,烘托气氛、欢迎贵宾的红地毯自然不可少。入席的顺序是待普通宾客落座之后,最为尊贵的主客双方领导人最后入场。就座位次,最佳的观赏位置并非越前越好,剧场规模不同,最佳位置也有差异,如果是普通规模的剧场,最佳观赏位置大约在第七、第八、第九排,居中为尊。非常高端的贵宾,座位前面还设有小茶几,以放置茶水、点心等。国外的剧场则是以包厢为最好。

非重要贵宾，则是按照对号入座的方式寻找座位。

(三) 着装

观看演出是社交活动，观众应该穿着社交场合的服装，服饰可按照最隆重场合穿搭。随着全球着装简化的发展趋势，如果不穿大礼服，也要按照小礼服的标准穿着，比如男士可以穿着中山装、改良的中山装、民族服装等；女士可以着小礼服裙、民族服装等。人人体面、高贵，才能与剧场这一高贵的场合相匹配。

(四) 观看演出的礼仪

应至少提前15分钟进场，如迟到应该听从工作人员的安排，不可硬闯。如果座位在中间，进入时应侧身移步进入，口中伴随轻声致歉"对不起""不好意思""劳驾"等。观看节目时，不同的演出形式对声音的要求不一样，中国的京剧对观众的声音没有严格要求，观众可以喝茶甚至品尝小吃，演出到精彩时还需要"叫好"配合。但源自西方的一些剧目，如交响乐、歌剧、芭蕾舞等演出，要严格控制各种杂音，越顶尖的表演对剧场环境的要求越高。为了提升演出效果，不要说手机声音、交谈声音、用脚击打地面的声音,就连各种细微的杂音都要控制。交响乐演出常常会出现有趣的一幕,成熟的观众会刻意控制咳嗽,于是乐曲之间的停顿时间或中场休息时间一到,即传来人们此起彼伏的咳嗽声,演出再开始,剧场顿时又恢复肃静。

（五）鼓掌的规范

观看演出时如何鼓掌,不同的表演形式要求不太一样。中国的戏曲、声乐、杂技、舞蹈等表演形式,对观众的掌声没有太多的禁忌,鼓掌是观众对演员精彩表演给予肯定、欣赏、赞许、感谢的表示。但观看西方的各种演出,需要"动静结合",在演出的过程中,观众应该保持"静",全身心地欣赏演出；曲目结束或者演出结束观众则应该"动",用热烈的掌声感谢演出者,甚至起身鼓掌。以交响音乐会为例,每部交响曲大多有四个乐章,也有三或者五个乐章不等的,每个乐章之间略有停顿,但乐章之间的停顿是不能鼓掌的,这不是乐曲的结束,而是一种暂时的静止,一个新乐章开始之前的停顿本身是乐曲的组成部分。这时鼓掌往往会干扰演奏者,正确的鼓掌应在乐曲结束、中场休息以及演出结束之时。

(六) 谢幕与接见

话剧、舞剧、歌剧、芭蕾舞、交响乐、音乐会等演出，结束后有一项重要的仪式是谢幕，谢幕是演出活动的组成部分。一般来说，谢幕顺序会按照先配角、后主角（先次要演员后主要演员）的顺序上场谢幕。交响音乐会的谢幕则与之相反，顺序是指挥、主要声部、全体乐手。演员谢幕时观众离开是不礼貌的行为，礼貌的做法应该在演员谢幕时用热烈的掌声回馈演员的精彩表演，遇到非常精彩的演出，观众亦可通过"起身鼓掌"表达谢意。如有重要领导观看的演出，会有主客双方领导上台接见演员的环节。主宾在主人陪同下登台向演员致谢，与演员一一握手，演员在舞台的位次是主要演员在前，其他演员在后，中间重于两边。有些情况下还要邀请领导发言。之后，领导与所有演员合影留念。

第三节　对外馈赠礼仪

礼品是人际关系的润滑剂，恰当的礼品能表达心意、增进友谊、传递信息、宣传产品、传播文化等。赠礼是外交外事中不可缺少的一个环节,相关人员了解一些涉外赠礼的知识是非常必要的。

一、对外赠礼的选择

为外国客人送礼,挑选礼品是重要一步。金额并非是衡量礼物好坏的唯一标准,关键是赠送者的一片心意、对方的兴趣以及适度性。礼品种类繁多,笼统可以分成三类:欣赏型、实用型与综合型。欣赏型礼品是可用于欣赏的礼品,比如,艺术品、雕刻制品、字画、纪念品、照片等。它们能够愉悦心情、美化生活。实用型礼品是那些可以使用的礼品,如电子产品(手机、iPad 等)、真丝制品(围巾、手袋、睡衣等),等等,它们最大的特点就是可以使用。综合性礼品兼具欣赏型与实用型礼品的特点,既能观赏又具有使用价值,比如筷子、茶具、工艺扇子等。

在外交外事中最常见的礼品有两类。第一是具有象征意义的礼品。1989 年,老布什总统访华,李鹏总理夫妇向总统夫妇赠送了飞鸽牌男女自行车各一辆。这份礼品虽然简单、便宜,但礼轻情意重,具有特殊的意义。当年老布什任美国驻华联络处主任时,常同夫人骑自行车逛京城。这辆自行车引起他们一段美好的回忆。当布什总统收到飞鸽自行车时,当场在钓鱼台国宾馆楼前兴奋地试骑起来,可见礼物送到了对方的心坎上。1991年,国家主席杨尚昆去泰国访问时所赠国礼,是当时新出版的700多卷佛教《大藏经》。中国与泰国都有大量佛教信徒,《大藏经》是佛教最主要的经典,赠送《大藏经》具有特殊意义。博鳌亚洲论坛2003年年会期间,中国赠送给各国领导人的礼品是瓷器祥瑞瓶。祥瑞瓶采用古布币造型,上圆寓天,下方寓地,象征着天人合一,天、地、人和合;四角饰以祥云(云龙),象征四海升平;四面饰以青龙、白虎、朱雀、玄武这四种瑞兽,它们是中国传统文化中镇守四方的吉祥之神,以示祥瑞。外交外事中的赠礼往往包含着象征意义,让人在欣赏礼物的同时品味其中的特殊意涵。

第二是民族特色的礼品。这种礼品的特点是"我有,你没有"。每个国家都有自己独特的文化传统,礼物的贵重体现在价值而不一定是价格。像中国的丝绸制品、刺绣、瓷器、茶叶、筷子、扇子、书画、景泰蓝、玉佩、图章、中国结、油纸伞等都具有较强的民族特色，往往受到外国友人的青睐。2016年，在杭州举行的二十国集团峰会上，扇子、丝绸、龙井茶并称为"杭州三绝"。官方赠送给各国来宾的礼品之一就有由一家历史悠久的百年老店"王星记"生产的扇子。中国扇文化距今已有三四千年历史，文人雅士们在扇子上提诗作画，极尽风雅。扇面上入画的有名胜风光、峰峦叠石、曲溪流水、村舍楼阁、名花异草、瑞鸟珍禽等，一把小小的扇子俨然成为中国文化的缩影。工艺精美、富有文化内涵的扇子成为外宾们喜爱的礼品。

　　探讨了最常见的两类礼品，还要注意不宜赠送的礼品。哪些礼品要格外注意呢？涉及国家机密、行业秘密的礼品要避免。涉及触犯对方的宗教、文化习俗的礼品要避免。比如，有这么一个跟礼品相关的故事，据说美国第一夫人杰奎琳·肯尼迪访问印度带了好几箱礼品，到达印度时，她才发现有一箱礼品是以牛皮为材质制作的相框。这对一个奉牛如神明的国家是很大的冒犯，幸亏及时发现了，不然可能会出现令人尴尬的结果。触犯个人隐私的礼品也不宜赠送，比如药品、保健品，等等。过于贵重的物品也不适宜当作礼品，比如有价证券、贵金属制品等，有的国家规定了公务人员接受礼品的金额范围，超过就要交公，如果礼物被没收,岂不是一件遗憾的事?随着时代的发展,外事活动中的赠礼来越来越强调礼品的纪念意义,向着礼轻情意重的方向发展。

最后,礼品的选择还要注意体积与尺寸。如果是赠送给外国人,礼物太大可能会成为对方的负担,因为国际航班对行李数量和重量有限制,行李超重需支付价格不菲的国际行李托运费。所以,小巧轻便的礼品往往是最受人欢迎的。

二、对外赠礼的规范

准备好礼物,前期工作已经完成,赠送时有一些规范需要注意。

(一) 礼品的包装

赠送给外宾的礼物不能忽视包装,包装是正式礼品不可分割的组成部分,无包装的礼物或者过于简陋的包装会被视为过于随意并使礼品贬值。包装的颜色与图案要与受礼人的宗教、文化与喜好一致。比如,给基督教信仰的客人送礼,包装缎带要避免系成十字交叉状。礼品包装的颜色也非常重要,要避免对方认为不吉利的颜色,如日本人不喜欢绿色,叙利亚人、俄罗斯人、巴基斯坦人不喜欢黄色,巴西人不喜欢棕黄色,埃塞俄比亚人不喜欢淡黄色,埃及人不喜欢蓝色,美国人不喜欢红色,阿根廷人、意大利人不喜欢紫色,等等。此外,大多数国家都把黑色视为不吉利的颜色,这些细节都要注意。

(二) 赠礼的时间

赠礼的时间因国家、场合不同而表现不同。在外事活动中,什么时候赠送礼物是一个复杂的问题。通常来说,如果是国际会议,在注册时会赠送给嘉宾包含会议手册、会议证等物品的会议袋,袋子中也会包含东道方准备的小礼品。如果是会谈会见,一般是在起身告辞的时候送礼。如果是签字仪式,一般是在仪式结束时,互赠礼品。如果是祝贺欢庆活动,一般是开始或者提前赠送。如果是参加正式宴会,如有礼品互赠仪式,则应按计划在相应的时间段赠送。除此之外,一般是在宴会临近结束时赠送。还有一种情况是参加家宴,一般是在刚进门时就赠礼。

第三章　礼宾礼仪中的仪式与活动礼仪

（三）赠送的表现

在会谈、会见等活动中，如果要给多人赠礼，一般由东道方最高职位的人代表己方向对方人员赠送礼品。赠礼的顺序是从地位最高的人开始，逐级往下赠送。礼品赠送的姿势也有些讲究，东亚人特别讲究双手奉送、身体前倾、面带微笑、目光对视，避免左右手单手奉送尤其是左手单手奉送。但西方人士递接时则没有那么严格的讲究，如遇此，东亚人也可以入乡随俗。赠礼要注意不同文化背景的人的话语有所区别。受儒家文化影响的东亚人喜爱自谦的表述，常常会说，"这是一点小心意"，"这是随便挑选的"，"这东西挺便宜的"，等等。如果送给欧美西方人，他们属于低语境文化，不必过谦，万一被对方当真，闹误会就不好了。中国人可以描述礼品的特点，例如，"这件小屏风摆件是手工刺绣，它是中国四大名绣之一湘绣的手艺"，"这把扇子是用紫檀木材料经过多道工序制作而成，扇风时紫檀木会散发阵阵天然的清香"。有些国家的人尤其是东方国家的人在接受礼品时有推辞的习惯，但这只是一种礼节，并不是真的拒绝，一般推辞两到三个回合是正常的。

(四) 非当面赠礼

因为各种原因,有时东道方人员无法当面把礼物赠送给外宾,需要他人转交或者邮寄,这时应为礼品附一个小信封,里面放置一张名片,并在名片最上方用英文书写"With the compliments of",中文意为"谨赠",表示某一样东西是由名片主人或主人所代表的机构赠送的。如果是非当面赠送的礼品,非常建议在礼物中附带一张小卡片,介绍礼物的基本情况,因为东道方很了解的礼物,外国客人不一定非常了解,如果不加任何介绍,客人可能无法完全地了解礼品的价值与意义,这样的话,岂不浪费了东道方的一片心意?

三、接受赠礼的规范

俗话说"礼尚往来""有来有往",一般情况下,己方送出礼品,对方也会回礼。这就涉及接受礼品的礼仪,接受礼品看起来很简单,但其中也有一些需要注意的礼仪规范。

（一）是否当场打开礼物

受到文化的影响，各国人士对于是否当场拆开礼物做法并不一样。传统上受儒家文化影响的中国、日本、韩国的人士接受礼品时，在谦让一番、表示感谢之后，往往会把礼品收起来，等到赠礼人离开以后，再慢慢打开欣赏。

西方人不会像东亚人那样礼节性地推辞，他们所受的教育是要当场打开并积极赞美，有时还表示礼品正是自己期待已久的。即使礼物并不中意，也要像演员一样掩饰失望，并感谢对方。在许多国家，接受礼品之后若不当场启封，只是暂且将礼品放在一旁，都会被视为失礼。很多赠礼人非常喜欢看到受礼人打开包装看到礼物时兴高采烈的样子。所以，受礼人对于礼物的反应对送礼人非常重要。现在，随着中国的国际化程度不断提高，采用当场拆开礼物的做法也越来越常见。

（二）受礼时的态度

东西方人士接受礼品时的态度不一样。中国人等东方人在接受他人礼品时除了前面提到的会适当推辞、谦让,还往往比较恭敬和虔诚,注重受礼的仪式性,如双手接受礼品、目光交流、身体前倾、适当鞠躬表示感谢。如果当面打开礼品,一般会小心翼翼,会尽可能把包装纸完好地拆卸下来,然后一层层把礼品打开。这其中,日本人和韩国人的表现最突出。但以欧美为代表的西方人不会那么仪式感地接礼品,也不一定会用双手接,但拿到礼物时却不掩饰自己的兴奋与感激,并通过表情、话语与兴奋地拆礼物展现出来。如果是信仰伊斯兰教的人士,他们绝不会用左手递送礼物,因为左手对他们来说是不洁的,因此,对方也不能用左手递送。

总体而言,涉外交往时,收受礼品面无表情,用左手去接礼品,不当场拆开礼品,接受礼品后不向送礼人致谢等,都是不符合国际礼仪规范的。

(三) 收礼的反馈

东西方人士的反馈有些区别。欧美人士收礼后尤其是收到较正式的礼物后一般会写一封感谢信,向对方表示感谢。感谢信的时间越早越好。一般对于美国人来说,如果是圣诞节的礼物,一定要在新年之前也就是我们的元旦之前回复感谢信,这是一个准则。

第三章 礼宾礼仪中的仪式与活动礼仪

而东方人则基本没有很正式地写感谢信的习惯。礼物如果是当面收受,东亚人推辞一番接受后会致谢,如果不是当面收受,东亚人则非常讲究反馈,如通过电话、邮件、短信、微信等通信工具致谢。如果没有当面接受礼物,不反馈是不符合礼仪规范的行为。

那么,什么反馈行为是特别受人欢迎的呢?告知对方礼物已经收到、向送礼人表示感谢,如果还能附上礼物的照片、收礼的心情甚至礼物的使用心得等就特别周全。这种认真的反馈方式是不论哪个国家的人都喜欢的,因为每一个送礼的人都希望得到受礼人的反馈,如果对方表示很喜欢这个礼物,送礼人就会特别高兴与安心。如果礼物不是当面收受,接受礼物的人又不通过其他方式告知对方已经收到礼物,是非常失礼的表现。比如,某个城市举办了一个国际会议,其中一位外宾回国之后,给东道方的主要陪同人发了一个邮件,关于礼品的这一段是如此说的:"你们赠送的真丝刺绣太精美了,听说黄花梨木是一种很名贵的木材,这种木材作为刺绣的边框很有特色,你们提供了20个不同的花样供我们选择,我很高兴挑选了一款我和我妻子最喜欢的牡丹花图案,你们的做法很人性化,现在这个礼品就放在我家的客厅,每每看到它,就想起这个成功的会议以及你们的盛情款待,感谢你们!愿未来有更多的合作。"这个邮件的附件是一张照片,上面是放在这位外宾客厅的中国礼品。可见,这件礼品加深了双方的感情,达到了以礼会友的目的。而外国友人的反馈也是非常礼貌与周全的,堪称收礼反馈的典范。

思考题

1. 签字仪式中的礼仪规范有哪些?
2. 观看交响乐演出,观众鼓掌的规范有哪些?与观看京剧时的鼓掌有何差异?
3. 在外事赠礼中,哪些是适宜赠送的礼品,哪些又是需要格外注意的?

第四章　宴请与酒水礼仪

外交界流行一句话，"外事工作是在两张桌子上完成的"，这两张桌子一张是谈判桌，一张是宴会桌。在外交外事工作中，餐饮宴请是不可缺少的一项活动。从事涉外工作，必须了解主人如何组织好宴请活动，客人如何得体地接受主人的款待，主客双方只有在了解和掌握最起码的餐饮礼仪知识的基础上才能借助餐宴平台更好地享受美食、交流情感、提升友谊。

第一节　宴请的组织与安排

宴请是外交礼宾中的重要形式。这一部分将介绍外交外事中的餐宴有哪些形式，正式的宴请如何组织与安排，正式的宴请流程有哪些。

一、宴请常见的几种形式

外交外事工作中几种常见的餐宴形式是宴会、自助餐、酒会、茶会与工作餐等，下面进行介绍。

（一）宴会与自助餐

宴会是外交外事餐饮活动中最常见的一种餐饮方式。举行宴会的目的一般是为了欢迎、告别、答谢、庆祝或者联谊。宴会的常见类型主要有国宴、正式宴会和便宴。

国宴是规格最高的一种宴会，由一个国家中央政府或者国家元首、政府首脑出面组织的庆典性的宴会。这种宴会规格很高，规模也较大。宴会大厅要求悬挂国旗，席间安排乐队演奏国歌及席间乐，主宾双方会有致辞环节。

正式宴会是正式度仅次于国宴的宴会。在外事活动中，正式宴会都会事先安排，包括发送请柬、安排位次、布置座位卡、印制菜单等，着装方面的要求也很明确。正式宴会一般都会有主人与主宾致辞祝酒的环节。在西方国家，正式宴会还分餐前交谈和入席就餐两个阶段。正式宴会一般是在晚上，晚宴的开始时间中国一般定于晚上六点半左右，西方国家多定于晚七点左右，阿拉伯及南美一些国家多定在晚上九点以后。

便宴是相对于正式宴会而言的，正式程度要低一些。可以事先安排，也可以临时提议。座位排序相对自由随便，对着装也没有那么严格的要求，菜肴的数量也简单一些。便宴一般不安排正式的讲话，当然也可安排即兴致辞、祝酒。总体上，便宴的仪式性与隆重性不如国宴与正式宴会明显，比较随意、放松。在外事活动中，不可能每一顿都是正式宴会，便宴也是常见的。

自助餐是目前较为常见的一种餐宴形式，虽然正式度不如宴请高，但方便、高效，适合规模大、人数多的情况，自助餐的菜肴、酒水摆放在餐台上，供客人自取。自助餐不会排位次，就餐者可以自由交流、随意行走。自助餐的地点较为灵活，既可以在室内也可以在室外，欧美、澳洲等地常在室外举行，客人在就餐时不仅可以自由交流，还可以享受大自然的风光，在绿树、鲜花、微风、美景中享受美食，十分惬意。2014年11月15日，二十国集团峰会在澳大利亚布里斯班举行，东道主就采用了自助烧烤的餐饮形式款待各国领导人。自助餐可以安排专门的讲话、致辞和祝酒，也可以不安排。

(二) 酒会与茶会

前面提到的宴会和自助餐均属于正餐，会备置丰富的食物，但酒会与茶会的目的则不是填饱肚子，而是以交流为主。

酒会的主角是各种饮品，其中以酒精饮品为主，略备小吃。服务人员将酒水及小吃盛放在托盘上，回旋于宾客之间，供客人选用。酒会不设正规的桌椅，仅有几张供客人临时放置酒杯、小吃的高茶几。酒会比较随意、活泼，不设固定桌椅的目的是供参加者随意走动、与不同的人自由交流。酒会举行的时间比较灵活，多在下午两点至晚上六七点之间举行，有时也会安排在晚上九点以后。请柬上往往会注明活动的持续时间，客人可在其间任何时候到达和退席，相对自由。酒会的食物与饮品都比较简单，尤其是西方国家的酒会，主要是以交流为主，但中国人比较热情好客，酒会准备的食物比较丰富，有些快升级成自助餐了。在国际上，鸡尾酒会同自助餐会在规模和内容方面差别越来越小了。

茶会是一种简易的招待活动,即请客人品茶。在全球范围内,中国与英国最有代表性,这两国品茶人数多、饮茶历史久,并形成了各自的品茶文化。

英国的下午茶已经作为英国文化的标志传遍全球。英式下午茶的时间一般为下午四点钟,"当下午钟敲四下,世上的一切瞬间为茶而停",这是在英国流行的一句话。品饮下午茶在英国是一种文化符号、身份象征与社交方式,英国下午茶也成为外交外事中的一种待客形式。2014年6月,中国总理李克强夫妇访问英国。卡梅伦首相在首相府后花园的露台上邀请李克强夫妇共品英式下午茶,为紧张的日程平添了一份轻松与惬意。2015年,中国国家主席习近平与夫人对英国进行国事访问。查尔斯王子在官邸克拉伦斯宫用皇室高规格的下午茶款待习近平夫妇,成为国事访问中一个轻松、有趣的小环节。

中国人有几千年饮茶的历史,用茶会待客也成为中国人礼待宾客的一种方式。事实上,中国已经大量地把茶会运用外交外事中,成为一种社交方式,更出现了"茶叙外交"的做法,即通过几张茶几、座椅,在室内或室外优美的环境中品茶议事。茶叙外交通过品茶为主客提供一个轻松交流的平台，使双方在品茶或者欣赏茶道之时交流情感、加深友谊。茶叙外交在近几年比较常见，比如，2016年9月3日，在杭州峰会后，习近平主席与奥巴马总统在西湖国宾馆的凉亭喝茶并在湖边漫步。2017年11月8日，习近平夫妇陪同来华进行国事访问的美国总统特朗普和夫人梅拉尼娅参观故宫博物院，两国元首夫妇在宝蕴楼简短茶叙。2018年2月1日下午，国家主席习近平和夫人彭丽媛同英国首相特雷莎·梅和丈夫菲利普·梅在北京钓鱼台国宾馆茶叙。这些品茶活动取得了较好的效果。

（三）工作餐

除了以上的餐饮形式，外事活动中经常碰到的另一类形式是工作餐。工作餐最大的特点是简单快捷，以谈话为主，就餐为辅。一般不邀请家人参加。工作餐也有各自付款的情况。工作餐可以分为早、中、晚餐，一般不发送请柬。

二、宴请的组织与安排

作为东道方，如何组织与安排一场外事宴请？有以下几个方面需要注意。

(一) 时间地点的选定

在前面的章节已经探讨了邀请与答复礼仪，宴请的邀请同样适用，因此不再重复叙述。在此介绍邀请的时间与地点。首先看时间的选择。宴请的时间应该以主客双方均方便的时间为准。最好与对方协商，或给出几个备选时间，否则对方感觉己方是在下达指令，诚意不够。还要注意一些外宾的时间禁忌或者不方便的时间，比如，基督教信仰者忌讳数字 13 与星期五，最好不要跟对方约在 13 日，尤其是 13 日又是星期五的那一天。如果是伊斯兰斋月，伊斯兰教信仰者会有诸多禁忌，其中一项是白天不吃不饮，如果宴请约在斋月就很麻烦，一般访问最好避开斋月，如果实在避不过，就需要把宴会安排在日落之后。

较为正式的外交外事活动中的宴请地点一般安排在官方的大楼、宾馆之内。普通的外事活动则灵活得多，可以自订餐厅。如果级别较高的官员，出于安保方面的考量，更多是在官方的地点。

(二) 菜单的订制

随着全球礼宾简化的趋势,外交外事宴请中的菜肴越来越强调精简、特色、健康。欧美国家的宴请大多数为两道主菜,中国人热情好客,往往拿出最好的东西款待贵宾,菜肴数量也很多,如造成浪费十分可惜,外宾也不一定能领情。所以,菜肴数量以求精不求量为宜,合适最好。

另外,菜肴的选择应该荤素搭配、干湿搭配、色彩搭配,以大多数人能够接受为原则,并且尽量不用同一款菜肴反复款待外宾。比如,日本曾经接待亚洲某国领导人,因客人不吃牛肉和猪肉,便每顿用鸡肉招待,致使客人和日本方面陪同叫苦不迭。1979年,中国领导人邓小平访问美国时,美方听说邓小平喜欢吃牛肉,几乎每顿饭都为他准备牛肉,以至于后来有人问邓小平:"您这次来美国最大的印象是什么?"邓小平操着四川口音开玩笑地说:"小牛肉啊,小牛肉!顿顿都是小牛肉!"

还有,菜肴要注重本国本地特色。美国一个高级别代表团曾经到斯洛文尼亚布莱德访问。美国客人早就听说当地有一种著名的奶油蛋糕叫"布莱德的奶油小方"

(Blejska Kremna Rezina，英文为 Bled's cream slice)，大家都很期待能够品尝到这种当地的美味点心。可能东道方觉得这种甜点过于普通，无法表达隆重之情，便准备了一种非常知名的法式甜点。但在客人们的眼中，这种法式甜点却是他们常见的普通甜点，客人们不得不挤出一丝笑容来掩饰失望。可见，东道方认为太过日常的菜肴、点心或者酒水，也许正是外宾们所期望的，特色正是涉外交往中吸引人的部分之一。

最后，菜肴的订制还要考虑客人的禁忌。比如，基督教信仰者不吃动物的头脚、内脏、血液，不吃蛇、鳝、鳅、鲢，不吃宠物如猫、狗、鸽子等。犹太教信仰者不吃血液、猪肉，不能吃无鳍、无鳞、无骨、有壳类的水产食品，也不可吃生肉，可以食用的是反刍并有偶蹄的动物如牛、羊、鹿，大多数饲养禽类如鸡、鸭、鹅等，有鳃和鳞的洁净鱼等。此外，犹太人奶品和肉品必须分开食用，吃过肉六小时以后才可以吃奶品，而吃过奶品半小时后才能吃肉。[①] 伊斯兰教信仰者禁吃猪肉、血液、非清真宰杀的动物，禁止饮酒，另外，非清真的餐具、茶具也不能招待穆斯林。佛教徒

---

① 刘博：《浅谈犹太教的饮食禁忌》，《世界宗教文化》2009 年第 3 期，第 54 页。

讲究慈悲为怀,禁止杀生,因此,整体上倡导食素,但仅仅是一种倡导,并不是要求所有的佛教徒非得一律吃素不可。各流派对食素的要求有差异,其中,食素最为严格的是汉传佛教;上座部佛教与藏传佛教由于历史及地理方面的缘故,吃肉是被允许的,[①] 但并非鼓励食荤腥,而是有限度地食用,比如食用三净肉[②]或大块头而不是极小动物的肉;日本的佛教徒则没有吃素的限定。印度教信徒不吃牛肉。可见不同的宗教信仰者对食物有不同的禁忌。还有一个方面是身体的禁忌,有的贵宾对某一种食物过敏比如螃蟹、鸡蛋、牛奶甚至面粉等,订制菜单时就需要避开这类食物。

菜单最终确定后,应用中英文双语呈现,每个菜名之间要空一行。如果是高端的宴请,精美印制的菜单应每人一张。如遇国家领导人参加的正式宴会,所有的请柬、座位卡与菜单均可加印国徽。

(三) 场地的布置

尽管餐宴中的国际化大趋势是菜肴日渐简单、简易,但宴会的仪式性、美学性呈现却不能含糊,食物

[①] 王玉鹏:《佛教饮食文化管窥》,《法音》2017年第4期,第64页。
[②] 即眼不见杀、耳不闻杀、不为己所杀的动物的肉。

之外的元素如场地、器皿、服饰、演出、氛围等受到更多关注。宴会要"吃",但又要超越"吃",宴会不仅可以品尝美食、联络感情、加强友谊,还可以展现一国的综合实力、发展水平与独特文化。宴请的场地、器具代表着东道方的品位、格调与审美层次,应既有国际化的水准也有本国传统的美学元素,如此给外宾独具一格的感受。

宴会的桌子,欧美国家通常用长条桌,中国常用大圆桌。如果不止一桌,每桌之间应留出一定的距离,每桌之间可以用数字标识如1、2、3、4等,也可以用某种名字标识如玫瑰、牡丹、兰草等,或者用颜色标识如红色、蓝色、白色、绿色等。宴会的桌次与位次的排序非常重要,在掌握出席人员的情况之后,正式宴会要制定桌序表与座位表。

座位卡是放置在每位客人桌子上的姓名卡,目的是为客人入席提供方便并为他人辨识客人提供信息。一般非常正式的宴会都需要座位卡。对于高端外宾座位卡,需要印上名字与职务,普通的宾客座位卡也可以只印名字。座位卡最好是双面的,这样两边的人都能看到,在中国,宴请座位卡上面的文字可以是英语或者双语,双语则可以为不熟悉英语的人提供便利。

座位卡可以放置在餐具的前方,或者是餐盘上面的餐巾上。宴会接近尾声,即上甜食之前,服务人员将在撤去盐、胡椒瓶的同时拿掉座位卡。准备将座位卡带回留作纪念的客人,应在那个时候将其收起保存。宴会桌与座位的位次排序将在礼宾次序与位次排序的章节专门讲解。

三、正式宴请的流程

作为宴会的组织方,正式的宴请有一些基本的流程,下面逐一进行介绍。

(一)迎宾

主人应在客人到达之前在宴会厅门口迎宾。较为正式与隆重的宴会,迎接人数不止一人,如主要领导及主要陪同人员或男主人、女主人以及主要陪同人员,则应该按照礼宾顺序列迎宾线迎接。主宾是东道方宴请的最重要人物,应重点关注,但亦不可忽视其他客人,如在主宾到达而其他客人还没有到达的情况下,其他迎宾人员依序替上,代表主人在门口迎接。

主客见面寒暄之后,双方进入休息厅或者餐厅大厅，一般欧美国家的正式宴会之前会有一个鸡尾酒会，时间为20—30分钟，这个时间段即供大家寒暄问候、相互介绍，主办方会提供酒水。这个时间段称为交际时间（mingling time）或鸡尾酒会时间（cocktail time）。如没有鸡尾酒会的安排，一般则直接带客人到餐厅与其他客人寒暄。

(二) 落座

落座是宴请中不能忽视的一个环节，因为落座直接与位次相关，不能小视。客人如何在大型宴会中找到自己的位子？有些邀请函中，东道方直接把桌次标注出来了，客人找到桌子之后再找属于自己的座位卡落座就不会错了。也有打印出全场的位次图，每人发一张。还有组织方将桌次图张贴在宴会厅的大门口，众人可以找到属于自己的桌次。如果桌上没有座位卡则可以请主人或桌长安排位次。规模大、来宾较多的宴会，也有不为所有桌子排位次的情况，但需要注意的是，其他桌可以不排位次，主桌必须要排。如宴会桌较多，在入座的顺序上，应请主桌之外的客人先落座，一号桌宾客最后落座。在时间的礼仪规范上，位低者等候位高者是正常的，但让位高者等候位低者则是不符合礼仪规范的。落座时，男士要为右边的长者或女士拉椅子，协助其落座。

(三) 开餐标志

中餐一般有两种方式可以表示宴会开始。一种是主人举杯致辞并提议大家干杯，并以此宣告宴会开始。这种致辞既可以是一两句表示欢迎、感谢等的祝酒词，也可以是一篇比较简短的讲话。另一种是主人请主宾用餐，或者为主宾夹菜表示宴会开始，其他人可以跟进。西餐宴会的开始，一般是以主人或者女主人打开餐巾为标志。主人未动餐巾或者宣布开餐之前，宾客可以先与左右邻居客套熟悉一下，看到主人打开餐巾，作为客人就可以开始跟进。

(四) 走菜顺序

中西餐的走菜顺序不一样。中餐走菜顺序有两大类，一种以粤菜为代表：凉菜、汤、热菜、甜点或果盘；另一种是以川菜为代表的其他菜系，汤放在主菜之后，走菜顺序是：凉菜、热菜、汤、甜点或果盘。西餐的走菜顺序也分两大类，这两类最大的区别是沙拉。一类沙拉在主菜之前，这一类的走菜顺序是：开胃菜、汤、沙拉、主菜、甜点或水果、咖啡或茶；另一类放在主菜后，认为沙拉可以起到清口的作用，走菜顺序是：开胃菜、汤、主菜、沙拉、甜点或水果、咖啡或茶。一般来说，美国人先吃沙拉，欧洲人吃完主菜再吃沙拉，因为欧洲人吃主菜时，一般会搭配伴餐酒葡萄酒，拌沙拉的沙拉汁各种各样，很多沙拉汁都包含酸味，这种酸味恰恰会冲损酒的口感。现在，中国最高级别的外交宴请主要采用粤菜的上菜顺序，即先喝汤后吃主菜，这正好与欧美国家先喝汤后吃主菜的顺序一致。

(五) 上菜服务

宴会的上菜服务顺序与位置有讲究。传统中餐采用合餐制，即围桌聚餐、同盘而食的进餐形式，但这种就餐方式有一些弊端，最大的弊端是卫生隐患。在中国的国宴中，为了与国际接轨，从 20 世纪 80 年代开始就实行了"分餐制"，即一人一份，食不共器。在高端的外交外事活动中，分餐制成为一种潮流。如果是分餐制的宴会，两位服务员同时上菜，顺序是从主宾与二号客人开始，再按照顺时针顺序上菜。在正式宴会，所有就餐人员上菜的时间不能相差太长，应尽快上齐。如果宴会没有那么正式，就餐人数多，服务员很难在短时间内把所有人的菜肴都上来，那么，一般三个人以上的人有了食物后就可以吃了或者等主人招呼先吃时再开动。如果中餐还是采用合餐制，一般是从离门最近位置或者餐桌末座处将菜摆放到转台，然后将菜转到主宾前面，在主宾取食以后，按顺时针方向转台。

西餐上菜顺序是先给主宾上菜，然后顺时针上菜。在先后顺序上，主客之间是客为先，男女之间是女士为先。

（六）告辞

客人应该等待女主人或者主人起身之后跟随离席。客人擅自离席是不太礼貌的。离席时男士应该帮右边的长者与女士拉椅子。之后，客人与主人寒暄一番后可以陆续告辞。主要主客之间应该相互告辞，如主人为夫妇一同出席，应该男宾先与男主人告辞，女宾与女主人告辞，然后互换。

第二节 就餐的礼节

前一节从组织者的角度介绍了宴请的组织与安排,下面从就餐者的角度,介绍餐具的辨识与使用、不同菜肴的进食法以及就餐中的正确姿势等。

一、中、西餐具的辨识与使用

不同国家就餐工具各不相同,是否能熟练、正确地使用餐具是评判就餐修养的标准之一。在各种就餐工具中,本书将介绍以中国为代表的流行于东亚国家的筷子与以欧美国家为代表的流行于西方的刀叉。还介绍中国与欧美国家都会使用的餐巾。

(一)以中国为代表的筷子

中餐餐具使用筷子与勺子,使用筷子有一些规范。(1)筷子位置。筷子应该置于筷架上,不可直接插在米饭上面,也不可横放在碗上面,这两种方法在中国都暗示祭奠先人的意思。(2)使用筷子。正确的方法是用中指、拇指、食指三根手指轻轻拿住筷子,使用时只动筷子上侧。正确使用筷子可以锻炼大脑,不正确的方法如握笔式、握拳式、五指凌乱式等既不方便也不美观。同时,就餐时如果与人交谈,应该立即放下筷子,专注交谈,不应边说话边挥舞筷子,更不能一边交谈一边吃东西。(3)关于布菜。中国人热情好客,为了表达热情,主人常常喜爱为贵宾布菜。如果要布菜,一定要使用公筷,高档餐厅会有兄弟筷架,靠内侧的是自己使用的,外侧是公筷,公筷用于夹菜与为他人布菜。如果没有公筷只能用自己没有使用过的筷子为客人布菜,一旦筷子入口,便不能为客人布菜了。(4)关于夹菜。如果旁边的人正在夹菜,不要跨越对方的手夹菜,要耐心等待。为了保持每一份菜的品相,夹菜时大家最好集中从某一处开始,不要东一筷子西一筷子,以免一份菜品相难看。使用筷子最忌讳的一点是"挑菜",每人有自己吃菜的偏好,但参加正式宴请,"挑菜"是非常不礼貌的行为,显得人很贪婪和自私,让其他人感觉不舒服。如果是中餐西吃的分餐制,大家各吃各的,上面说的这些问题就没有那么明显,所以,在高档的餐宴中分餐制也越来越受到推崇。

(二) 以欧美国家为代表的刀叉

西餐餐具在英文中统一被称为"银器"(silverware)。主要是餐刀、餐叉、餐勺。西餐中最常用的餐刀有：牛排刀、正餐刀、鱼刀、沙拉刀、黄油刀。最常见的餐叉有：牛排叉、正餐叉、鱼叉、沙拉叉、甜品叉。勺最常见的有两种：一种是汤勺，一种是甜品勺。

西餐餐具的基本使用顺序是"从外到里"，从最外侧的餐具开始，最内侧的餐具用于最后一道主菜。西餐餐具在使用方法上分为欧洲大陆式和美国式两种。如果把刀叉的使用分成两个步骤，第一步是相同的，第二步则不一样。

首先看第一步，不管是欧洲大陆式还是美国式，均右手拿刀，左手拿叉，叉齿向下。左手餐叉负责固定住食物，右手餐刀负责切菜，切菜的顺序是从左往右切或者从靠近自己的位置往远处切。切下一块食物，到这一步，两种就餐方式的动作是一样的。

第二步，欧洲大陆式与美国式的使用有差异。先看欧洲大陆式，切下食物后，右手餐刀握在手里，左手用餐叉叉尖朝下，负责将食品送入口中。牛排之类的主菜应该是每吃完一口再切一次，或者说切一块吃一块。再看美国式,美国式的刀叉用法比较复杂但轻松随意一些。在切完一块食物后,将右手的餐刀斜放在餐盘靠右的位置或者平放到餐盘顶部,刀刃朝内,然后把叉子从左手倒到右手,叉齿向上,如同铲子,将切好的食品送入口中。每吃完一口,然后又将右手中的叉倒回左手,用右手将刀从盘中拿起,继续重复上面的步骤。不管哪种用餐方法,注意刀都不能入口,并且使用叉子时是叉子找口,而不是嘴巴就叉子。更不能手持刀叉在空中挥舞摇晃。

  西餐有独特的"餐语",客人与服务人员共享根据刀叉不同摆放所传递的信息,这样也为平静的就餐环境创造了条件。刀叉的不同摆放主要表现在暂停和结束用餐。其中,欧洲大陆式与美国式的表达又略微不同。欧洲大陆式暂停就餐的餐具摆放是左叉右刀交叉摆放,餐叉朝下压在餐刀上面,或者左叉右刀呈八字摆放于餐盘上,如图4所示。美国式暂停就餐的刀叉摆放与欧洲大陆式略有不同,餐刀斜放于餐盘的右上角,叉子斜放于餐盘中下部,方向与餐刀相同,但二者并未合拢且餐叉叉齿朝上,如图5所示。

图 4　欧洲大陆式暂停就餐刀叉摆放　　图 5　美国式暂停就餐的刀叉摆放

停止就餐的位置欧洲大陆式与美国式基本相同，是将刀、叉合拢放在餐盘上，刀刃朝内，餐叉叉齿大部分国家朝上放，个别国家朝下放，放置的位置常见刀叉合拢呈数字 11 的形状竖放与斜放。

(三) 餐巾的使用

在正式宴请中，中餐与西餐都需要使用餐巾。不管是中餐还是西餐，放置餐巾的目的是一样的，都是为了擦拭嘴角的油迹、汤汁，保护衣服，防止汤汁、食物溅落在衣服上。宴会开始前不管中、西餐，餐巾都摆放在餐盘的中央叠出花形或者折成长条形。打开时餐巾时应尽量轻缓、优雅，切勿夸张地抖开餐巾，左右甩。

首先看中餐餐巾的摆放与使用。中餐餐巾的放置分两种，一种是置于大腿上，与西餐一致；另一种是置于餐盘底下，垂下部分置于就餐者的大腿上，避免食品溅落在身上。这种放置法特别适合敬酒频繁的中餐宴请，如要频频敬酒，餐巾放置于餐盘底下不影响起身与落座，比单独放置于大腿上更方便。单独置于大腿上，频繁起身的就餐者极有可能忘记餐巾还在腿上，起身时会落至地下，还可能被脚踩脏，具体操作起来总是不太方便。因此，如果敬酒频繁的餐宴，餐巾置于餐盘底部较为实用。然而，外交外事中比较正式的就餐方式与国际不断接轨，推崇中餐西吃的就餐方式，如分餐制、不强迫外宾喝酒，等等，这时，餐巾的摆放也与西餐一致了。下面看看西餐餐巾的摆放与使用。

餐巾在西餐中是不可或缺的一个部分，正确方法是放在大腿上，具体可以三角形对折、正方形对折，有的开口朝外、有的开口朝内。习俗、习惯不同，位置略有不同。较为方便的一种方法是将餐巾平铺在大腿上后从外往里折回来，保持三分之一重叠，开口是朝内的。用餐巾擦拭嘴部时，用对折部分内侧擦拭嘴部，放回原处时将餐巾较脏的那一部分隐藏起来，这样餐巾干净、漂亮，也不会弄脏衣服。西餐餐巾不能放置在餐盘下面、塞进衣领里或者别在裤子里。

餐巾只能用来擦拭嘴角，且动作应该优雅、轻柔，用左右手拿起餐巾轻轻"沾""点"唇角。不能用餐巾擦汗、擦鼻涕，也不能擦拭餐具、杯盘。如果需要中途离席，打电话、补妆、抽烟，餐巾可以放置在椅面上（这是英国皇室人员偏爱的放法），也可以搭在椅背上或者扶手上，但如果椅子没有扶手或者椅背是圆弧形，则只能放置在椅面上，表示暂时离开席位，还会回到餐桌。而结束用餐，应将餐巾放在餐盘的左侧。

二、不同菜肴进食法

中西餐饮一些主要菜肴如何正确食用？下面简略地介绍中餐菜肴，并主要介绍西餐不同菜肴的进食法。

（一）中餐菜肴

中餐举世闻名，菜肴的品种不计其数。这里主要介绍干菜、湿菜、汤、主食的进食法。

干菜。干菜这里是指没有汤的菜肴，像凉菜如萝卜、黄瓜、酱牛肉、卤水豆腐等，主菜如鸡、鸭、鱼、肉以及半荤半素的菜等。如果是合餐制，食用时应首先用筷子将菜肴夹至个人的垫盘中，再送入口中品尝，不要直接从公共菜肴夹菜入口。如果是分餐制，则直接从个人的盘中夹菜即可。

湿菜。湿菜是指带汤汁的菜肴，比如水煮牛肉、水煮鱼、萝卜牛腩煲、大煮干丝、开水白菜等。如果是合餐制，应用公筷把菜夹起，由于有汤汁，在夹起来的时候应该用个人的汤勺接住，防止汤汁滴落在餐桌上。如果是分餐制，可以借助汤勺，左手拿勺，右手拿筷子进食防止汤汁滴落。

汤。中国人喝汤是用瓷质汤勺，与欧美人士喝汤用钢制汤勺不同，瓷质勺的隔热、防烫效果很好。如果汤是单独由带垫盘的汤盅盛放，汤匙用完后，应取出放在垫盘上。中国人喝汤喜欢从外往里舀，如果是吃中餐，建议就采用传统的方法，不宜采用西式的从里往外舀汤。舀汤时为防止汤汁滴落，起勺时可以刮一下汤碗边缘。此外，喝汤时要避免发出声音。

头尾造型菜肴。如果中餐上了有头尾带造型的菜肴，比如鱼、凤凰造型菜肴、龙虾等，应该将头部对着主宾以示尊重。在中国有些地区，比如海边或以捕鱼为生的地区，吃鱼时忌讳翻动鱼身，否则有不吉利的含义。吃鱼时如果有鱼刺、鱼骨，应尽量避人取出，置于垫盘中。

米饭。米饭盛放于碗中,应该将碗捧在左手,右手持筷,端起碗吃饭。夹菜时应先放置于盘中或者饭碗中,过渡一下再入口,不宜直接入口。有人不将饭碗端起来,直接将饭碗放在餐桌低头吃饭是不礼貌的。

(二) 西餐菜肴

面包。西餐最先上的是面包。吃面包不能拿着整个面包直接啃,应该分几步进行。首先用右手拿面包,左手掰下一小块,右手把大块的面包放回面包碟,之后用黄油刀为撕下的小块面包抹黄油,再将小块面包放入口中享用,一般来说是撕一块,抹一块,吃一块。如果面包是放在一个篮子中,大家轮流传递篮子自取面包,这种情况要看准再拿,手碰到哪个面包就拿回来,不可以挑来选去。如果手部触碰后又不要了既不卫生也不礼貌。

沙拉。沙拉的蔬菜叶片大小、形状、软硬各异。吃沙拉的正确动作是用沙拉刀与沙拉叉将各种蔬菜叶片切成小块入口,柔软的叶子也可以折叠后入口。沙拉入口叶片大小的标准是不要太大,以免把女士的口红擦掉,或使男士嘴上粘上油渍。如果上沙拉时,同时上了面包、饼干的话,可右手拿一小块面包或者饼干将沙拉推上左手的叉子再吃。

汤。西餐汤勺的材质与中餐不一样，使用钢制勺，喝汤的方法也不一样，是从内往外舀汤。但汤勺离开汤碗时，同样需要在汤碗外沿刮一下，防止汤汁滴落。如果汤快喝完了，可以用左手把靠近身体那一边的汤碗向外倾斜（稍微往右或者往左倾斜更加优雅），再用勺子舀着喝。用完后把汤勺放在汤盘右边的垫盘内，即表示已经用完。喝汤时不可发出呼噜、呼噜的声音。

鱼。中国人在中餐厅点了鱼，上来的鱼是包括鱼刺的，但西餐的鱼通常剔除了刺和鱼骨，欧美人很害怕鱼刺，对于没有剔除鱼刺鱼骨的鱼总是很担心，处理鱼刺的能力也没有中国人那般灵巧与熟练。他们笑言，我们只吃动物的肉，鱼肉、牛肉、羊肉等，对其他部位总是回避的。如果鱼刺与鱼骨没有剔除干净，不可直接吐出来，要用餐巾挡住，用叉子或者借助手部把刺取出来，然后悄悄地放入餐盘与大垫盘之间客人看不到的地方，不能堂而皇之地扔在雪白的餐布上。西餐吃鱼肉常常搭配柠檬，品尝之前不要忘记将柠檬汁挤在鱼肉上。

意大利面。意大利面条是西餐的一个特色菜品。与中国的面条不同，意大利面没有浸泡在汤里。正宗的意大利面吃法是借助一把叉子，以叉子为轴慢慢把面条卷起来，但不要卷得太多，以免嘴巴张得过大影响形象。非意大利国家的很多西方人喜欢借助左手的勺子吃意大利面。左手勺、右手叉，左手的勺子可以帮助叉子控制卷面条时的方向和力度。

手拿食物。有一些食物如青果、干点心、干果、炸土豆、整根的老玉米、鸡腿、龙虾片等，可以用手拿来吃，但其他的东西一般不要用手拿着吃。

水果。吃苹果、梨子、橙子、香蕉等水果，一般餐厅会去皮去核切成四瓣（段），客人用水果叉享用。西瓜、菠萝等大个头水果，一般餐厅也会去皮切块，客人用叉子取食就好了。荔枝、龙眼等需要剥皮后再吃，如果餐厅没有代劳则需要客人自己剥皮。有核的水果如荔枝、龙眼、杏子、樱桃、李子等，吐核时应先将核吐在手上，然后放在餐盘。特别需要注意的是，剥水果与吃水果时要注意形象，不要把汁挤压得到处都是，弄到身上、脸上、桌布上。

案例：吃杧果的尴尬

1954年中国文化代表团访问印度，曾出

现一个吃杧果的小笑话。印度总理尼赫鲁在他的新德里官邸的花园里设午宴招待正在印度访问演出的中国文化代表团,宴会最后一道是水果——杧果,不少演员是第一次品尝金灿灿的杧果,也没有什么吃杧果的技巧与方法,结果吃得嘴角、脸面和双手全是杧果汁,女演员显得很尴尬。这时,还是尼赫鲁帮助大家化解了尴尬,他同样吃起来,也是满嘴满手杧果汁,还边吃边说:"印度有一句谚语,叫作带着脸盆吃杧果。"大家听完欢笑起来,窘态也荡然无存了。

三、就餐姿势、风度与注意事项

就餐特别考验人的修养,就餐的姿势、风度恰恰能体现人的综合素质,不管是外交外事中的主人还是客人都需要有所了解。

(一)就餐姿势

虽然是坐着就餐,腰背部仍需挺直,背部不倚靠在椅背上，上身略微前倾以示礼貌。弯腰驼背、背靠椅子会给人一种懈怠、懒洋洋的感觉。

头部要保持一定的高度，西方人认为低头进食是很不文雅的，因此，只能用餐具找嘴而不能低头用嘴去吃食物。中国人进食时对头部的要求没有那么严格，也尽量不要低头进食，如吃米饭时就是端碗吃饭而不能将碗置于桌上吃饭。

再看四肢，就餐时双手应该亮出桌面，小臂靠着桌边。为何手要摆到桌面上来，这里有一个传说。相传中世纪的意大利，国家之间战争频繁，彼此钩心斗角，互相防范，于是当大家相聚用餐时，便规定所有人一律把手放到桌上，以表明手上没有武器。这样做还有一个好处，就是当手置于桌上时，腰背部也会自然挺直，不会靠着椅背了。中国人喜欢就餐时把单肘或者双肘放在桌面上，吃西餐时双肘则不能置于桌上。腿部虽然在餐桌围布的下面，也不可懈怠、随意，不跷二郎腿、不抖腿、不把脚伸到别人的地方等。看不见的端正的下身是稳健上身的基础与保证。

（二）就餐风度

就餐时要有良好的风度，餐厅是一个特别能体现综合素养的地方。中西文化不一样,照顾的重点也不太一样,中国人特别重视就餐中的礼仪,还重视客人、领导、长者,总是重点照顾他们。欧美西方人特别重视就餐中的视觉美感,也重视客人,还重视男性对女性的照顾,所以西餐特别强调绅士风度。

先看中餐中的风度,中餐文化特别讲究"礼让",主人请客,一定要以客人尤其是主宾为中心,比如请主宾先落座,点餐考虑宾客的需求,菜肴上桌请主宾先品尝,为主宾布菜,为客人敬酒,等等。

西餐特别重视绅士风度,男士的绅士风度体现在很多方面,比如下车与进餐厅时为女士开门,行进时请女士走在前面或者并排行走时请女士走在右边,冬天进餐厅需宽衣时为女士拿外套,落座时为女士拉椅子,就餐时照顾女士比如为女士传递食物,出了状况为女士招呼服务员,等等。此时,女士则要优雅地接受男士的服务,正如一句话所言,"没有淑女就没有绅士"(No ladies, No gentlemen),同样,没有绅士也就没有淑女。高规格餐宴,男士与女士均着礼服,男士要自信、潇洒,女士要优雅、大方,如此体面、华丽的场合,人的行为、举止也要与环境契合,处处体现绅士淑女风范。

(三) 注意事项

就餐中还有一些需要注意的事项。有些宴席会上水盂，水盂是供洗指所用，不能当作汤饮用。就餐时口中有食物不能说话，如有人与自己说话，应等食物咽下再回复。咀嚼食物时不能发出吧唧嘴的声音。用刀叉切割牛排等食物时应注意不要用力过猛发出摩擦盘子的声音。西餐的刀叉是进食所用，不能在空中挥舞刀叉，也不能把刀子放入口中。就餐的过程中如要打喷嚏、咳嗽等应该侧身用手或者餐巾捂住，不可堂而皇之地对着菜肴。如果有人在讲话，应该放下刀叉或筷勺，专注地倾听与交谈，不要一边听一边吃。吃西餐时要避免大声喧哗，安静就餐将受到欢迎。如果款待外国贵宾，中国人不宜强行劝酒，应内外有别。在宴会中，酒足饭饱之后仍需留意个人的形象，不可随意脱掉外套（除了冬天室内可以脱掉的大外套，一般在进入餐厅就脱下了）、摘掉领带、解开纽扣、解开皮带。有些中国人有剔牙的习惯，但在高端的宴请中，应避免剔牙，如实在有需要可以到盥洗室解决，如果不方便去盥洗室可以用餐巾挡住再处理。就餐完毕女士也不能在餐桌补妆，应该去盥洗室或隐蔽处解决。

第三节　酒水礼仪

正式的餐宴不管是中餐还是西餐，酒水是必备之品。西餐的伴餐酒是葡萄酒。中国国宴中曾经采用烈性的茅台酒，但后来礼宾改革，烈性酒退出国宴，中国国宴与正式宴会与国际接轨，一律采用葡萄酒当伴餐酒了，所以了解一些葡萄酒的知识是必要的。

一、白、红葡萄酒礼仪

作为伴餐酒的葡萄酒，有一些基础知识，包括酒与菜的搭配、酒具的选择、酒的温度、持杯姿势等，下面来一一介绍。

（一）酒与菜的搭配

正式宴会往往会准备红、白葡萄酒，不同的酒分别搭配什么菜肴呢？一般情况下是"红配红，白配白"，即"红葡萄酒配红肉，白葡萄酒配白肉"。那么何为红肉与白肉呢？畜类肉如牛、羊、猪等是红肉，禽类肉与海鲜如鸡、鸭、鱼类等是白肉。为何要"红配红，白配白"呢？红葡萄酒中的单宁搭配牛肉、猪肉、羊肉可以促进消化，白葡萄酒搭配鸡肉、鸭肉、海鲜可去腥，增加清爽的口感。总之，在配菜时，要以菜肴口味烧制的浓淡为主要依据。味浓、汁重的菜肴应以红葡萄酒为佐餐酒，而味淡、汁轻的菜肴应以白葡萄酒为佐餐酒。需要注意的是，食物的烹饪方式和配料改变了食材原本的个性，因此，红、白葡萄酒的搭配也有了更大的弹性，例如，海鲜用烧烤的方式烹饪用红酒搭配更加合适，由此可见，搭配什么样的葡萄酒，取决于食物烹饪之后而不是烹饪之前。此外，每个人的就餐习惯不一样，有的人喜欢用红葡萄酒配白肉，有的人喜欢用白葡萄酒配红肉，这属于个人偏好。

(二) 酒具的选择

葡萄酒酒杯统称为郁金香杯，红、白葡萄酒酒杯的形状略有不同。红葡萄酒酒杯最常见的有两种：波尔多杯与勃艮第杯。波尔多杯是典型的郁金香杯，也最常见。勃艮第杯最典型的特点是肚子大，利于聚拢香气。如果看到一款肚子很大的高脚杯，那就是勃艮第杯了。

白葡萄酒酒杯杯身修长、杯肚较瘦、杯口较小。它比波尔多酒杯更纤瘦,是小一号的红葡萄酒波尔多杯。虽然每一种酒都有它适合的酒杯,随着时代的发展,讲究生活简化的现代人也发明出一种"全适用型"酒杯,红、白葡萄酒都可以饮用。但"全适用型"酒杯并不会出现在非常正式的宴请中。

(三) 酒的温度

葡萄酒的温度会极大地影响葡萄酒的口感。一般来说,红葡萄酒的饮用温度比白葡萄酒的要高,最佳饮用温度是14℃—18℃左右。白葡萄酒的最佳饮用温度是5℃—12℃左右,白葡萄酒饮用前,应先将白葡萄酒放在冰箱的冷藏室中,但不能冷藏太长时间,否则就没有生命力了。饮用时,将酒瓶置于冰桶中。

红、白葡萄酒的续杯要求不太一样,总体上,尽量等客人酒杯差不多空了再为其倒酒。红葡萄酒可以在没有完全喝尽时续杯,白葡萄酒必须要等客人喝完才能续杯,因为白葡萄酒温度更低,如果客人饮酒速度较慢,未喝尽就续杯,不同温度的酒中和在一起会影响口感。

（四）握杯姿势

常见的喝红葡萄酒的握杯姿势有三种：握杯肚、握杯柱、握杯座。尽管在电影、广告、杂志中人们握杯肚的情况比比皆是，甚至有些明星、社会名流、政府高官、皇家贵族也是这种握杯方式，但握杯肚却不是最规范的方式。除非酒温偏低，低于推荐的饮用温度，这时可以握住杯肚提升酒温和加速氧化。但最保险的一种方式是握杯柱，理由是手掌的温度不会传送到杯子上、可以欣赏酒的颜色、碰杯时可以发出清脆的声音等。握杯座则是葡萄酒品酒师与高手偏爱的一种持杯方式。

喝白葡萄酒的握杯姿势只有两种，一种是握杯柱，一种是握杯座。用手掌握杯肚是完全不可以的。因为白葡萄酒的饮用温度大致是5℃—12℃，所以，手部不能触碰杯肚，否则会升温杯中酒，影响口感。

二、祝酒知识与技巧

祝酒是正式宴请中的重要一环，尤其是外交外事的宴请，必不可少。中西餐祝酒的时间并不一致，中餐宴会一般习惯于在宴请刚开始时致辞,客人在主人讲话不久后答词。西餐一般是在热菜之后,甜品之前讲话。讲话之前,为了引起大家的重视,发言人通常会举起自己的酒杯站起来,礼貌地对大家说:"请大家注意一下!"有时需要重复好几句。在大型宴会上,有时还会有主持人宣布主人或者主宾要敬酒。还有一种方式是讲话人会用餐刀或餐叉轻敲酒杯杯沿以吸引大家的注意力,但这种方式不太适用于非常高端与正式的宴会。

中国人祝酒除了重视良好的祝福,也重视对方喝了多少酒杯中的酒。西方人祝酒不重视对方喝了多少酒,非常看重祝酒词的表达与效果。如果您能够呈现精彩的祝酒词,将会极大地提升个人魅力以及受欢迎程度。

祝酒词可以遵循"KISS"原则,它是四个英文首字母的缩写,即"Keep It Short & Simple"(短小简约)。单调、冗长的祝酒词总是令人头痛。一般来说,三至五分钟的祝酒词让人欢迎,如果超过十分钟就有点不"体谅"了。没有人愿意在餐桌上听长篇大论,当然,特殊的情况例外。精彩的祝酒词有助于展示个人魅力、活跃现场气氛、促进双方关系,不论是主人还是主宾，如得知自己要在宴会中致辞，可以提前准备祝酒词，一篇精彩的祝酒词如果包含感谢、数字、幽默总是受人欢迎的。感谢是所有祝酒词不可缺少的内容，是一种礼仪的展现；数字体现祝酒人的逻辑性与缜密度；幽默体现了个人的智慧，可以活跃气氛让宴会充满欢乐。

作为聆听者，主人和主宾在致辞时应该暂停就餐、停止交谈、认真聆听，并调整身体角度，专注地看着对方。非常正式的宴请如要演奏国歌，所有人应该庄重、肃穆。

需要注意的是，外交外事中的宴请，饮酒更多是仪式性与礼仪性的，不可饮酒过量失态。中华人民共和国成立后的20世纪五六十年代，国宴与正式宴会大部分都上烈性酒茅台。60年代末出了一件事故，中国官员为阿尔巴尼亚的新任驻华大使接风洗尘，参与宴会的一位阿尔巴尼亚参赞因饮茅台酒过多，驾车回公寓时发生了车祸并致使一位中国工人丧生。周恩来听闻后严厉批评外交部领导，指示今后宴会不用茅台酒，只上葡萄酒。同时，再次重申了20世纪60年代制定的外交人员有关规章守则：各种外交场合，外交官饮酒不得超过自己酒量的1/3，不得酒后驾车。这应是铁的纪律。① 这个规定也广泛地适用于外事宴请。到 1988 年 10 月,中国的国宴正式停止使用茅台酒等一切烈性酒。

三、咖啡与茶的品饮

西方人爱喝咖啡,中国人爱喝茶。两种饮品均具有提神醒脑之功效。外交外事宴请,品饮咖啡与茶的机会非常多,了解一些咖啡与茶的礼仪是有必要的。

(一) 咖啡礼仪

最传统的咖啡使用的是有杯耳、带杯碟的咖啡杯。咖啡的杯子不大、杯耳很小,指头无法穿过,正确的姿势用食指和大拇指捏住杯耳端起杯子喝。热咖啡一般会搭配糖和牛奶备选,如果都要加,先加糖后加奶,这样糖比较容易溶解。加糖时需用糖夹子先把方糖放在咖啡碟内,再用搅拌勺把方糖加进杯中。咖啡如果温度略高,不能用嘴去吹咖啡,可以用搅拌勺搅拌咖啡,搅拌咖啡时可以和缓地顺时针或逆时针搅动咖啡

---

① 马保奉:《礼宾春秋》,世界知识出版社,2007,第 178 页。

使之冷却，尽量避免发出叮叮当当的声音，搅拌完毕将搅拌勺放置在咖啡碟内。不能用搅拌勺喝咖啡，喝咖啡时搅拌勺也不能放置于咖啡杯中。男性不管是端葡萄酒还是咖啡杯，都不要翘兰花指。咖啡的杯与碟就像秤与砣，有杯就有碟，不能分家，除非是偏高的桌子，可以不用端起杯碟，否则喝咖啡时左手先端咖啡碟，再用右手端起咖啡杯品饮是更为传统、经典与优雅的方式。喝完咖啡后，不要将杯子直接放在桌上，要将它放回杯碟上。

（二）品茶礼仪

全球饮茶最多的国家是中国与英国。中国人的茶会地点通常在客厅或者专门的品茶地点，厅内要设茶几、桌椅。中国人喜爱的茶叶品种较多，可大致分六大类，绿茶、黄茶、白茶、青茶、红茶、黑茶。每一种茶叶的颜色、香味、特性、沏泡方法不同，口感也不一样。仪式化的茶艺表演是由茶艺师专门展示沏泡过程，通过茶叶、茶具、水、温度与时间的组合，以及优雅的操作流程，沏泡出一杯香醇可口的茶，让人心旷神怡。品茶时，应保持宁静的心态、整洁的仪表，女性切忌浓妆艳抹、涂抹浓厚香水，男性也应整洁大方，勿要衣饰不整、形象怪诞。主人或者茶艺师为客人倒茶时，客人应在座位上略欠身，并说"谢谢"。如人多、环境嘈杂时，也可行叩指礼表示感谢。在品茶之后，客人还应对主人的茶叶、泡茶技艺和精美的茶具表示赞赏。一杯沁人心脾的好茶是多种因素综合的结果，茶叶、水、茶具、温度、时间、人、环境缺一不可。整个茶艺展示融合了视觉、味觉、嗅觉的多重享受，同时，茶道中所包含的文化与哲学也让人体会到中国传统文化的智慧与美感，因此，深受外宾欢迎。

英式下午茶的茶杯多为印花白瓷带杯耳的茶杯，配套的有杯碟以及茶壶。英式下午茶同样有搅拌勺，如果太烫，可以用搅拌勺前后搅拌，同样不能发出勺子触碰杯子的叮叮当当的声音，更不能让茶水溅出来，搅拌完后要将搅拌勺取出放回咖啡碟中。英式下午茶的茶叶均为红茶，奶与糖是红茶的标配。正统下午茶不仅有茶水还有点心，点心用三层点心瓷盘装盛，最下面的一层放三明治、中间层放传统英式点心、最上层则放蛋糕及水果塔，食用的顺序是先吃下面的再吃上面的。品尝点心与喝茶只能分开进行，一手拿点心，一手拿茶杯两面开弓被认为是不文雅的。

思考题

1. 外交外事中的宴请,菜肴的选择上有哪些注意事项?

2. 西餐餐具在使用方法上分为欧洲大陆式和美国式两种,这两种方式的同与异是什么?

3. 中餐与西餐的祝酒词分别在何时发表?如何发表一个精彩的祝酒词?

第五章　礼宾次序与位次排序

前面的第二、三、四章介绍了偏宏观的礼宾礼仪活动，从这一章开始，将用三章的篇幅介绍偏中观的礼宾专业知识如位次、国家标志以及对外文书礼仪，这部分内容的专业性较强，体现着外交外事人员的专业度。

礼宾礼仪内容众多，其中最为重要的内容之一就是"位次"，位次在外交外事活动中非常重要与敏感。"位次"涉及高度相关的礼宾次序（order of precedence）与位次排序（seating arrangement），这一章将专门介绍礼宾次序的起源与规范以及位次排序的标准与实践运用。

第五章 礼宾次序与位次排序

第一节 礼宾次序起源与规范

礼宾次序与位次排序高度相关又存在差异，礼宾次序是指在先权，谁排在前面谁排在后面；位次排序是依据礼宾次序按照世界共享的尊卑标准把不同代表安排在合适的位置。礼宾次序是位次排序的依据，位次排序是对礼宾次序的具体应用。下面首先介绍礼宾次序的起源与规范。

一、礼宾次序的起源

礼宾礼仪内容众多，从来没有哪一项内容比位次更加敏感。外交史上曾发生多起因礼宾次序规则不清引发的位次之争，斗争尖锐复杂。中国自古就重视位次，位次是"礼"的组成部分，为区别身份、体现尊卑、维持等级秩序服务。现代外交发端于欧洲国家，礼宾次序在欧洲国家之间的交往中逐渐萌芽，有明确文字记载的礼宾次序创始人是教皇朱利叶斯，他于1504年提出并安排了欧洲不同国家统治者的礼宾次序，顺序是教皇、神圣罗马帝国皇帝、皇帝继承人罗马王、法国国王、西班牙国王、亚拉贡国王、葡萄牙国王、英格兰国王和丹麦国王。不过，相关国家对这个排序存在异议。①对这个次序，除了教皇、神圣罗马帝国皇帝和皇帝继承人罗马王的位次被所有欧洲国家公认外，对包括法国国王以后的次序无法达成一致。礼宾次序无法达成共识，必然在具体的位次排列上产生争执，因为位次代表着各个外交代表及所属国家的身份、地位、权力与威望，不能让步，因此，欧洲各国代表开始了无休止的位次之争，其中，以法国与西班牙国王及其代表的位次之争最为激烈。

1633年，丹麦国王克里斯琴四世准备庆祝王太子的婚礼，但在安排法国与西班牙大使的位次时十分为难，丹麦大臣们为法国大使提供了几种位次安排的建议，法国大使却给出了一个挑衅的回复："我让西班牙大使选定他认为最荣誉的位次，当他就位时，我再把他赶走，去取得这个席次。"为了避免更大的纠纷，西班牙大使采取了回避的方式，借口在别处有急事儿没有参加这次婚礼。②

---

① Harold Nicholson, *Diplomacy* (Oxford: Oxford University Press, 1969), pp. 98–99.
② 萨道义：《外交实践指南》，世界知识出版社，1962，第53页。

第五章 礼宾次序与位次排序

1659年,当法国和西班牙大使的马车在海牙的一条狭窄的街道上相遇时,由于街道过窄,两人的马车无法同时通过,双方谁都不肯妥协为对方让路。因为优先权是权力与荣誉的象征,他们中的其中一个人获得这种优先权,就意味着他所属国家的威望就会超过另一个人所属的国家,这是另一个人不允许的。他们僵持与争论了三个小时,之后才想出一个皆大欢喜的方案:把街边的一道栅栏拆除,这样法国和西班牙的马车可以同时通过。①

前两个案例都没有引发大的冲突,但位次之争也曾引起伤亡甚至差一点引发两国的战争。1661年9月30日,发生了一起严重的位次之争。英国为瑞典驻英国新大使到任举行了一个入城仪式,同时还邀请了其他国家的外交代表参加。当瑞典新大使在码头上岸并乘坐英国皇家马车出发后,西班牙与法国驻英国的代表发生了争执,双方都想争夺第一个紧随新大使的位次。一番械斗之后,法国方面出现人员伤亡并在位次争夺中落败。消息传到法国国王的耳朵里,法国国王勃然大怒,他向西班牙提出了一系列赔偿、处罚当事

---

① E. Plischke, *Conduct of American Diplomacy* (Princeton, N. J.: Van Nostrand, 1967), p. 6.

人并保证今后两国大使的优先权必须给予法国等要求，否则就宣战。由于当时西班牙的国力弱于法国，西班牙国王为了避免两国关系破裂，不得不妥协。①

这样的事件在今天看来有些不可思议，却真实地存在于历史之中。需要注意的是，类似的争执并非对位次的尊卑存在异议，而是礼宾次序的规则不清晰所致。那时的礼宾次序更多是依靠国家实力及影响大小决定，缺乏公平、正义，也很难操作，所以产生了很多问题。

二、化解位次之争的重要规范

频繁发生的位次之争推动欧洲各个国家思考解决方案，1815年维也纳会议是一个具有重要意义的国际会议，在这个会议上确立了礼宾次序的新原则。各个国家达成共识，放弃原来依据国家大小与影响力强弱决定礼宾次序的做法，而采用依据外交代表的头衔与递交国书的时间先后确定礼宾次序的新标准。新标准极大地缓解了外交领域频繁发生的位次之争并沿用

---

① Harold Nicholson, *Diplomacy* (Oxford: Oxford University Press, 1969), pp. 98-99.

至今。

先看外交头衔的高低。1815年维也纳会议确定了礼宾次序依据外交职衔高低排序的准则，比如各国常驻同一国使节的位次，由他们的等级来决定，第一级是大使、高级专员或教廷大使；第二级是公使或教廷公使；第三级是代办。① 现在外交人员的职衔次序是：大使、公使、参赞、一等秘书、二等秘书、三等秘书、随员。外交领域这一做法的本质是以级别作为礼宾次序的参照标准，具有合理性与可操作性。联合国是世界影响最大的国际组织，主要涉及两类位次：一种是联合国官员之间的礼宾次序，另一种是成员国之间的礼宾次序。前一种礼宾次序排序就是由级别决定，排序如下：联合国大会主席、联合国秘书长、安理会主席等。一国领导人层面的级别排序是国家元首、副元首、政府首脑、副首脑、部长、副部长。中国共产党和国家领导人有严格的次序，七位政治局常委按照级别排序如下：一号位是中共中央总书记、国家主席、中央军委主席，二号位是国务院总理，三号位是全国人民代表大会常务委员会委员长，四号位是全国政协

---

① 费尔萨姆：《外交手册》，胡其安译，中国对外翻译出版公司，1984，第30页。

主席，五号位是中央书记处书记，六号位是中央纪委书记，七号位是国务院副总理。① 需要注意的是，在二号与三号位即国务院总理与全国人民代表大会常务委员会委员长之间互有交替。有些年份是全国人大常委会委员长排二号位，有些年份是国务院总理排二号位。总之，级别成为礼宾次序排序的重要参照标准。

再看就职时间的先后。仅有级别标准仍然无法解决礼宾次序的争执，比如，各国驻同一国家相同职衔的外交使节之间的礼宾次序如何排序呢？针对这个问题，1815年维也纳会议还出台了另一个规范，相同外交职衔的使节依据他们到任的先后决定次序，如两个使馆长可按照递交国书的时间决定礼宾次序，② 即两位职衔均为大使的使馆长，谁递交国书的时间在先，谁就拥有礼宾次序的优先权。这个与时间相关的规范后来延伸出多种表现形式，比如就职时间的先后、派遣国决定参加该活动的答复时间、代表团抵达的时间，等等。

1815年确认的这两个标准主要是针对微观主体人

---

① 张建国：《中国礼宾接待手册》，中国人民大学出版社，2018，第345页。
② Mary Jane McCaffree and Pauline Innis, *Protocol, the Complete Handbook of Diplomatic, Official and Social Usage*(Englewood Cliffs: Prentice-Hall, Inc. , 1977) , p. 2.

第五章 礼宾次序与位次排序

之间的排序,随着多边外交越来越活跃,国与国之间如何排序？目前国际上最常见的一个标准是按照国名首字母顺序决定礼宾次序,它也成为前两个标准的重要补充。

世界上有近200个主权国家,《联合国宪章》确认国与国之间不论大小、强弱一律平等,这种平等需要在礼宾中体现出来。表现在国家的礼宾次序就是在多边外交活动中遵循国名首字母排序,以显示国家之间的公平与平等。但这种方法也有弊端,比如国名首字母靠前的国家总是拥有位次的优先权,而国名靠后的国家总是排位靠后。针对这个问题仍然有解决办法,如前所述联合国主要涉及两种位次排序,其中一种就是成员国之间的礼宾次序,他们想出了一个巧妙的方法以化解不公：联合国每年召开第一次大会时,抽签决定大会席位以哪个英文字母打头,然后,根据首字母顺序决定礼宾次序,如抽中首位的是新加坡,那么,原来排在新加坡之后的国家成了第二位,其他国家依次往下排序,原来排在新加坡之前的国家则成了最后一位。

外交外事工作中还有其他的一些礼宾次序标准作为补充,如关系亲疏、地理区域、轮流制,等等。但职衔级别、时间标准与国名首字母这三个标准是外交外事活动中决定礼宾次序的三个最重要标准。

三、礼宾次序的灵活运用

尽管存在一些决定礼宾次序的国际规范与惯例，但现实情况是千变万化的，外交外事活动并非都是按部就班地按照规范与惯例行事，现实中的礼宾次序往往受到多重因素的影响。

在多边外交外事活动中，东道国拥有位次优先与决定礼宾次序标准的权力，最终采用哪一种礼宾次序的标准，要考虑本国的利益以及活动的顺利举行。

礼宾是一种手段，礼宾次序及位次排序在多边国际活动中最终要为本国的政治与国家利益服务。因此，东道国往往将礼宾次序的优先权以及所体现的荣耀给予想要给予的国家。国家间关系的亲疏往往成为决定礼宾次序的一个考量点，比如，英国举行多边国际活动，常常将英联邦国家的礼宾次序提前；从属于某个地区性、政府间国际组织的国家举行的多边国际性活动有时也会将本组织国家的礼宾次序提前；等等。

还有一个比较典型的案例是 1989 年日本昭和天皇

逝世，全球有 160 多个国家参加天皇的葬礼，如果按照国名英文字母决定各国元首的礼宾次序，日本的盟友美国将会排在后面，因为美国的国名首字母是 U（United States of America）而不是 A，这不符合日美同盟的特殊关系。于是，日本方面选择了一个较为少见的礼宾次序标准，日本昭和天皇在世时出访过的国家具有位次的优先权，昭和天皇出访过美国，这样，美国总统老布什凭借这个标准堂而皇之地排到了前面，解决了这一礼宾难题。

二十国集团峰会始于 2008 年，是一个较新的多边国际会议，每年的二十国集团峰会都会留下领导人合影的全家福，合影排序充分体现了国际惯例与灵活运用的结合。按照二十国集团峰会合影的规则，礼宾次序是先排成员国，再排嘉宾国，最后国际组织。领导人之间则按照职务高低排列，比如，每个类别中先排总统，再排总理，接着再排政府代表等，如果级别相同，则以领导人就职时间的长短为依据，就职时间长的排位靠前，就职时间短的排位靠后。但每一届的东道国都会有各自的想法，不一定完全按照这个国际惯例行事，以 2014 年布里斯班二十国集团全家福为例，如图 6。

图 6 2014 年二十国集团领导人峰会全家福

资料来源：Lauren Gillin, "Rusija nije bila jedini negativac na samitu G20," *Vice*, accessed on June 17, 2020, https://www.vice.com/sr/article/z4xkv9/rusija-nije-bila-jedini-negativac-na-samitu-g20-521。

东道国澳大利亚总理阿尔伯特居于一排中间，他的左手是中国国家主席习近平，习近平主席的左手是美国总统奥巴马，澳大利亚总理的右手是日本首相安倍晋三，安倍晋三的右侧是德国总理默克尔。按照先国家元首后政府首脑的规则，日本首相与德国总理按理应该站到第二排，但澳大利亚把日本首相安排在主人右侧最尊贵的位置，说明澳方为了突出澳日关系的重要性。德国总理被安排站在日本首相的右边，也体现了澳大利亚对德国的重视。足见位次本质上是为一国政治服务的,是为国家间关系服务的。

多边国际活动为了使会议顺利进行,东道方还要注意避免将两个敌对的国家排在一起。比如,伊朗(Iran)和伊拉克(Iraq)两国国名的英文字母顺序是连在一起的,两伊战争期间两国敌对,关系交恶。这时,有这两个国家参加的多边外交活动就需要把他们分开,以免影响整个多边国际活动的顺利举行。比如,1984年的洛杉矶奥运会上,东道方就在伊朗与伊拉克代表团之间安排了另一个国家的代表团。

第二节 位次排序的尊位标准

合理的位次包括两方面内容,第一是礼宾次序,前面探讨了礼宾次序的主要标准;第二是根据礼宾次序安排相关代表的位次,这一步称为位次排序,二者高度关联。要想完美地排出位次还需要一个条件,即各个代表在位次的尊卑上能够达成共识。如果一个国家认为的尊位在另一国家代表眼里是卑位就容易引起争议与矛盾,因此,探讨世界各国达成共识的位次尊卑标准是非常有必要的。位次的好坏离不开高低、前后、中旁、外里、左右几个问题,下面我们一一介绍。

一、高与低、先与后的尊位

这里将介绍位次的高与低、先与后的尊卑问题。

(一) 高与低谁为尊?

位次有时会涉及高低的问题,不管是座位、站位还是国旗等的位次,高的位置明显具有优越性,故高为尊。

外交领域曾发生一起羞辱另一国外交代表的事件,主要就是通过座位的高低实现的。2010年1月11日,以色列外交部副部长阿亚隆召见土耳其大使,批评土耳其拍摄的一部电视剧败坏了以色列的形象。双方会谈时,以色列外交部副部长阿亚隆故意安排土耳其大使切利克科尔坐在较矮的沙发上,而他的椅子则高出了许多,致使双方的位置一高一低。以色列外交部副部长还用希伯来语对着电视镜头说:"注意看,他坐在比较矮的椅子上,而且桌子上只有以色列国旗,我们并不是在微笑。"之后,以色列报纸还刊登了这张照片,并在一旁特意标注了"耻辱的高度"的字眼。面对这一侮辱性的行为，土耳其方面反应激烈，土耳其总统表示，以色列外交部副部长阿亚隆如果不就此事向土耳其驻以色列大使正式道歉，就要召回土耳其驻以色列的大使。① 为了平息不满，以色列外交部副部长阿亚隆不得不向土耳其大使道歉。这个案例说明高的位置优于矮的位置，如果把一个国家的外交代表故意安排在较低的位置，就违反平等的原则，是不符合礼宾礼仪规范的。

同样，如果是两国国家的国旗同时升挂，一个国家的国旗位置高，一个国家的国旗位置低，也是不能接受的，因为国旗是国家的象征，放在较低的位置意味着对这个国家的不尊重与贬低。

也许有人会质疑在有三排的大合影中，站在第三排的位置最高，为何不是最优位次呢？这里涉及另一个尊位规范：前与后之间，前为尊。

（二）前与后谁为尊？

如涉及前后的问题必定是前为尊，如果三排前后

---

① Sebnem Arsu, "Israeli Defense Minister Visits Turkey to Mend Frayed Ties," *The New York Times*, accessed on June 17, 2020, https://www.nytimes.com/2010/01/18/world/middleeast/18turkey.html.

合影，必定是前排位次优于后排。前与后是空间位置概念，与之紧密联系的另一个时间概念是先与后，如果位置上优先，也就意味着时间上优先。国际礼仪中有一个体现绅士风度的说法是"女士优先"（Lady First），优先（First）是时间的概念，由于时间在前，往往会导致位置在前。

1945年7月，第二次世界大战结束之前，美、英、苏三国首脑杜鲁门、丘吉尔和斯大林在柏林近郊的波茨坦举行会晤，其间，就发生了一个与时间先后、位置前后相关的小争执。杜鲁门、丘吉尔和斯大林在谁应该首先进入会议室的问题上无法达成一致，最后不得不为会议室额外增建大门，使会议室同时有三个大门，这样他们三位从三个不同的门同时进入以体现三个国家平等的地位。[①] 这在今天看来有些不可思议，但恰恰说明了位次的敏感性、重要性。另一个案例发生于2018年7月，美国总统特朗普在会见英国女王伊丽莎白二世时受到批评，除了特朗普总统迟到、见到女王没有鞠躬，还有一点是检阅仪仗队时走在了女王前

---

① 汉斯·摩根索：《国家间政治：权力斗争与和平》，徐昕、郝望、李保平译，北京大学出版社，2006，第112页。

面。根据皇室礼宾礼仪,走在女王前面被认为是不礼貌的。①

通过以上两个案例可见,空间上前为尊,时间上先为尊作为一种国际规范被广泛接受与认可。正因如此,在涉外礼仪中,为了表达对他人的尊重,我们往往会请对方先行以传递尊重与友好。

二、中与旁、外与里的准则

这里将介绍位次的中间与旁边、外面与里面的尊卑问题。

(一) 中与旁谁为尊?

前面探讨了前为尊,如果一排中人数众多,就需要再次区分尊卑。这一点同样非常简单,即中优于旁,且全球各个国家都能达成共识。

最能清晰体现中优于旁的是合影。2019 年 5 月,美国总统特朗普对日本进行国事访问,德仁天皇夫妇

---

① Dan MacGuill, "Did President Trump Break Protocol in His Meeting with Queen Elizabeth?" *Snopes*, accessed on July 16, 2020, https://www.snopes.com/fact-check/trump-protocol-queen-elizabeth/.

与美国总统特朗普夫妇在日本东京的"竹之间"宫殿内见面,他们合影的位次是天皇夫妇请特朗普总统夫妇站在中间的位置,天皇夫妇两人站在两边。[①] 日本人以重视礼仪与讲究礼貌闻名,这张照片的站位不仅体现了日本天皇夫妇"以礼待客"的风范,也体现了日本对美国的重视以及日美同盟关系的特殊性。

然而,并非每一位国家领导人都会让出中间的尊位,截然相反的一个案例是美国总统特朗普的做法。2017年2月以色列总理内塔尼亚胡访问美国,特朗普夫妇与内塔尼亚胡夫妇在白宫门口合影时,居中站立的竟然是作为主人的特朗普夫妇,客人内塔尼亚胡夫妇反倒居于两边成为绿叶陪衬主人。同样,2017年10月加拿大总理特鲁多夫妇访问美国时依然如此,四人在同样位置合影,特朗普夫妇居于中间,把客人撇在两边。这种排位方式体现的是主人以我为尊的心态。

2017年11月8—10日,美国总统特朗普对中国进行国事访问,习近平主席夫妇邀请特朗普总统夫妇到北京紫禁城观赏京剧,两对夫妇四人的就座位次与前面的做法都不一样。这次是主客各有一人居于中间,

---

[①] 《美国总统特朗普同德仁天皇夫妇举行会谈》,东方资讯,http://mini.eastday.com/a/190527112518332.html,访问日期:2019年5月27日。

各有一人居于两边；特朗普夫妇居于右侧，习近平夫妇居于左侧，完全符合国际惯例，既不会过分高抬客人，也不会过分强调自己，展示了东道方以礼待客、落落大方、不卑不亢。

(二) 外与里谁为尊？

外与里是一个空间概念，是指一个空间之中，如宴会厅、会议厅、谈判室等，靠里的位置总是优于靠门的位置。空间中靠里的位置体现的是私密感、安全感与尊贵感。东方国家在排位次时特别看重门，往往把"门"当成一个重要的参照点，认为离门远比近好，把靠里的位置当成尊位，靠近门的位置则成为卑位。

比如，2008年奥运会开幕式的晚宴共有九桌，开创了九大常委每人到其中一桌就座的先例，体现了东道主对所有客人的公平、热情与友善。按照以里为尊的原则，一号桌就在最靠里的位置，最靠里有三排，同时结合前面的以中为尊规范，一号桌就在三排最中间的位置。

这种远门而上的合理性在谈判的位次排序中能鲜明地体现出来，在双边谈判中，通常来说，主人会请客方代表团成员就座于靠墙面门的尊位。理由有三点：

第一，靠墙面门的位置由于能够看到门的位置，在心理上较为放松、安全；第二，谈判较为正式与严肃，如果将客人安排于安全的位置，有助于体现主人礼待宾客的风范；第三，靠近门的位置人方便主人方协调工作，主场谈判东道方需要做好服务，有一些后勤方面的工作需要进进出出、端茶倒水、安排事务，等等，从实操的角度来说靠门的位置也更适合东道方就座。

三、左与右的准则

前面探讨了以中为尊，如果人数是两人或者两方，在有左右的情况下，谁为尊呢？前面探讨了高与低、前与后、中与旁、外与里的尊位规范，它们的最大特点是高、前、中、里作为尊位在全球各个国家中基本能够形成共识，各国的国内传统与国际规范也不存在差异。唯独在左与右的问题上，中国的传统做法与国际标准就存在不同。在分析左右之前，有一点需要明确，就是左右的判断是以当事人和当事物的视角为准，而不是从观众的视角判断。

先看中国传统的"以左为尊"。中国大部分的朝代认可"左比右尊"，即左边的位子更好、更优、更尊贵，这种尊位观表现在坐位、站位、行位、建筑等的位次。比如清朝的两位两宫皇太后慈安与慈禧就是一个很好的案例，作为封建时代的女性，慈禧统治了中国清朝47年，权倾天下、不可一世。但慈安在世时，论起两宫皇太后的身份与地位，还是拥有咸丰皇帝皇后之身份的慈安更加尊贵。因此，二人于养心殿明间垂帘听政时的位次是慈安坐在更加尊贵的左边（东），慈禧只能坐在右边（西）。

尊左还表现在建筑的位次。比如紫禁城的方位是坐北朝南，以贯穿南北的中轴线为分界线，东为阳（吉）、西为阴（凶）。太和殿的两侧，东为文楼、西为武楼。[1] 文武官员上朝亦是文官一列，武官一列，文官列于东侧（左侧），武官列于西侧（右侧），体现了文官在地位上的优越性。尽管中国古代有个别朝代是尊右为贵，但整体而言，"左贵于右"是中国历史上大多数朝代认可的排位准则并作为中国文化的特色之一延续至今。比如，2008年中国举办了举世瞩目的奥运会，奥运会两个标志性的场馆鸟巢与水立方，它们的位次排列即采用了传统以左为尊的标准，从建筑自身

---

[1] 彭林：《礼与中国传统文化》，《文史知识》2001年第11期，第70页。

的视角看，作为主场馆的鸟巢居于东边也就是水立方的左边，东边（左）为尊，水立方则居于西边也就是鸟巢的右边，西（右）为卑，这即是对传统文化的传承。

再看国际的"以右为尊"。在左与右的尊卑上，世界绝大多数国家认可的标准是"以右为尊"。具体表现是如果只有二人或两方的情况下，或者多方多人的情况下，右边的位置是尊位，这种观念同样可以延伸到站位、坐位、行位、国旗、建筑等的位次。这种做法在西方同样有久远的历史，不仅《圣经》中有很多尚右的证据，现实也证明了右边的尊贵性。就人的左、右手而言，世界上大多数人是右撇子，右手力量更大，这也解释了为何英语中有"The right is right"（右边是正确的）一说。古代欧洲有一种说法是君王有腰间佩剑的习惯，君主为防暗杀而不许近臣携带武器，但君主本人腰间佩剑，一来显示其威武，二来保护自己。通常国王身后会站两个人，国王往往会把他最信任的人安排在自己的右边，因为剑柄朝向右边，这个位置更加敏感、重要，也帮助形成了右为贵的观念，如图7。

第五章 礼宾次序与位次排序

图7 国王右边的人是他最信任的人

总之，目前"尊右为贵"已成为全球普遍的共识，并成为位次排序的重要国际规范。在多边国际活动中，东道国为了体现公正与公平，有时将主人右侧的最优位次轮流给予不同国家的客人，比如，合影时将主人右侧的尊位位置给予某一个国家的代表，就餐时则将主人右侧的尊位给予另一个国家的代表，开会时又把主人右侧的尊位安排给第三个国家的代表就座……如此，以最大可能地兼顾公平，照顾更多客人的感受。当然，如果主人没有按照国际惯例与规范将客人安排在右侧也会引起议论与批评。比如，美国总统特朗普在美国举行的一个双边会见中，将自己置于右侧就座，而将客人安排于左侧就座，就引起了专业人士的批评，认为他不熟悉国际规范，闹了笑话。

面对左与右截然相反的两种规范，目前，中国在外交外事中的做法是遵循国际惯例，只要是涉外场合，强调与国际接轨，均遵循国际惯例，采用以右为尊的做法。当然，以左为尊的传统做法也没有抛弃，而是在国内的政府系统、事业单位等机构的非涉外活动中使用，形成了两种规范在不同时空同时共存的现象。

第三节　位次排序的运用

有了无争议的礼宾次序与世界各国能达成共识的对位次尊卑的认定，位次排序就很容易操作了。这一部分将要介绍位次排序的具体运用，位次排序无处不在、无时不在，这里主要介绍外交外事工作中最为重要且常见的会见、会谈（谈判）、签字仪式、交通工具、国旗以及宴会的位次排序。

第五章 礼宾次序与位次排序

一、会见、会谈（谈判）的位次排序

位次排序在会见、会谈（谈判）中非常重要，一旦排错，有可能会引发不适，对活动产生影响。

（一）会见的位次排序

在双边会见中，最简单的位次安排是主方代表与客方代表两人靠墙面门地就座于一排，分别就座于两张单独的椅子上，中间有一个小茶几，身后各有一位翻译。就座的位次安排是主左客右，即主人坐在左边，客人坐在右边，这正是"以右为尊"的体现，如图8。

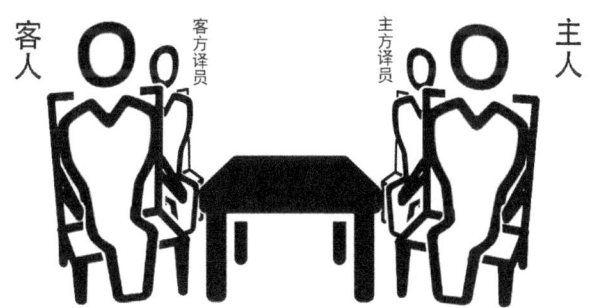

图8　主、客两位代表会见的位次

如果是主客双方的多人会见，或者是两个代表团会见，依然按照主左客右的模式就座，只不过人数变多而已，级别最高的主客两人按照就座于一排的模式，其他人纵列就座，如图9。

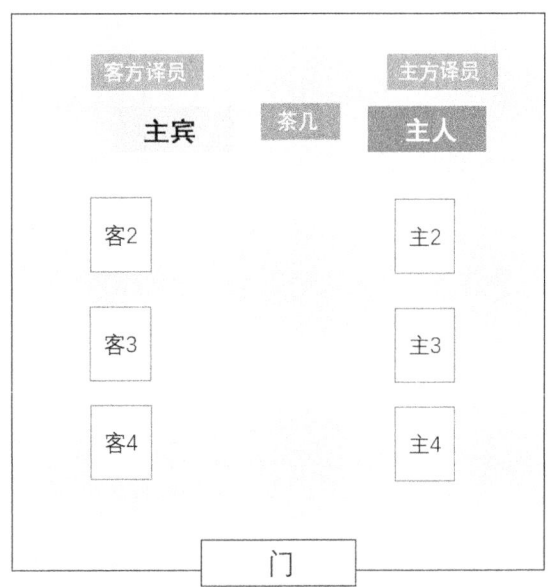

图9　双边多人会见的位次

如果人数更多，除主人与主宾之外的其他人员还可以多层就座，位子既可以摆成直线形也可以摆成扇形，根据场地条件调整即可。只要符合主左客右的大原则，人数多一些与少一些都可以，如图10。

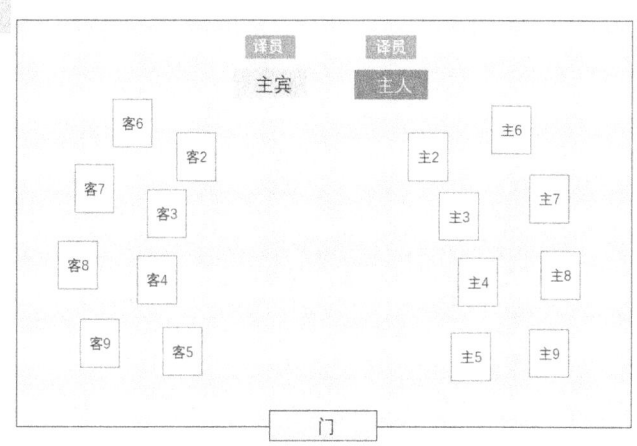

图 10 双边多人会见的位次

(二) 会谈（谈判）的位次排序

双边会谈与谈判通常是多人，特别强调人数的对等，会谈与谈判的桌子常见长方形的桌子，宾主相对而坐，而不会坐一排或者坐近角。这种安排符合会谈（谈判）的需要，面对面就座的模式使双方能看到对方的正面形象如表情、眼神、肢体动作，能清楚地听到对方的话语，并且桌子各占二分之一，体现的是公平、平等的氛围。那么，会谈（谈判）的位次具体怎么安排呢？

这里根据房屋的大小、建造布局，可以分成两种情况。第一种情况是会谈桌从进门的角度看横向摆放，也就是说，主客双方一方必须面门而坐（A），另一方要背门而坐（B）。如前所述，位次排序的一个规范是"以里为尊"，因此，尊位应是坐在朝门的位置，称为"靠墙面门为上"。那么，谁应该坐在尊位上呢，主人还是客人？出于礼貌与尊敬，主人往往将尊位留给客人，主客谈判的位次如图11所示。

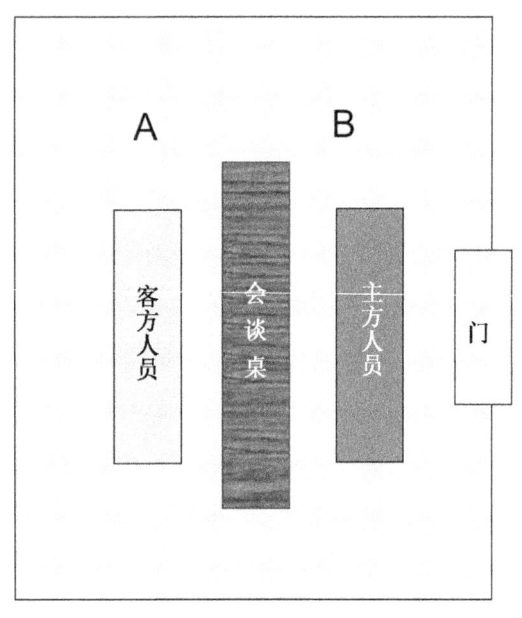

图11　会谈（谈判）时的位次排序

第二种会谈室布局的情况是会谈桌竖向摆放，与会谈室的门成直角关系。这种格局尊位在哪里？位次排序最重要的一点是找参照点，如果会谈室没有什么突出的标志可做参考，那么，一般应让客人坐在进门靠右的一侧。遵循"以右为尊"的做法，参照点是门，进门的右手边是尊位，如图12所示。

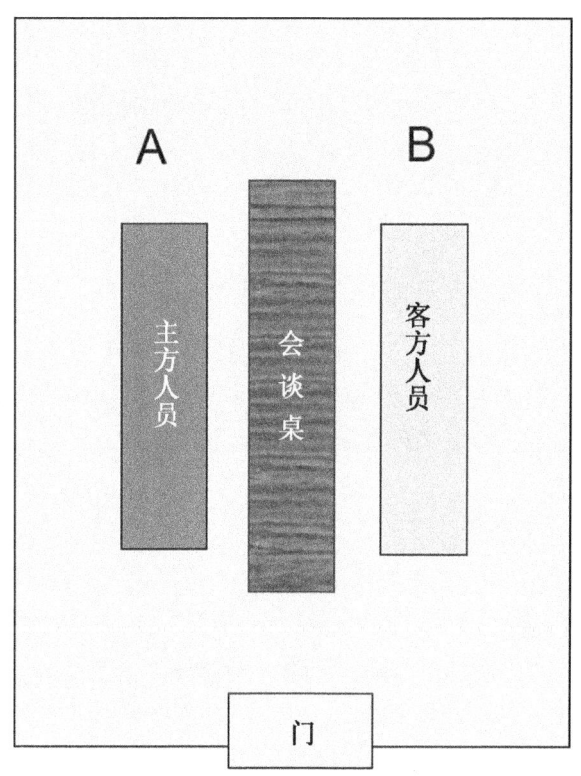

图 12　会谈（谈判）时的位次排序

如果会谈室有一些其他的标志可供参考，则需要另行考虑尊位。如门对面的会谈桌后面有一个主席台，或者正对门的墙壁上有国旗或者特别精美的屏风、装饰物等，那么参考点就变成了这些物品，按照以右为尊的原则，此时 A 为尊位，应该让给客方人员就座，主方人员坐 B。还有一种情况，如果会谈会见的级别非常高、会谈比较高端，需要邀请媒体人员参加，这种情况也比较适宜客 A 主 B 的模式，因为，媒体人员在较为高端、正式的会谈（谈判）中只能在活动刚开始时拍摄视频与照片，很快就要撤出去，在门口的位置拍摄更加方便。还有一个原因是，如果记者站在门口拍摄照片，两边的座位正好符合主左客右的国际惯例，不会引起歧义，如图 13 所示。

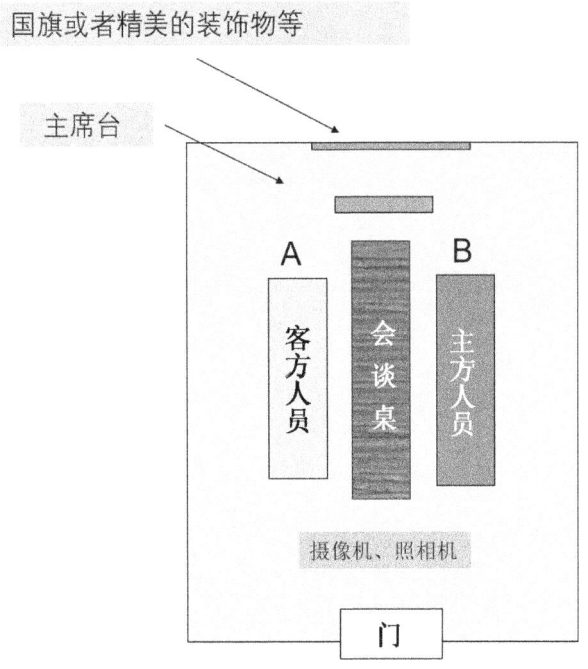

图 13　会谈（谈判）时的位次排序

二、签字仪式与交通工具的位次排序

位次排序是签字仪式中非常重要的一个部分,交通工具的位次排序在实践中运用较广,这部分将介绍签字仪式与交通工具的位次排序。

(一)签字仪式的位次排序

前面的章节介绍签字仪式,那么,签约时该如何排位次呢?签约时不论是坐位还是站位依然遵循国际惯例,请客方坐在右,主方坐在左边,左右判定是以当事人为准,如图 14 所示。

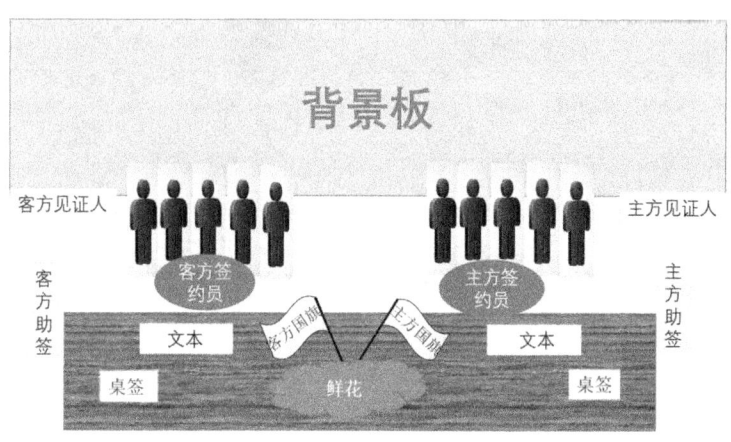

图 14　两国双方签约时的位次排序

签约时亦有可能是双边三方的情况，比如中国某机构与另外一个国家的某机构签约，但外国具体签约由两个部门组成，也就是说签约台上将有三方代表，这种位次如何排序？尽管有三方但这仍然是一个双边的签约。因此，在排位次时应该将签约台一分为二，左边由东道方中国的签约代表就座，右边由另外一个国家的两位代表就座，依据主左客右的方式。客方的两个签约代表分别就座于签约桌的右边，右边再次一分为二，这两个部门谁更重要或者说谁更尊贵就靠近中线就座，如图15所示。

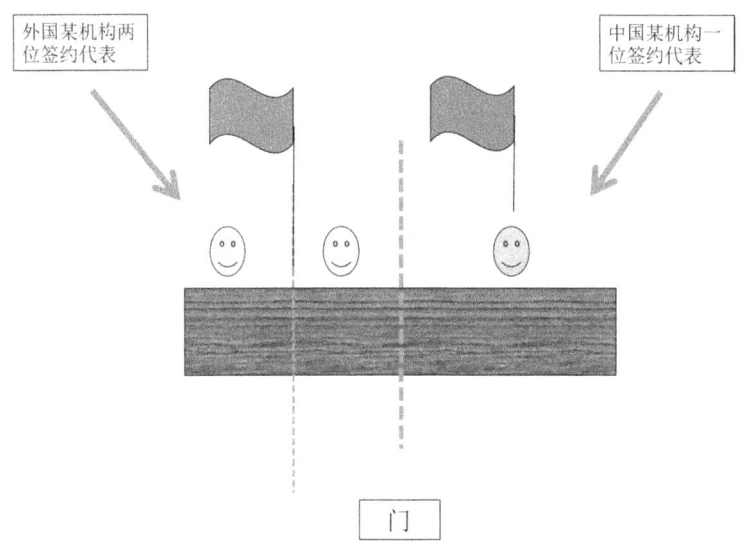

图15 两国三方签约的位次排序

多边条约的签字，如果国家数量不多，签字代表可以同在签约台就座，以三国为例，东道国居中，其他两国代表按照国名首字母排序，国名首字母靠前的居于右侧，靠后的居于左侧，如图16所示。

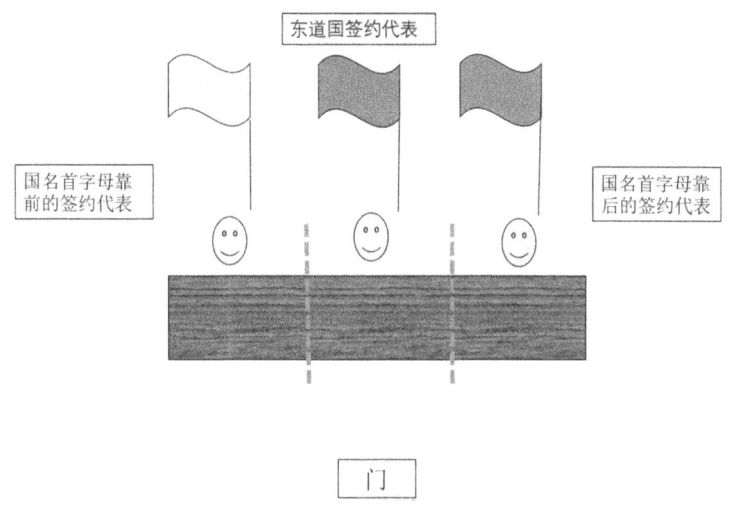

图 16　三国签约时的位次排序

如果国家数量较多，可在主席台只设一张桌子与一把椅子，签约国轮流上台签字。国家数量不一样签约的具体位次安排不同，以中为尊、以右为尊是签约位次排序的主要参考标准。

（二）交通工具的位次排序

最常见的双排小轿车位次，专业司机和主人驾车车内的位次不一样。其中，专业司机开车，在左舵右行国家，后排右座为一号位，后排左座为二号位，前排副驾为三号位。一般后座不安排三人就座，尤其是比较正式的场合。尊位在司机的斜后方，除了以右为尊的考量，更重要的是便利性，便于尊者上下车。重要贵宾到达，东道方如隆重迎接一般会铺红地毯、排迎宾线、为贵宾开门，如此，东道方人员打开后侧靠右的车门出来的理应是第一尊贵的客人，否则具体操作起来非常不便。需要注意的是在右舵左行的国家，车内位次排序与左舵右行国家的正好相反。

前面探讨了专职司机驾车的情况，如果是主人驾车，那么一号座变成前排副驾的位置，二号为后排右座，三号为后排左座。如果是三排及三排以上的汽车，尊位的排序略有不同。与二排座小轿车的最大不同是上、下车顺序不一样。二排座小轿车上车的顺序为位尊者先上车后下车。先上车是要保证位尊者的优先性，后下车是为了给秘书或者接待方人员开车门的机会。而三排或者三排以上的交通工具意味着人数较多，越往后的位置越拥挤和颠簸，更重要的是不能让位尊者先上车等诸多后上的人，因此，二排以后的乘车者应该请位尊者后上车，下车时如遇东道方列队欢迎，从二排开始首先下车的也应该是位尊者。如此类推，如果是三排七座轿车，一般来说，中间一排较为宽大和舒适，而后排相对拥挤，第二排的舒适度要优于第三排，因此，第二排靠右的位置为一号位。还有一种排法是把二排靠左的位置当成一号位，二排靠右的位置是二号位，这种情况主要考虑的是安全性因素，另外，有些三排或者四排座小汽车进行过特殊改造，把司机后面的位置改成了贵宾位，贵宾位前面有一个小桌板用于放置物品，如遇这种情况，司机后面的位置是毫无疑问的尊位。在右舵左行国家的国家，情况相反。

以别克款的GL8豪华商务车为例，有专职司机与主人驾车的情况，如图17所示。

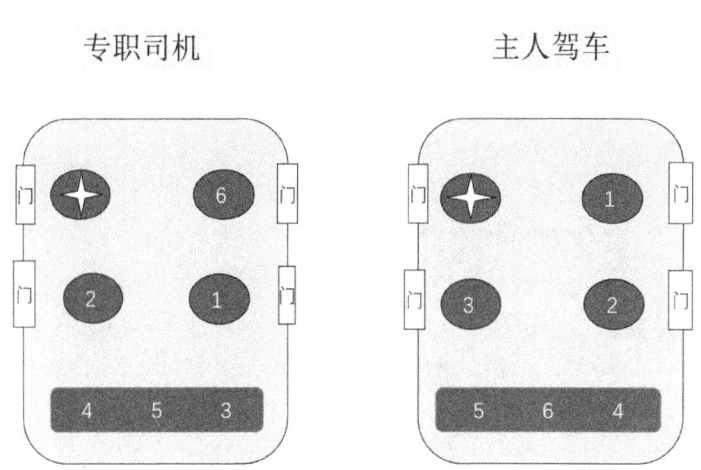

图17　三排七座商务车位次排序

如果是四排九座、五排十一座甚至排数更多的面包车，一般情况下均有专职司机驾车，同样遵循除司机那一排外，越前越尊、右比左尊的原则，理由同上。需要补充的是，二排中的尊位没有那么严格的限定，也可以把司机后面的位置当成尊位，需要根据就座人偏好、安全性因素、上下车顺序等具体情况判定。

多排多座大型轿车的排位规则遵循的是除司机那一排外，前比后尊，顺序是后上为尊、先下为尊。还有一种做法是从安全性与私密性出发，除司机那一排外，把大客车的第二排当成尊位。

三、宴会中的位次排序

宴会的位次排序涉及两个方面，一是宴会桌如何排桌序，二是每一桌的位次如何排序。

（一）宴会桌的位次排序

宴会厅内有很多宴会桌，尊桌的参照标准主要有两个：第一是以里为尊，第二是以中为尊。如果宴会厅只有两桌纵向摆放，则靠里的为尊桌。如果宴会厅的两桌是横向摆放，则遵循以右为尊的原则，这两张桌子如同两个站立的人，右边的为尊位，如图 18 所示。

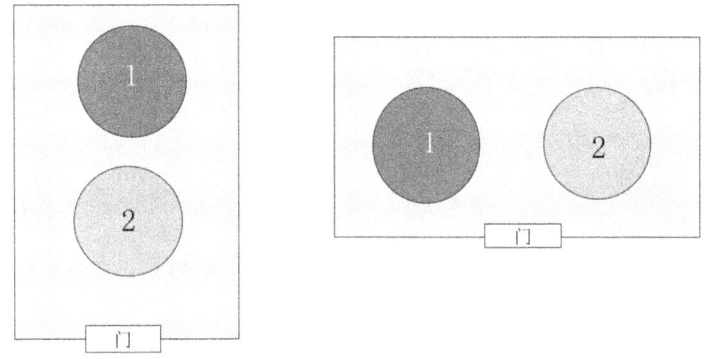

图 18　两桌的位次排序

宴会厅如有五桌，可以遵循以里为尊、以中为尊、以右为尊的原则排位次，如图 19 所示。

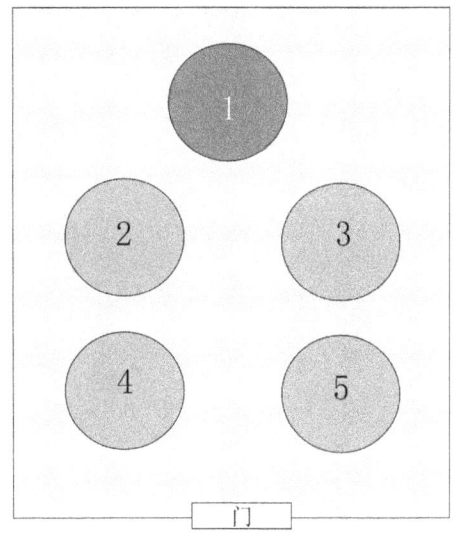

图 19　五桌的位次排序

如果宴会厅餐桌较多，同样遵循前面的原则，比如有九桌的情况下，离门最远的、最靠里的一排最为尊贵，三桌中又采用以中为尊的原则决定一号桌，再采用以右为尊的原则决定二号桌，一号桌的左边则是三号桌，继续采用上面的规则排出剩下的桌次。2008年中国举办奥运会，在奥运会开幕欢迎晚宴上，中国款待来自世界的贵宾就是按照下面的桌次排序的，如图20所示。

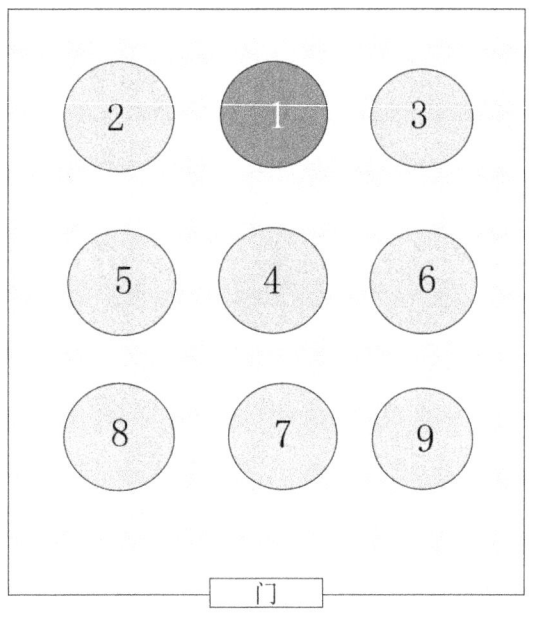

图20　九桌的位次排序

总之，宴会大小不同，宴会桌的数量不一样，排法也各不相同，但遵循的总体原则是一样的。排完了宴会桌，还要再排每一桌的位次。

(二) 每一桌的位次排序

每一桌的排序中国习惯使用大圆桌，国外很多国家习惯使用长条桌，这里将介绍大圆桌与长条桌的几种位次排序。需要特别注意的是，宴会桌的排序与会谈（谈判）排位规则不一样，宴会桌最好的位置不是给客人而是给主人就座，靠墙面门的那个最好位置属于一号主人，客人往往坐在主人的右侧或者对面。

先看大圆桌。圆桌有三种最基本的方式，即之字式排列、交叉式排列、连线式排列。

以下三种圆桌排列法，深色代表主方人员，浅色代表客方人员。

之字式排列法。在本排列法中，以主方一号（主人）为中心，主方其余座位和客方人员各自按"以右为尊"原则依次按"之"字形形状排列。需注意的是，不管哪种排列法，主客方人员都是交叉就座，如图21所示。

涉外礼宾礼仪

之字式

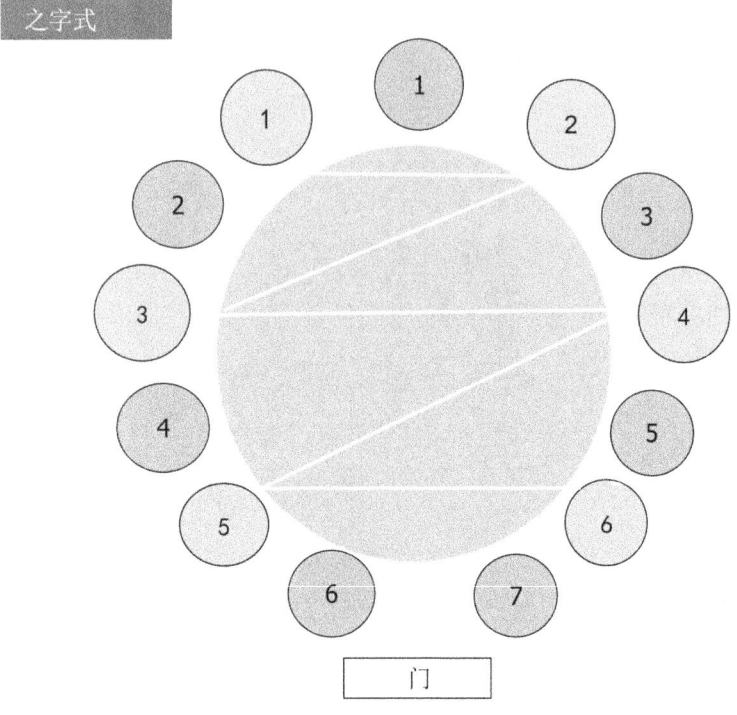

图21 之字式排列法

交叉式排列法。主方一号（主人）和二号（副主人）相对交叉而坐，其余人员按照"以右为贵"的原则以此类推，如三、四号交叉，五、六号交叉，七、八号交叉。客方人员相同操作。这一排法的一个特点是餐桌靠里的一半全为奇数位座席，靠外的一半全部为偶数位座席，如图22所示。

第五章 礼宾次序与位次排序

交叉式

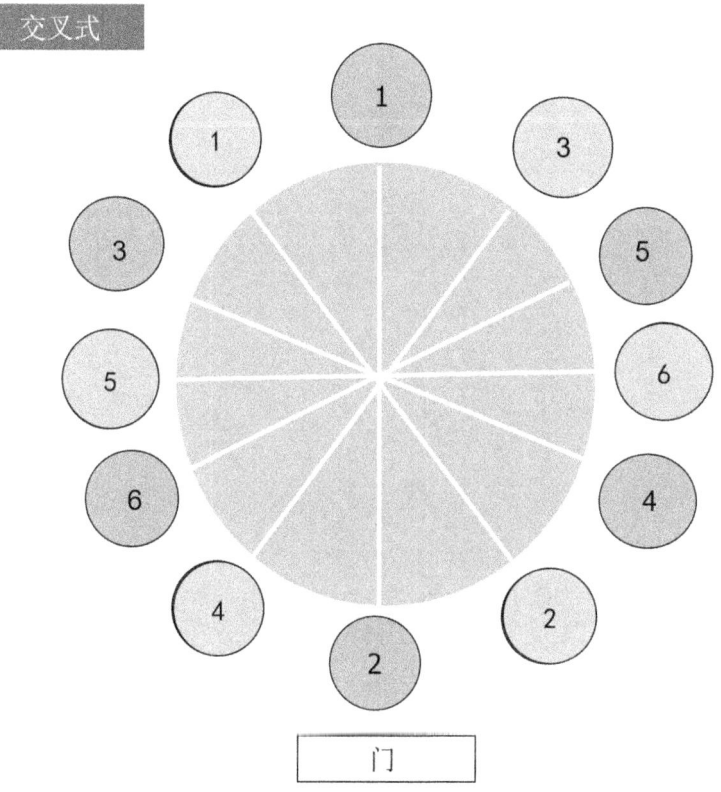

图 22　交叉式排列法

连线式排列法。在这种排列法中，主方一号（主人）和二号（副主人）相对交叉而坐，主方其余人员和客方人员各自按"以右为贵"原则排列，有一条线把客方一、二、三、四号连接起来，主方三、四、五、六号连接起来，桌子大、人数多还可以继续主客交叉地连接，如图23所示。

199

连线式

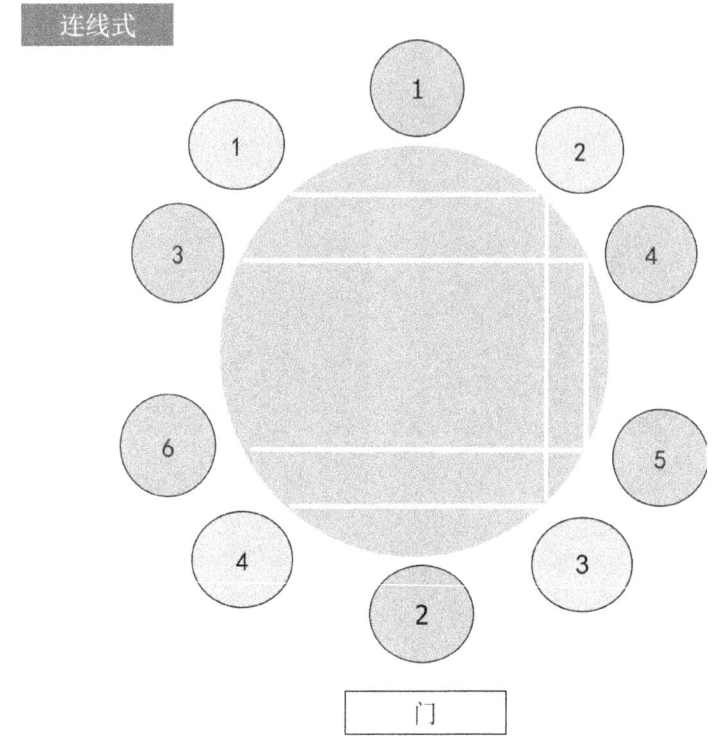

图23　连线式排列法

三种不同的排法适合不同的主客关系与权力关系。之字式排列法在中国比较常见,最大的特点是主客方人员全部以主方一号为中心,按照以右为尊原则,从大到小像众星拱月一样排列,比较适合需要刻意突出东道方一号位的情况。交叉排列法和连线排列法比较适合双主人的情况。交叉排列法是男女主人共同宴请或第一、第二主人职位相差较小情况下的首选方法。

第五章 礼宾次序与位次排序

连线排列法适合于第一和第二主人职位相差略大一些的情况。

下面再看看两种有代表性的长条桌如何排序。长条桌排法目前国际上常见的有英式与法式。

英式排法。英式排法的级别最高者坐在长条桌的两端,如果是家庭式的邀请,第一主人通常是女主人,而不是男主人。但外交外事场合则没有这一规定,是以级别定尊卑。

英式排法主宾的位置可以有两种安排法,如果是夫妇出席宴请活动,通常夫妇分别就座于长条桌的两端,一号主人坐在最好的位置即最靠里的那一端,主宾就座于一号主人的右侧。其他人的位次分别按照以右为尊的规则排序,排序的规则与人圆桌的交叉式一致。如图24所示。

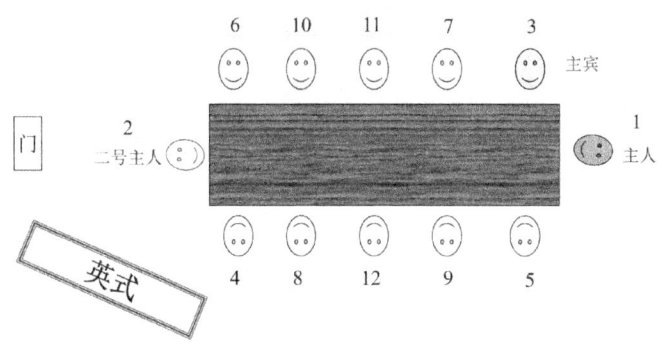

图24 长条桌英式的一种排法

还有一种安排法是请主宾就座于主人的正对面，即宴会桌的另一端，这种排法的弊端是主人与主宾距离较远，谈话不便。

法式排法。法式排法的级别最高者坐在长条桌的中间，外交外事场合的宴请，如果餐厅长条桌的摆放是横向摆放，通常主人坐在靠墙面门的最佳位置。主宾的位置同样有两种安排。一种是坐在主人正对面，其他位次分别按照主人与主宾以右为尊的方式排列，如果参加宴请的主客双方人数相等或大致相等，通常应该采用主客交叉的方式就座。还有一种排法是请主宾就座于一号主人的右侧，如图25所示（注：图中深色为主方人员，浅色为客方人员）。

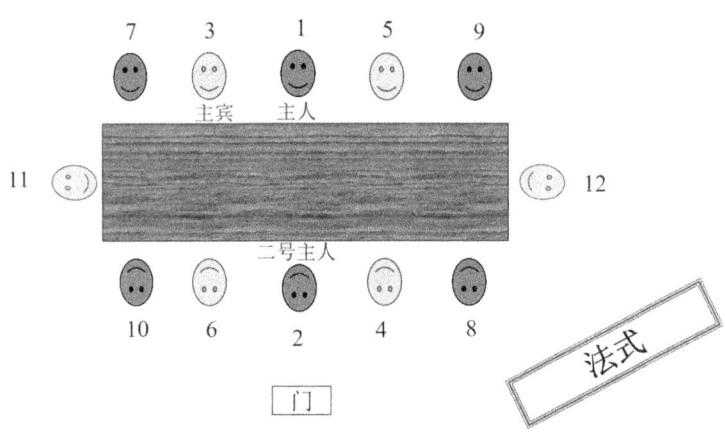

图25　长条桌法式的一种排法

长条桌不管是英式还是法式,排法与大圆桌的交叉式规则相同,邻近的两个数字都在交叉,只不过桌形从圆桌变成了长条桌。

英式与法式排列各有长处和不足。英式排列有利于形成两个不同的谈话中心,但桌子两端的人相隔较远,不太利于交谈。法式安排的好处是主人与主宾距离较近,利于交流。所以在外交外事活动、涉外活动中,法式安排越来越常见。

思考题

1. 外交史上曾发生多次位次之争,为何礼宾次序与位次排序如此敏感和重要?

2. 1815 年的维也纳会议确立了礼宾次序的何种新规范且沿用至今?

3. 长条宴会桌的英式与法式位次排序规则是什么?各有哪些长处?

第六章　国家标志礼仪与外交特权

国旗、国徽与国歌是国家标志,代表着国家的尊严,外事人员应该了解相关规范。在外事工作中,难免会接触到外国驻华使领馆的人员参访、外方高级代表团接待等事项,这就会涉及外交特权与豁免的问题,因此,这一章将对国家标志与外交特权与豁免相关的知识进行介绍。

第一节　国旗、国徽礼仪规范

国旗、国徽是国家主权的象征,涉及国旗、国徽时都需严肃、认真地对待。2020年10月十三届全国人大常委会第二十二次会议对国旗法、国徽法进行了修改，使国旗、国徽的使用更加规范，新修改的这两部法律于2021年1月1日起施行。

一、国旗、国徽的适用场合

由于国旗、国徽代表祖国，地位至高无上，因此不能随意对待。根据新版的《中华人民共和国国旗法》和《中华人民共和国外交部关于涉外升挂和使用国旗的规定》，与外交外事相关的升挂国旗的场合主要有以下四种。

第一，外国国家元首和副元首，政府首脑和副首脑，议长和副议长，外交部长，国防部长，总司令或总参谋长，率领政府代表团的正部长、国家元首或政府首脑派遣的特使以公职的身份来华进行正式访问。在重大的礼仪场合如欢迎仪式、欢迎宴会、正式会谈、签约仪式等，还有他们下榻的宾馆、乘坐的交通工具上等。政府副首脑以下贵宾访问，一般只在正式会谈、签字仪式、住处及汽车上悬挂国旗。

第二，在国际条约和重要协定的签字仪式、国际会议、文化体育活动、展览会、博览会等重要国际活动场所，外国政府经援项目以及大型中外合资经营企业和大型外商投资企业的奠基、开业、落成典礼和重大庆祝活动场所以及民间团体举行双边或多边重大庆祝活动的场所。

第三，外国驻中国使、领馆和其他外交代表机构可以按照《中华人民共和国外交特权与豁免条例》和《中华人民共和国领事特权与豁免条例》升挂派遣国国旗。其他外国常驻中国的机构、外商投资企业，凡平日在室外或公共场所升挂本国国旗者，必须同时升挂中国国旗。外国公民在中国境内平日不得在室外和公共场所升挂国籍国国旗，遇其国籍国国庆日，可以在室外或公共场所悬挂其国籍国国旗，但必须同时悬挂中国国旗。

第四，中国派驻外国的外交代表机关和领事机关，按照《维也纳外交关系公约》和《维也纳领事关系公约》在馆舍和馆长官邸、馆长执行公务时所使用的交通工具上悬挂中国国旗。各馆根据当地习惯每日或者重大节庆日升挂中国国旗，新开馆或闭馆时举行升旗或降旗仪式。馆长举行国庆招待会、建交庆祝活动和为中国领导人访问举行的重大活动时，可以悬挂中国和驻在国国旗。中国常驻各国际组织的代表团或代表处可按照以上办法升挂中国国旗。其他常驻机构、中国在外国的投资企业和旅居外国的中国公民，根据所在国的规定和习惯做法升挂国旗。

根据最新的《中华人民共和国国徽法》以及《对外使用国徽图案的办法》，与外交外事相关的使用国徽的场合主要有以下四种。

第一，国家高层领导人以职务名义使用的外交文书、信笺、信封、请柬、贺卡、赠礼卡等，如国家正副主席、全国人大常务委员会正副委员长、国务院正副总理、国务委员，中央军委正副主席，最高人民法院院长、最高检察院检察长，外交部长、国家和政府特使、驻外使领馆和其他外交代表机构的馆长。外交部副部长以职务名义使用的外交文书，可以印有国徽图案。

第二，下列机构使用的外交文书、信笺和信封，应当印有国徽图案：如全国人民代表大会常务委员会，国务院，中央军事委员会，最高人民法院，最高人民检察院，外交部，国家驻外使馆、领馆和其他外交代表机构。

第三，以国家、政府或政府部门名义缔结的条约、协定，可以加封刻有国徽图案的火漆印；上述条约、协定的批准书、核准书、接受书、加入书、文件夹的封面，应当印有国徽图案。

第四，国际体育代表团、队参加国际体育比赛时，可以按照有关规定在其人员的服装上使用国徽图案。边境重镇及边境重要交通干线等地树立的界碑上可以使用国徽图案。

国徽是国家的象征，与国旗一样，不能随意对待，其使用与悬挂有一些规范，下面进行介绍。

二、国旗、国徽的悬挂位置

外事活动有一些场合需要升挂国旗，国旗如何悬挂、摆放呢？下面介绍双边与多边活动中的国旗位次。

（一）双边活动中的国旗悬挂

双边外交外事活动中如需悬挂两国国旗，国旗的位次排序应遵循"以客为尊"与"以右为尊"的原则。如在中国境内举办的双边活动中，外国国旗置于上首，即客方国旗摆放在中国国旗的右侧，中国国旗在左侧，同样遵循主左客右（左右从旗帜本身判断）。呈现形式可以有多种，如图26—30所示。

第六章 国家标志礼仪与外交特权

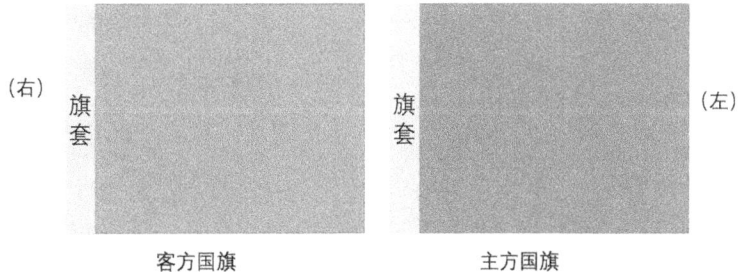

图 26 两国国旗并挂

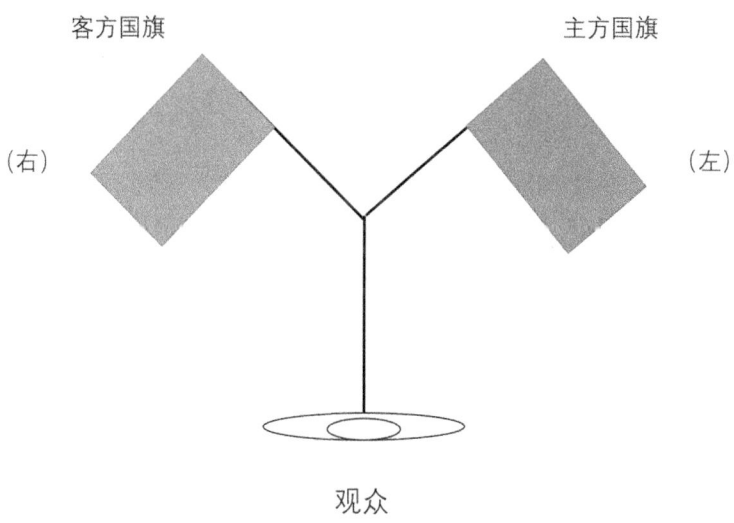

图 27 两国国旗交叉悬挂方式一

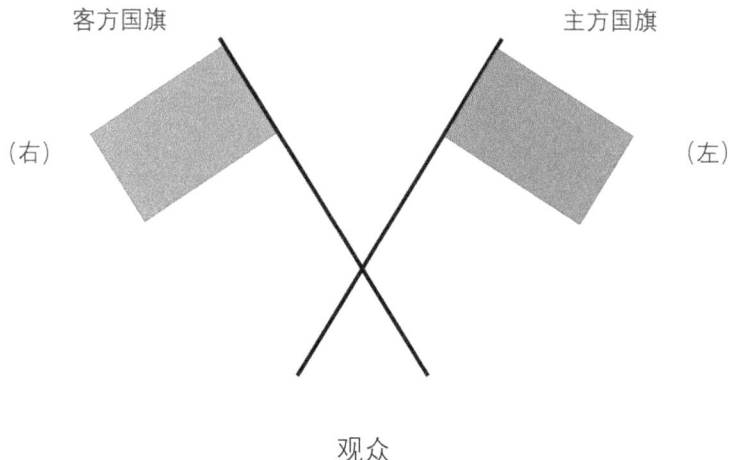

图 28　两国国旗交叉悬挂方式二

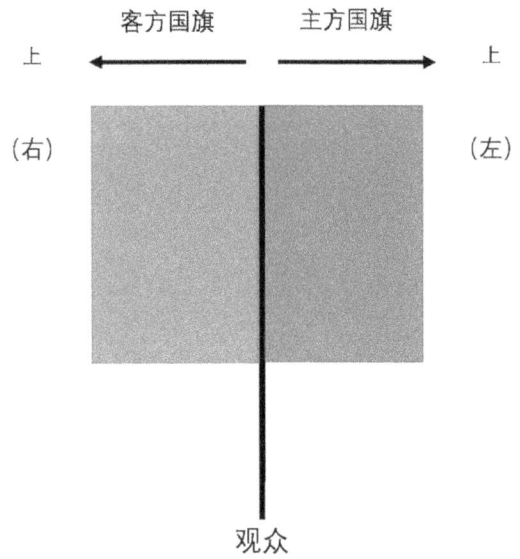

图 29　两国竖挂国旗 [两旗之间有旗杆（或轴）]

第六章 国家标志礼仪与外交特权

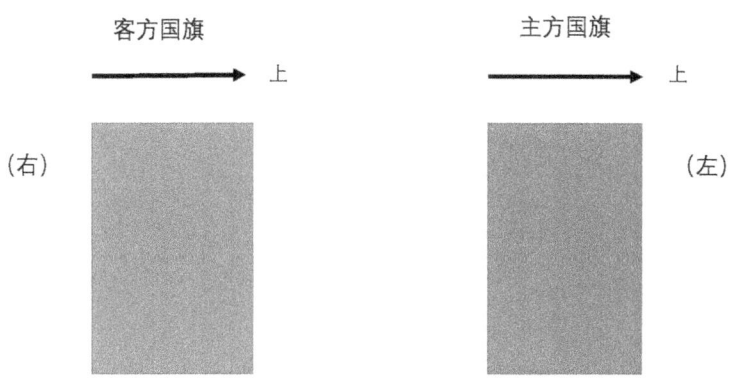

图30 两国竖挂国旗

国旗竖挂需要小心对待,有的国家国旗有文字和图案,不能竖着挂或反着挂;有些国家则有明文规定,竖挂国旗务必另行制旗,以保证图案和文字的正向呈现。

交通工具上的国旗摆放同样遵循以右为尊的原则,由于左右的认定是以当事物为准,从小轿车的角度来看,右侧是尊位,故留给客方国旗。如图31所示。

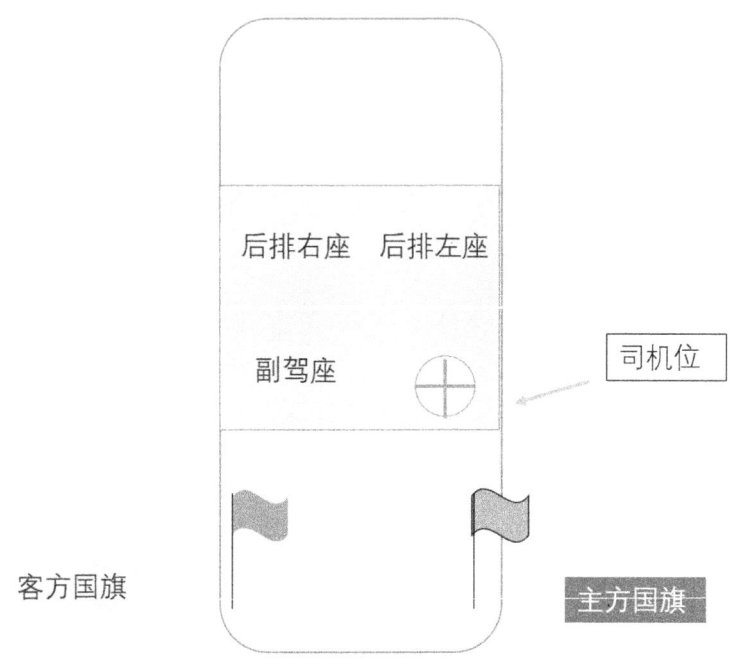

图 31　小轿车上的两国国旗摆放方式

需要注意的是，我国目前外交实践中，来访国宾或重要外宾的座车只挂来访国国旗，不再悬挂中国国旗。

以上介绍了双边国旗遵循的主左客右的原则以及具体的国旗位次。需要说明的是，世界上有些国家在安排双边活动中的国旗位次时，并不遵循把来访国国旗放在尊位的原则，而把自身的国旗放在尊位，如美国以及非洲与南美的很多国家。

(二) 多边活动中的国旗悬挂

如果有多国国旗悬挂，排位的规则是遵循东道国为尊的原则，即东道国的国旗居于荣誉地位（尊位），尊位可以从几个方面体现，如最中间、最前面、最右侧、最里面等，如图32所示。

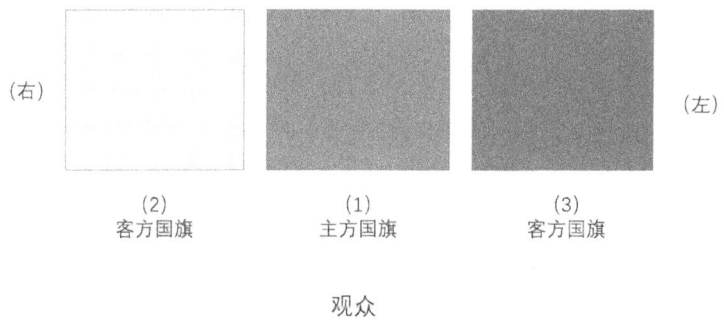

图32 三国国旗并列悬挂

这种排列遵循的是"以中为尊"的方法，东道国国旗居于中间，排在二号位的居于东道国的右侧，排在三号的居于东道国的左侧。多国旗帜排列除了可以采取"以中为尊"的方式，还可以采取"以前为尊""以右为尊""以里为尊"的方式排列，东道国国旗居于最优位次，如图33中深色旗帜所示，其他国家的国旗按照顺序排列即可，如图33所示。

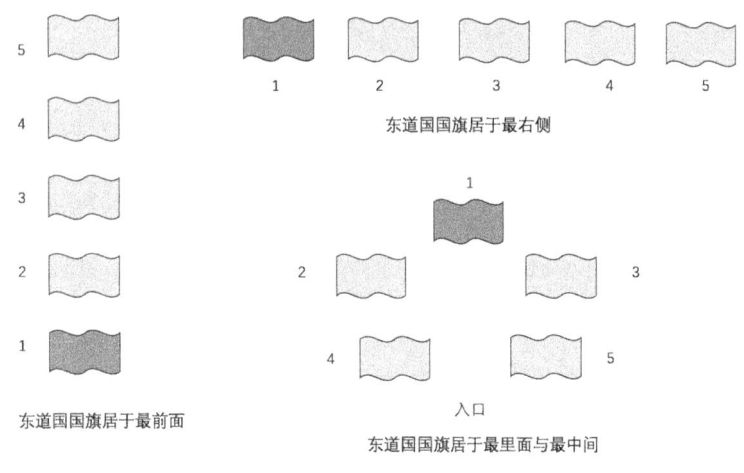

图33 多国旗帜排列位次

国徽的悬挂比国旗简单,应当悬挂在机关正门上方正中央。

三、国旗、国徽的使用规范

国旗、国徽在使用的过程有一些礼仪规范,下面进行介绍。

(一) 国旗使用规范

国旗是国家的象征,神圣又敏感,各国都需要认真对待。尊重本国国旗是爱国的体现,其实,他国国旗也需要尊重,不能随意对待。如果一国国旗被故意毁坏、侮辱，往往会引发冲突或者导致矛盾双方冲突升级，因为侮辱一国国旗就是对这个国家的侮辱。2016年8月6日里约奥运会上，中国选手杜丽、易思玲分获女子射击10米气步枪决赛的银牌和铜牌，在赛后举行的颁奖仪式上，里约奥运会使用的中国国旗图案有误，四颗小五角星竟然是平行排列的，国旗上的四颗小五角星应该各有一尖角指向大五角星中心点。在出现"错误国旗"问题后，中国体育代表团第一时间向巴西奥组委提出抗议并进行了交涉，可见国旗的敏感性。

国旗有哪些使用规范呢？

第一，各国国旗并挂时，应该按照各国规定的比例制作国旗，但要求尽量做到使各国国旗的面积大体相等、旗杆高度相等。

第二，多国国旗并列升挂，旗杆高度应该划一。升挂时必须先升中国国旗，降落时最后降中国国旗。同一旗杆上不能升挂两个国家的国旗。国旗如果需要夜间在室外悬挂，必须置于灯光照射之下，以示对国旗的尊重。

第三，在直立的旗杆上升降国旗时，应该徐徐升降，升起时，必须将国旗升至杆顶，降下时，不得使国旗落地。

第四，下半旗的正确做法是先将国旗升至杆顶，然后降至旗杆与杆顶之间的距离为旗杆全长的三分之一处；降下时，应当先将国旗升至杆顶，然后再降下。

第五，不能升挂破损、污损、褪色或者不合规格的国旗，不能倒挂、倒插或者以其他有损国旗尊严的方式升挂、使用国旗。不能随意丢弃国旗，破损、污损、褪色或者不合规格的国旗应当按照国家有关规定收回、处置。也不能在国际活动中，张冠李戴，错误升挂他国国旗。

第六，国旗及其图案不得用作商标、授予专利权的外观设计和商业广告，不得用于私人性质的喜庆、丧葬活动。

(二) 国徽使用规范

国徽也有一些使用规范。1991年3月2日，第七届全国人民代表大会常务委员会第18次会议通过了《中华人民共和国国徽法》，并于1991年10月1日起施行。2020年10月17日十三届全国人大常务委员会第22次会议通过了国徽法的修改，并于2021年1月1日期施行。与国徽使用相关的规范主要包括以下六点。

第一，国徽的制作有严格的规范，颜色、图案、形状与尺寸有明确规定。主要依据是中央人民政府委员会通过的《中华人民共和国国徽图案》和中央人民政府办公厅颁布的《中华人民共和国国徽图案制作说明》。

第二，国徽及其图案不得用于商标、授予专利权的外观设计、商业广告；日常用品、日常生活的陈设布置；私人庆吊活动；国务院办公厅规定不得使用国徽及其图片的其他场合。

第三，不得悬挂破损、污损或者不合规格的国徽。

第四，国徽由国家指定的企业统一制作，直径的尺寸通常有三种：一百厘米、八十厘米、六十厘米。

第五，不能在公共场合侮辱国徽，比如焚烧、毁损、涂画、玷污、践踏等。1990年6月28日，中国第七届全国人大常委会第14次会议决定，在我国《刑法》中增加"侮辱国旗、国徽罪"，对在公共场合侮辱国旗、国徽的人有了执法的依据。

第六，国徽的悬挂应该遵循以中为尊的原则，斜挂、歪挂都是不符合规范的。

第二节　国歌礼仪规范

与国旗、国徽一样,国歌也被视为国家标志。国歌是指由一个国家规定的代表本国的歌曲,在外事场合有时需要奏唱国歌。下面对国歌奏唱的礼仪进行介绍。

一、国歌的适用场合与活动

国歌是国家标志,不能随便使用,国歌通常只在正式的场合或规定的场合进行演奏与演唱,不宜随意而为。

在中国,奏唱国歌主要有下面的场合。(1)全国人民代表大会会议和地方各级人民代表大会会议的开幕、闭幕,中国人民政治协商会议全国委员会会议和地方各级委员会会议的开幕、闭幕;(2)各政党、各人民团体的各级代表大会等;(3)宪法宣誓仪式;(4)升国旗仪式;(5)各级机关举行或者组织的重大庆典、表彰、纪念仪式等;(6)国家公祭仪式;(7)重大外交活动；（8）重大体育赛事；（9）其他应当奏唱国歌的场合。

对于与外交外事相关的演奏场合，2019年9月29日，外交部公布了《关于在外交活动中奏唱中华人民共和国国歌的规定》（以下简称《规定》），其中对外交外事中的奏唱场合进行了规定，主要是三个方面：第一，在中国奏唱国歌的外交场合与活动；第二，在外国奏唱国歌的外交场合与活动；第三，驻外外交机构奏唱国歌。下面具体介绍。

在中国奏唱国歌的外交场合与活动体现在《规定》中的第四条。在中华人民共和国举行以下外交活动，奏唱中国国歌：（一）国家主席、国务院总理、国家副主席分别为来华进行国事、正式访问的外国国家元首、政府首脑和国家副元首举行欢迎仪式；（二）外国国家元首、政府首脑等向人民英雄纪念碑献花圈；（三）建交（复交）、授勋仪式等重大外交庆典活动；（四）中华人民共和国国家领导人、外交部长及其他受权执行相关任务的高级别官员代表中华人民共和国主持国际会议和多边外交活动，视活动要求根据第三条安排；

（五）其他应当奏唱国歌的外交场合。①

在外国奏唱国歌的外交场合与活动体现在《规定》中的第五条。在中华人民共和国外举行以下外交活动，根据东道主规定和习惯做法，奏唱中国国歌：（一）在双边场合，如奏唱对方国歌，亦应当奏唱中国国歌，顺序尊重东道主惯例；（二）由中方主办的外交活动，参照第四条第三项、第四项奏唱中国国歌。

驻外外交机构奏唱国歌体现在《规定》中的第六条。驻外外交机构举行升国旗仪式时，奏唱中国国歌。举行开馆仪式、国庆招待会、庆祝建交等活动，奏唱中国国歌。驻在国有特殊规定和习惯做法的除外。

《规定》并未明确提出不得奏唱国歌的活动与场合，这一点直接按照《中华人民共和国国歌法》中的内容执行，即"国歌不得用于或者变相用于商标、商业广告，不得在私人丧事活动等不适宜的场合使用，不得作为公共场所的背景音乐等"。

---

① 《关于在外交活动中奏唱中华人民共和国国歌的规定》，《法制日报》2019年9月30日，第003版。

二、奏唱国歌的礼仪规范

2017年9月1日，第十二届全国人民代表大会常务委员会第29次会议通过了《中华人民共和国国歌法》（以下简称《国歌法》），该法于2017年10月1日起正式施行。《国歌法》的出台使国歌受到法律的保护，国歌具有了法律确定性、权威性和稳定性。

奏唱国歌时有一些礼仪规范，下面对主要的内容进行介绍。

第一，中华人民共和国国歌是中华人民共和国的象征和标志。一切公民和组织都应当尊重国歌，维护国歌的尊严。

第二，根据《国歌法》的相关规定，中国政府将发布权威的国歌标准曲谱和官方录音版本。奏唱国歌只能使用国歌标准演奏曲谱和国歌官方录音版本。不得采取有损国歌尊严的奏唱形式。

第三，每一位公民应当义不容辞地热爱本国国歌，尊重本国国歌，并且自觉地维护其尊严。在奏唱国歌时，在场人员应当肃立、举止庄重，不得有不尊重国歌的行为。

第四,在公共场合,故意篡改国歌歌词、曲谱,以歪曲、贬损方式奏唱国歌,或者以其他方式侮辱国歌的,由公安机关予以警告或者十五日以下拘留;构成犯罪的,依法追究刑事责任。

第五,演奏国歌时,本国公民除了起身站立,行注目礼,还需要脱帽、摘掉墨镜。有些国家的公民在奏唱国歌时,还辅之恭敬的手势,比如,美国公民在听到美国国歌时往往会以右手抚胸的姿势以示对国歌的尊敬。

三、外交外事中的国歌奏唱规范

与外交外事相关的国歌礼仪在《国歌法》第九条专门提到了:"外交活动中奏唱国歌的场合和礼仪,由外交部规定。"基于此,2019年9月29日,外交部公布了《关于在外交活动中演奏中华人民共和国国歌的规定》。国歌相关的礼仪主要包括以下几个方面。

第一,本规定所称外交活动,主要指中华人民共和国国家领导人、外交部长及外交部、驻外外交机构和其他受权执行相关任务的国家机关及其人员,代表中华人民共和国进行对外交往的活动。本规定所称驻外外交机构,是指中华人民共和国驻外国的使馆、领馆以及常驻联合国等政府间国际组织的代表团等代表机构。以上与外事相关的主要是"授权执行相关任务的国家机关及其人员,代表中华人民共和国进行对外交往的活动"。

第二,外交活动中奏唱中国国歌,应当符合惯例、平衡、对等、礼让原则。

第三,双边外交活动中奏唱中国国歌和外国国歌,中方主办活动,一般先奏唱外国国歌;外方主办活动,一般先奏唱中国国歌。有特殊规定的除外。

第四,外交部及驻外外交机构应当向有关国家外交部门和有关国际组织提供中国国歌标准演奏曲谱和国歌官方录音版本。

第五,除有关国家国歌或国际组织会歌外,中国国歌不得与其他歌曲紧接奏唱。

第六,外交活动中奏唱中国国歌时,在场人员应当肃立,举止庄重,不得有不尊重国歌的行为。

第七,其他部门和地方主办的外交活动中奏唱中国国歌,参照本规定执行。

以上是外交部制定的《规定》,总体上比较简洁,外事中的国歌礼仪还需要留意以下细节。

第一，在外事工作中，要尊重其他国家的国歌，比如不要弄错国歌、演奏跑调走音、唱错歌词等。外交史上曾经发生过演奏国歌错误的情况，比如有一年，斯洛文尼亚总统访问罗马尼亚，在欢迎仪式上却演奏了斯洛伐克国歌。[1]引起了斯洛文尼亚代表团的极大尴尬，成为整个访问难以抹掉的一个污点。还有的国家演奏来访国国歌时，因演奏员水平限制，国歌跑调走音，令人哭笑不得。

第二，必须弄清楚他国的国歌，因为有的国家的情况比较复杂。有些国家发生了政治变化，国歌更改了。有些国家则同时拥有两首国歌。还有一些国家是共同使用一首相同的曲子作为国歌，比如新西兰、加拿大、澳大利亚这些英联邦国家，虽然也有自己的国歌，但均以英国的国歌作为本国的正式国歌，如今有20多个国家把英国国歌作为本国的国歌或准国歌。[2]有些国家的国歌既有词也有曲，有些国家的国歌则只有曲子。所以，一旦涉及演奏他国国歌的情况，需要做好调研，谨慎对待，最好与权威机构确认，如中国

---

[1] 张炜：《罗马尼亚用斯洛伐克国歌欢迎斯洛文尼亚总统》，中国新闻网，http://www.chinanews.com/2002-07-12/26/202634.html，访问日期：2020年7月2日。

[2] 汪晓春：《20个国家共同的国歌》，《北方音乐》1994年第5期，第28页。

外交部或者这个国家驻中国的使馆等。

第三节　外交特权与豁免

外交特权与豁免是外交人员的特殊权利与利益。外事工作者自身无法享受这些权利,但地方在处理外国驻华使领馆人员参访、外方高级代表团接待等事项时可能会涉及外交和领事特权与豁免,因此,外事人员也需要适当地了解相关内容。全国人大常委会曾于20世纪80年代通过《外交特权与豁免条例》和《领事特权与豁免条例》。

一、外交特权与豁免的适用人员与时间

外交特权与豁免是指各国根据相互尊重主权和平等互利的原则,按照国际惯例和有关协议,相互给予驻在本国的外交代表机关、外交代表及外交人员一种特殊权利和优遇。这种特殊权利和优遇,在外交上统称外交特权与豁免。

外交特权与豁免的出现是基于外交工作的必要性。

在几千年前的古代，国与国之间已开始交往，交往的过程中逐渐形成了优待使者的共识。中国古有"两国交战，不斩来使"的说法；古代印度也有"保护这个婆罗门大使不受伤害，是不言而喻的"的说法；欧洲的外交实践也认可要给使节以特别的保护……这样才能保证外交官在对方国家执行职务时，能够保全性命，自由地代表本国进行谈判，自由地同本国政府进行联系，在不受干扰和压力的条件下顺利完成自己的使命。基于此，外交特权与豁免也成为国际法中最古老的习惯法之一。几个世纪以来，具体规则的不断发展和变化，最终形成了外交特权与豁免的国际性文件——《维也纳外交关系公约》（以下简称《公约》）。这个文件于1961年4月18日在维也纳召开的联合国关于外交交往与豁免权的国际会议上通过，具有法律约束力。

那么外交特权与豁免适用于什么人员与时间呢？

（一）适用人员

按照《公约》的规定，外交特权与豁免的适用人员是外交代表。何为外交代表呢？即使馆馆长或使馆外交职员。《公约》对使馆馆长的界定是派遣国责成担任此项职位之人，对外交职员的界定是具有外交官级位之使馆职员。然而，从所享有特权与豁免的人员范围看，并不局限于外交代表。《公约》第三十七、三十八条还规定了其他享受外交特权和豁免人员的范围。

1. 外交代表之与其构成同一户口之家属，如非接受国国民，应享有特权与豁免。

2. 使馆行政与技术职员暨与其构成同一户口之家属，如非接受国国民且不在该国永久居留者，均享有外交代表绝大部分特权与豁免。

3. 使馆事务职员如非接受国国民且不在该国永久居留者，就其执行公务之行为享有豁免，酬报免税。

4. 使馆人员之私人仆役如非接受国国民且不在该国永久居留者，其受雇所得酬报免纳捐税。

5. 外交代表为接受国国民或在该国永久居留者，仅就其执行职务之公务行为，享有管辖之豁免及不得侵犯权。①

在以上适用人员中,有一类人没有包括却享有特权与豁免,就是高于外交代表的一国国家领导人,如国家正元首、副元首,政府首脑、副首脑,外交部长,以及其他国家领导人级别的官员,他们均享有外交特权与豁免。

(二) 适用时间

《公约》第三十九条规定了享受特权的期限。

1. 凡享有外交特权与豁免之人,自其进入接受国国境前往就任之时起享有此项特权与豁免,其已在该国境内者,自其委派通知外交部或另经商定之其他部之时开始享有。

2. 享有特权与豁免人员之职务如已终止,此项特权与豁免通常于该员离境之时或听任其离境之合理期间终了之时停止,纵有

---

① 《维也纳外交关系公约》第三十七、三十八条,联合国公约与宣言检索系统,https://www.un.org/zh/documents/treaty/files/UNCITRAL-1961.shtml,访问日期:2020年8月2日。

武装冲突情事，亦应继续有效至该时为止。但关于其以使馆人员资格执行职务之行为，豁免应始终有效。

3. 遇使馆人员死亡，其家属应继续享有应享之特权与豁免，至听任其离境之合理期间终了之时为止。

4. 遇非为接受国国民且不在该国永久居留之使馆人员或与其构成同一户口之家属死亡，接受国应许可亡故者之动产移送出国，但任何财产如系在接受国内取得而在当事人死亡时禁止出口者，不在此列。动产之在接受国纯系因亡故者为使馆人员或其家属而在接受国境内所致者，应不课征遗产税、遗产取得税及继承税。①

以上是对外交特权与豁免适用的人员与时间的介绍。下面介绍特权与豁免的内容，具体又分成机构与人员两个部分。下面分别介绍使馆与外交人员的特权

---

① 《维也纳外交关系公约》第三十九条，参考《联合国公约与宣言检索系统》，https://www.un.org/zh/documents/treaty/files/UNCITRAL-1961.shtml，访问日期：2020年8月2日。

与豁免。

二、使馆的特权与豁免

使馆的特权与豁免主要涉及馆舍、相关物品、通信自由、交通工具的旗帜等。每一项都有明确的规定。

（一）使馆馆舍不可侵犯

使馆馆舍就是一个国家的领土，不可侵犯。具体包括以下内容。

  1. 使馆馆舍不得侵犯。接受国官吏非经使馆馆长许可，不得进入使馆馆舍。

  2. 接受国负有特殊责任，采取一切适当步骤保护使馆馆舍免受侵入或损害，并防止一切扰乱使馆安宁或有损使馆尊严之情事。

  3. 使馆馆舍及设备，以及馆舍内其他财产与使馆交通工具免受搜查、征用、扣押或强制执行。①

馆舍不可侵犯，即使是发生了火灾，未得到使馆馆长的同意，消防队员也不能进入馆舍灭火。此外，接受国如果要修筑地下设施如地铁、隧道等要经过一国使馆的馆舍，也要尊重馆长及相关人员的意见，以获得认可和配合。鉴于使馆的不可侵犯性，一国大使馆往往有坚实的围墙，门口有军警站岗。

使馆馆舍有特权并不意味着可以利用这个特权进行任何与职务相违背的活动。主要表现为两点：第一，使馆无拘留权，即使对本国的侨民，也一概不得拘留；第二，使馆无外交庇护权，使馆不可以为驻在国的罪犯提供庇护。②

（二）使馆内物品的不可侵犯与豁免

使馆中最为重要的莫过于档案文件，这是各使馆视为机密的内容，正因为它的机密性，要防止被盯上

---

① 《维也纳外交关系公约》第二十二条，联合国公约与宣言检索系统，https://www.un.org/zh/documents/treaty/files/UNCITRAL-1961.shtml，访问日期：2020年8月2日。

② 《外交特权与豁免》，中华人民共和国外交部网站，https://www.fmprc.gov.cn/web/ziliao_674904/lbzs_674975/t9041.shtml，访问日期：2020年8月3日。

并被窃取。还有就是外交人员的文书和信件也不可侵犯。关于物品还有一项是豁免，使馆内的物品享有豁免权，包括馆舍、办公用品及进行交际活动的烟、酒等免税。为防止滥用，进口物品均有数量的规定，超过数量则要退回或缴税。此外，外交代表机关使用的交通工具也不受侵犯。

(三) 通信自由

外交人员的重要身份是使者与传令官，传递信息至关重要。使馆需要向本国政府报告情况，请示问题并接受领导机关的指示。这些通信联络必须保密，所以驻在国应该给予各国驻本国使馆以通信自由，这是使馆执行任务的重要条件之一。通信自由包括使馆经接受国同意可装置和使用无线电收发报机，派遣国可发密码电报和派信使，信使人身不可侵犯，外交邮袋不得拆开或扣留。

(四) 馆舍与馆长交通工具挂国旗的自由

国旗是国家的象征，他国国旗在东道国使用时有一些限制，但大使馆在驻在国的馆舍可以挂国旗与国徽。同时，馆长的车子也可以挂本国国旗。出行时也具有通行的便利。

三、外交人员的特权与豁免

外交特权与豁免还有一个部分是关于外交人员及相关人员的,是特权与豁免的重要组成部分。

(一) 人身不可侵犯

人身不可侵犯主要指外交代表不受任何形式的人身搜查、逮捕、拘禁、拘留。如果外交人员触犯了驻在国的法律,一般不是通过驻在国的正常法律程序而是通过外交途径交涉、解决。驻在国同时有义务采取必要措施,对外交人员进行保护,对侵犯外交人员人身安全的肇事者给予惩罚。

案例:"艾尔克顿事件"

1935年的某一天,美国马里兰州一个叫艾尔克顿的小镇上,发生了一件与外交特权与豁免相违背的载入美国史册的事件。伊朗公使的专车突然被美国警察拦住。警察指控公使的司机超速行驶，将伊朗公使和司机逮捕，并给公使戴上手铐。之后把他们带到当地警察局。

由于公使享有外交豁免，警察局经过审理，将他们释放，暂缓执行对司机的罚款，但要求他们支付75美分的审理费用。回去后伊朗公使向美国国务院提出抗议。国务卿赫尔答复称，马里兰州州长已向他报告了这件事，侵犯公使豁免权的警察已被罚款并革职审查。马里兰州州长本人也对这一事件的发生表示道歉。国务卿本人代表美国政府对伊朗公使受到的不恭待遇表示遗憾，但指出，根据现有的情况报告，如果公使的司机遵守了交通规则，这一切本来是可以避免的。赫尔在复函结尾时说："就此问题，我想说明一点，我国政府总是要求我国派遣到国外的外交人员时刻牢记，他们享有外交特权与豁免，这就使他们有责任和义务审慎地遵守接受国的法律和法规，不管是中央政府的还是地方政府的。我们的政府也有理由期待外国派到美国来的外交官对我国现行法律和法规同样地给予尊重,我相信贵国政府会同意我的看法。"① 对此,伊朗政府表示不能接受,关闭了在华盛顿的公使馆。

对享有外交豁免权的人来说,仅仅因为超速并不足以取消一国外交人员的特权与豁免权,最为严重的是,给公使戴手铐的做法构成了对外交官的人身侵犯,损害了外交官及其所代表的国家的尊严。

尽管外交及相关人员享受天然的特权与优待,但并不意味着可以为所欲为,当外交人员的行为严重危害到驻在国的安全,驻在国则可以采取行动制止。事实上,外交特权与豁免被滥用的情况也有发生,如利用外交邮袋走私、贩毒甚至运送人质,利用外交身份从事间谍活动等,滥用特权常使接受国感到头痛。

(二)行动和旅行的自由

《公约》第二十六条规定:"除接受国为国家安全设定禁止或限制进入区域另订法律规章外,接受国应

---

① 赫尔(Hull)国务卿给贾拉勒(Djalal)公使的信,1935年12月6日,国务院档案号701.9111/455。转引自常明玉:《外交特权与豁免:美国的困惑与图谋》,《外交学院学报》1997年第2期,第76页。

确保所有使馆人员在其境内行动及旅行之自由。"中华人民共和国成立之初,中国没有完全融入国际社会,对他国外交代表的限制也比较多。改革开放之后,中国逐渐与国际接轨,开放的县市、区域逐渐变多,如果是未开放地方,他国外交代表要参观、旅行需获得批准才行。

(三) 刑事、民事和行政管辖豁免

外交人员享有刑事管辖豁免是完全的,民事和行政管辖豁免均有例外。需要说明的是,刑事豁免并非免除惩罚,而是触犯了法律,应该由当事人本国的政府自行对他进行处理,外交代表不受驻在国执法人员的强制制裁。民事管辖豁免是指一般情况下,驻在国法院不能对外交人员提出有关债务的民事诉讼,不能拘捕他们或扣押他们的财物,也不能没收他们的护照。民事诉讼的例外是:外交人员在驻在国境内以私人名义持有的不动产诉讼、有关继承的诉讼,外交人员在驻在国从事的公务之外的商务活动之诉讼,这些情况则不能享受民事管辖豁免。与行政管辖有关的豁免是外交人员除向驻在国外交部按规定作到任、离任通知并办理身份证件外,不做户口登记,不服兵役和劳务,外交人员的死亡、子女出生等都不履行驻在国有关行政规定的手续。

《公约》的第三十一条还规定："外交代表无以证人身份作证之义务。"有些国家法院按照国内法下令要使馆人员出庭作证，这是违反国际法的。但只要派遣国政府同意，外交人员也可以为某一案件作证。

外交人员享有豁免权，也可放弃豁免权但需由派遣国或其外交代表机关确认。豁免的放弃常见于外交人员或其配偶在驻在国为私人利益从事某种职业或经商，还有外交人员主动向当地法院提起诉讼，当被诉者提起同主诉直接相关的反诉时，该外交人员就不能要求管辖豁免。

（四）免纳税与免检

外交代表及相关人员可以部分地免纳税。捐税包括直接税和间接税两种。直接税是对纳税人的收入或财产征收的捐税和对消费者直接征收的捐税，直接税包括个人所得税、汽油税、娱乐税、购买税等。间接税是附加在商品或服务价格中的捐税。外交人员只能免纳直接税而不能免纳间接税。外交代表及相关人员还可以免纳一定数量商品的关税。外交代表的护照为红皮护照,很多机场有"外交礼遇"通道,即是外交特权的体现,可以免检。

需要注意的是,外交特权与豁免是对外交人员的保护,但也需要外交人员遵守接受国法律。《公约》第四十一条第一款规定,"在不妨碍外交特权与豁免之情形下,凡享有此项特权与豁免之人员,均负有尊重接受国法律规章之义务。此等人员并有不干涉该国内政之义务",即享有外交特权与豁免的人员应当尊重接受国的法律法规,不干涉该国内政。

外交特权与豁免是一种礼遇,但如何珍视这种特权也受到激烈的讨论,常见两种极端的情况,要么发生对外交特权的滥用,要么发生对使馆或外交代表的人身侵犯,这两种情况都是要反对的。

思考题

1. 在双边与多边活动中,国旗悬挂规范表现在位次上有何不同?
2. 外交外事场合的国歌奏唱有哪些礼仪规范?
3. 享有外交特权与豁免的必要性是什么?

第七章 对外文书及其涉及的礼宾礼仪

对外文书是对外交流、交涉的重要手段,是外交外事工作中的一个组成部分,也是涉外礼宾礼仪必然会涉及的内容,外交外事人员了解对外文书的基本内容与形式是必要的。

第一节 对外文书的种类

对外文书从门类区分,有纯外交类的,也有外事类的,还有随着科技发展、通信工具的发明创新而出现的电子类文书。

一、外交类的文书

外交文书主要使用于一国的外交机构、外交代表与驻在国主管机关之间。有时也用于国家与国际组织之间。外交文书从广义上讲,包括国书、颂词和答词;照会、外交函件、外交电报、备忘录;外交公报、外交声明、外交宣言、外交公告;国际条约;缔结条约的批准书、核准书、批准书的证明书、法律证明书、条约确认书;全权证书;外交授权证书、外交委任书等。[①] 这里主要介绍最典型与常见的狭义上的三种外交文书——照会、外交函件与备忘录。

(一) 照会

照会是外交机构交涉事务常用的一种平行文书,用作表明立场、态度或通知事项等。照会又分成正式照会与普通照会。

正式照会。正式照会实际上是国家领导人和高级外交官之间的个人通信,是最为正式的外交文书。在

[①] 潘新明,《外事实用文书大全》,辽宁人民出版社、世界知识出版社,1994,第18页。

国际惯例中,发送正式照会意味着其中所叙述的问题具有重大意义。发出者是国家元首、政府首脑、外交部长、大使、代办、临时代办等人,用第一人称书写并亲笔签名,不盖机关印章。主要用于重大事情的通知、重要问题的交涉、礼仪性的表示,或者是体现对某一问题的特别重视。

普通照会。如果照会的主体并非个人而是机构如外交部或外交代表机关,以第三人称书写,盖机关印章而不签名的照会,叫"普通照会"。普通照会常用于一般性交涉、行政性通知、办理日常事务、交际往来等。随着礼宾简化的大趋势,外交文书也在日益简化,所以普通照会的使用范围也越来越广,政府之间关于重要国际问题的来往,现在也多使用普通照会。

(二) 外交函件

外交函件形式简便,使用范围较广,是指在外交活动中,国家领导人、外交代表人员之间以及各部门、各机构写给相应人员与机构的书信形式的往来文书。对外函件涉及亲笔署名,一般只要是国家领导人之间或外交代表之间的亲笔签名信即属外交函件。外交函件依据重要程度可分正式函件和便函。

正式函件涉及国家重要事情,如第二次世界大战期间,苏、美、英三个国家领导人之间的书信往来。正式函件的形式可以是感谢、邀请、声明、表明态度、立场、复信等。便函是反映事务性内容的函件,如一般性的祝贺、吊唁、馈赠、邀请以及办理日常的事务等。

(三) 备忘录

备忘录是外交代表机关或代表机构之间使用的一种外交文书,主要是在外交活动、事务交涉中,对口头通知、谈话、事实叙述以后,为使对方记忆、清楚了解谈话内容、避免发生误会,把所谈的内容在事实上、立场上、法律上的细节以书面形式送交对方的一种文书。

备忘录可以预先提交便于对方记忆谈话的内容,也可以在谈话后提交;可以是谈话的全部内容,也可以是谈话的要点。备忘录的正式度与郑重性低于照会,没有过多的礼仪格式上的讲究,无头无尾、无客套话,因此,有人称之为"无头无尾"的照会,因其形式的灵活、方便受到欢迎。备忘录也可作为正式照会或普通照会的附件。

二、外事类常用的文书

文书是外事活动中不可缺少的一个组成部分,外事人员应该对常见的几种文书类型有所了解。

(一) 邀请函

在对外活动中,正式的活动都需要正式的邀请函,在第二章"涉外礼宾礼仪中的会面、会谈、会见礼仪"中已经简单介绍了邀请函的相关信息,邀请函无外乎几种类型,如国际会议、友好访问、考察交流、庆典仪式、商贸活动、会展展览等。

邀请函的核心信息包括人物(称谓、姓名)、邀请缘由、时间、地点等。例如,邀请州长访华的函件。

> ×××（城市名）
> ××国××州州长×××先生
> 尊敬的先生：
> 　　我荣幸地收到您20××年××月××日的来信。
> 　　我很赞赏您为建立××州和××省之间更加密切友好联系的真诚愿望，热烈欢迎您明年春季来××省访问。我相信，您的来访必将促进和加深两省（州）之间的友谊，并给两省（州）的繁荣带来积极的影响。
> 　　期待着在××省××市与您会见。
>
> 　　　　　　　　　中华人民共和国××省省长（本人签名）
> 　　　　　　　　　二○××年××月××日于××

（二）贺函

在国际交往中，如遇对方有纪念意义的特殊日子，例如，重要条约签订周年、友好城市建立日、国际会议开幕日、重大工程竣工日等。有关部门、有关团体的负责人可以视相互关系的情况，向对方的相应人员表示祝贺。外交中的贺函可以通过外交函件、电报和正式照会发送，外事领域的贺函可以通过对外电报直接发送。

例如，对外贺函，市长祝贺友好城市建立周年。

```
×××（城市名称）
××国××市市长××先生：
    值此贵市与我市建立友好城市×××周年之际，我谨
代表××市人民向贵市人民致以热烈的祝贺。

                    中华人民共和国××市市长（本人签名）
                         二〇××年××月××日于××
```

（三）慰问函

外国政府、组织与个人遭遇重大伤害时，比如出现天灾人祸或其他意外的不幸事故或重伤、重病，友好国家的政府、组织常常向对方国家的政府、组织、受伤者本人或亲属发送慰问函件，表示同情、慰问。

例如，对外慰问函，市长慰问某国某城市发生地震。

```
×××（城市名称）
××国××市市长××先生：
    惊悉贵市发生强烈地震，人民遭受极大损失，谨代表
××市人民向贵市人民表示深切的同情和亲切的慰问。

                    中华人民共和国××市市长（本人签名）
                         二〇××年××月××日于××
```

(四) 感谢函

如果得到对方国家某机构、部门的帮助，比如支援、协助、馈赠，或者出访时受到对方的热情款待，或者收到了对方的贺电、慰问信等，需要向对方表示感谢，就要发感谢函。本书在馈赠礼仪收礼的反馈部分已经介绍了个人对赠礼人的感谢，这部分将介绍如何以官方的名义向对方发送感谢函。

例如，对外感谢函，市长对就任贺信的回复。

×××（城市名称）

××国××市市长×××先生

亲爱的阁下：

衷心感谢您对我就任××市市长的祝贺。我和我的同事都深信，通过我们双方的携手合作，××市和××市的友好关系必将得到长足的良好发展。

顺致最良好的祝愿。

中华人民共和国××市市长（本人签名）

二〇××年××月××日于××

以上是外事工作中较为常见的几种文书，当然，还有吊唁类、通知类、抗议类等，根据需要拟定。

三、电子类的对外文书

随着时代的发展、科技的进步,各种电子类文书应运而生,因其效率高、成本低而广受欢迎,成为外交外事工作中的重要交流手段,也成为各种纸质对外文书的较好补充。

电子文书是文书的一种类型,它具有文书的各种属性,在经过特定的处理后,同样可以具有文书的作用和功能。电子文书主要是指以储存于计算机存储设备中的、以磁性物质为介质的电子文件为载体,经由电子手段、光学手段或类似手段生成、发送、接受、储存的文书。在目前的情况下,运用最为广泛的是电子邮件、电报、传真。

纸质文书与电子文书各有优势与劣势,纸质文书的优点是正式、保密性强、可信度高,劣势是传输速度较慢、成本高。比如,专门传递外交邮袋的使者"外交信使"表面上笼罩着神秘、浪漫的光环,实为一个"辛苦、紧张、危险"的职业。尽管可以享受外交特权与豁免,但外交信使的"意外"事件频频发生,自1958年至1963年,共有6名中国外交信使在执行公务期间坠机身亡。① 1962 年，苏联的两名外交信使在执行公务过程中牺牲。② 一位俄罗斯前外交信使曾这样回忆道："当我带着外交邮袋踏上飞机的那一刻起，死神便与我同行。"③

电子文书的便捷和高效是传统文书所不能比拟的，写一封邮件或发一份电报，点击发送，不管相隔万水千山，只要有基本的设备与网络，对方即刻或者在很短的时间内就可以收到。不过，电子文书也有缺陷，最大的弊端是安全性隐患。电子文书不需要特定的笔迹，就可以对其进行输出、传送，因此无法从笔迹上辨别其真实性。此外，如果有人对数据进行截收、删节、剪接，电子文件的内容就可以轻易改动并受到破坏。此外，电子文书是一个无形体，如果是涉密性的文件，如何保密不被破解也是一个大挑战。

现实中，外交外事部门可以根据需要兼顾使用纸质与电子文书。比如，在实践中，虽然照会、函件等正式公文仍然通过传统形式送达，但是随着外交外事活动时效性不断提高，许多非涉密的正式公文如邀请

---

① 李灏：《揭秘中国外交信使》，《决策与信息》2014 年第 6 期，第 69 页。
② 晓翎：《外交信使秘闻》，《当代世界》2003 年第 10 期，第 43 页。
③ 李灏：《揭秘中国外交信使》，《决策与信息》2014 年第 6 期，第 69—70 页。

函、贺函、感谢函等可以扫描后通过电子邮件发送。

重要的公文在电子邮件发送后，还需通过传统方式将原件送至对方，以示正式。还有一些外交外事中的多边国际活动会有通过网络系统邀请和注册的情况，这是对电子产品的运用，十分高效、快捷，从某种程度上来说也是一种电子请柬。非涉密的对外文书采用电子方式发送或者同时发送纸质版文书以兼顾正式度与时效性已经成为趋势。

需要注意的是，涉密或者涉及敏感内容的对外文书不得通过电子方式传输。对于涉密的文书，尽管目前基于二进制现代算法衍生的高科技保密手段不断发展，但即使提升安全技术措施，也难以将敏感性较强的电子文书提高到纸质文书的可信强度，所以外交信使制度或者传统的方式送达仍然是当今各国认可的安全可靠的涉密与敏感文书的信息传递途径。

第二节　对外文书的使用规范

对外文书比较严肃、严谨，在格式、语言方面有相对固定的规范与要求，下面对此进行介绍。

一、格式规范

对外文书有相对固定的格式,需要注意不能弄错。如果格式、行文不符合常规,可能会引起收件人误解,产生不良后果。下面介绍对外文书的格式。

(一)页面布局

对外文书的页面布局要规范、美观。抬头处受文人的职衔、姓名和称呼应在第一行顶格排列(如排不下,也可将职衔单列一行不加标点,而把姓名称呼另排一行),之后,下面空一行开始行文。如文书比较短,不要把文字都挤在信纸的上半部分,要留足够的天头,使文书美观。

(二)类型选择

对外文书的格式与文书类型的选择直接相关,选择什么类型的文书就有相应的规定格式。比如,国家领导人、外长和外交代表要使用正式照会,不能用普通照会的格式。

（三）全称与简称的使用

对外文书中的外国国名应该使用全称，如果多次出现同一国家的国名，后续可以使用正式简称，但第一次必须用全称。如果是习惯使用简称的国家，也要使用官方正式的简称。有些国家则不能使用简称，如多米尼加共和国、多米尼加联邦、朝鲜民主主义人民共和国等。同样，单位名称与对方的人物名称在第一次要使用全称，人物的职衔、姓名在作为抬头出现时，亦要用全称。

（四）致敬语

致敬语又称客套语，是外交文书的重要组成部分。致敬语又分正文之前的致敬语和正文之后、落款之前的致敬语，普通照会在正文之前总会有"×××（发文单位）向×××（收文单位）致意"或"×××（发文单位）向×××（收文单位）致意并荣幸地……"，在吊唁、慰问等函件中不用"荣幸地"。在正文结尾的致敬语，一般用"顺致敬意""顺致崇高的敬意""顺致最崇高的敬意"。在外交实践中，给外交部和驻外大使馆的正式函件，一般都可以用"最"

字,单位代办处的事务性普通函件可以不用"最"字。

外事中的对外文书一般不用正文前的致敬语"×××(发文单位)向×××(收文单位)致意",因这样的致敬语不能用在个人函件和非外交机关的对外文书中。正文结尾的致敬语,可以视不同的发文和受文者选用"最崇高的敬意""最亲切的问候""顺致敬意""顺致问候"等。

(五) 落款

对外文书的尾部要写明制发或签署文书人员的职务、姓名;以机关单位名义发出者,要盖发文单位印章,同时还要写准确发文时间、地点。签署与盖章是文书落款的重要内容,它是文书发生效力的重要标记,需要亲笔签名的文书不能代签,签署要一笔落成,不能改动。曾有这样的情况,有的文书签署后,当事人认为不好,补上一张纸片又重签的情况,这是不规范与不允许的。关于对外文书中的盖章,盖章的位置有讲究,一般以骑年压月、上大下小(如带国徽的印章,国徽应在机关衔之上)为宜。

二、语言文字规范

语言文字是对外文书的核心，不管是本国文字还是译文都有比较高的要求。下面从中文与外文两个方面进行介绍。

(一) 中文的文字规范

外事文书体现我方的立场与态度，因此，书写要逻辑清晰、用词准确、简练明了、礼貌至上。具体表现在以下四个方面。

逻辑清晰。逻辑是文章的灵魂，一篇外事文书必须结构合理、层次清晰。好的逻辑应该文字与文字之间、段与段之间环环相扣、层次清晰，阅读人不会出现晦涩难懂、前后不一的困扰。一首诗、一首歌、一篇文章皆是如此，对外文书也是如此。此外，一篇外事文书最好集中表达一个主题，采用一事一文的原则，而不要出现多种主题，"多"必然"杂"，"杂"则重点不突出，使受文人不容易把握文书核心。

用词准确。外事文书的表述，需讲究文字准确、用词严密。外事文书主要包括经济贸易往来、事务交涉，军事、文化、科学、礼仪和友好交流活动等，涉及面较广，环境复杂，影响巨大，它关系到国家、民族的重大利益。若稍有不慎，就有可能造成不可弥补的损失。因此，外事文书写作，讲究文字的表达要准确无误，凡涉及时间、地点、事实的数字都必须准确。

简练明了。对外文书的写作，有其国际上通行的约定俗成的惯用格式与写作风格，很大的一个特点是语言文字的简洁、简练，对外文书不用长篇大论，风格较为简练，过于冗长与啰唆的对外文书并不符合要求与标准。

礼貌至上。对外文书的写作应该彬彬有礼、礼貌有加。因此，固定的格式中总是包含礼仪性的内容，外交中的对外文书要包含对对方的尊称、正文之前和之后要使用致敬语和客套语。外交中的对外文书并非所有的内容都是友好的，但即使照会的内容把对方骂得狗血喷头，文前照样要用"×××向×××致意"这样的礼貌表述。

(二) 译文的文字规范

对外文书应以中文为正本，并附以外文译文。译文常见于国际社会通用的英文与法文，也可以是双边关系中的对象国的官方文字。译文文本应用不带机关衔的白纸,并在右上角注明"译文"字样。译文应考虑外文的惯用格式,不应套用中文格式。有些外交类的对外文书可以直接用译文而不用中文,比如中国驻外机构属于一般事务性的函件,涉及申请签证、身份证及一般外交人员的调职、离任等普通照会,亦可只用外文。

最后,不管是中文还是译文,鉴于对外文书的严肃性、严谨性,对外文书要有严密的校对制度,如果发现文书、译文、标点等有错字或者格式不对,应该重新打印,不得涂改。

三、对外文书的注意事项

基于对外文书的政治性、严肃性与严谨性,有一些需要注意的事项,以下六点需要格外注意。

对称谓的重视。文书中对人的称呼要合乎礼仪习惯,关于称谓礼仪本书在"会面礼仪"中已经详细论述,在此不再赘述。需要提醒的是称呼要准确,有尊称的人应该使用尊称。

按照国际惯例来行文与表达。对外文书非常专业,有固定的格式与表达语言,这套固定的格式与表达语言是行业内的专业人士共享的文化。就像医学术语对不同国家的医生是相通的,但说同一种语言的人们如果不懂医学往往无法交流;不同国家的象棋选手在语言不通的情况下能够在棋盘上切磋棋艺,但说同一种语言的人们如果不懂象棋往往无法交流。这就是掌握对外文书的固定格式与语言风格的重要性。

礼貌的表达。礼貌是对外文书中的重要组成部分,文书中充满礼貌的表述很重要,但也不能漫不经心地使用,比如正式照会中的客套语"我荣幸地……"的表述,如果在吊唁一国领导人逝世的照会中也漫不经心地用"我荣幸地获悉某某阁下不幸逝世",[①] 那就要闹笑话并引起对方的不满。另外,在回复方面,应该积极地回复或者答谢对方,如果是因为政治性原因拒收或者置之不理,则是另外一回事,这是一种政治态度的反映。

拆封的技巧。对外文书的各环节都有严格的要求,拆封这个一般被认为是最简单的环节也有讲究。如果是四角对顶糊成的信封,要平拆,用小刀启封,一般

---

① 黄金祺:《浅谈外交文书的形式、格式和用途》,《外交学院学报》1985年第2期,第87页。

不能剪拆；对一头糊成的常规信封，则用剪拆。剪拆时要小心谨慎，不能剪坏文本，同时要认准收信对象，不能剪错。

收发文应该制度化。发送与接收文书讲究签收手续，发出与收到对外文书应该及时登记。

文书讲究时效性。对外文书代表着单位与国家的形象，收到文书应快速处理，不能拖拉扣压。具体来说，应处理的对外文书可以分为"最急件""急件"和"普通件"。"最急件"要求立即处理；"急件"要抓紧时间，尽快处理；"普通件"要规定时限，按时处理。

第三节　外事活动中的名片

名片用于自我介绍，外事场合中的名片可以作为简短的礼节性通信方式，表示不同的含义。名片使用非常广泛，名片有一些礼仪规范，不仅外事人员应该了解，也是现代人士必备的知识。

一、名片中包含的内容及常见外文缩写

名片包含哪些信息,常见的外文缩写有哪些,这一部分将进行介绍。

(一)名片中包含的内容

外事工作中的名片应该包含一些基本信息。姓名、单位、工作职位(职称)、国家、联系方式,这些都是基本信息,当然还可以印所属单位或组织的标识(Logo)。关于联系方式,一般会有手机号码、办公电话、传真号码、电子邮件、网址及通信地址这几项,但也有人不把手机号码印在名片上。

外事中的名片制作必须双语呈现,通常是一面中文一面英文,英语目前被认为是国际性语言。更细致一些,如果是双边交流活动,一方是非英语国家,也可以采用对方国家的语言,比如中文与法文、中文与日文、中文与阿拉伯文等。一旦涉及国际性的多边国际会议或者活动则还是要采用中英双语名片。

如果是中英文的双语名片,翻译中国人的名字时,可以遵循国际惯例按照西方名在前、姓在后的方式,

也可以采用中国姓在前、名在后的方式。随着中国实力的不断提升，保留中国人的习惯把姓标在前、名标在后的做法越来越多。国家领导人出访均沿用中国式称呼，如国家主席习近平的翻译，不是近平习，而是习近平。所以，这两种方法都可以，一般政府机关、事业单位、军事系统建议与高层一致，可采用姓在前、名在后的方式翻译，如图 34 所示。

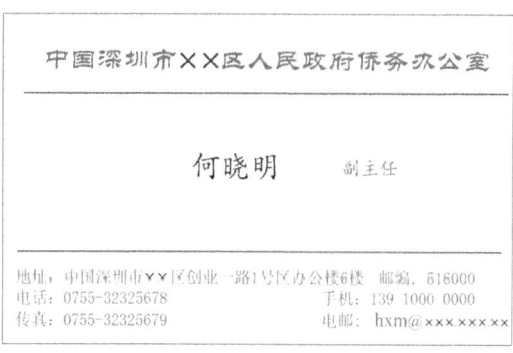

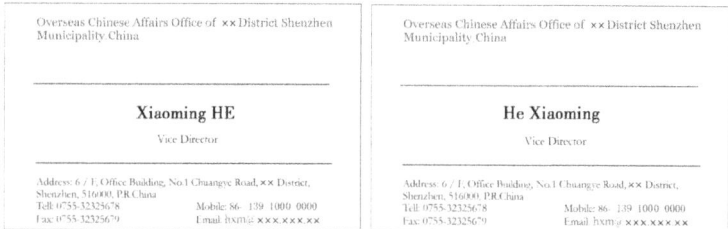

说明：左下的名片翻译符合欧美国家的称呼习惯，右下的名片翻译符合中国的习惯。

图 34　中英文的双语名片

在国际交往中，有些人的名字是姓在前，还有些人的名字是名在前，大家不太容易搞清楚到底哪个是姓、哪个是名。为便于交流，有一种解决方式是"姓"的拼音全部大写。

（二）名片上常见外文缩写

名片不仅可用于介绍自我，还可以作为简短的通信方式。在名片的左下角写上几个法文小写字母以表达不同含义，表示祝贺、感谢、介绍、辞行、慰问、吊唁等。如祝贺对方的某节日，可以在名片上注上p.f.（祝贺），也可以在名片上写上几个字，如"承蒙祝贺春节，谨致谢意"。

比较常见的一些法文缩写包括：

p. p.（pour presentation）介绍（介绍人名片上写p. p.，后附被介绍人名片）；

p. f.（pour felicitation）——祝（敬）贺；

p. c.（pour condolence）——谨唁；

p. r.（pour remerciement）——谨谢；

p. p. c.（pour prendreconge）——辞行；

p. f. n. a.，P. F. N. A.（大小写均可）（pour feliciter

第七章 对外文书及其涉及的礼宾礼仪

le nouvelan）新年快乐。①

最后一种是"谨赠"，这个词不用缩写，英文、法文和中文表述均可，英文和法文写于姓名上方，中文写于右下方。英文是 With the compliments of ×××，法文是 Avecses compliments，中文是"谨赠"。

谨赠多用于当事人不在场需要给宾客赠送物品时的情形。在外事场合中，需馈赠书籍、鲜花等礼品时，在名片上写上"谨赠"，表示某一样东西是由名片主人赠送的。

二、赠送名片的礼仪规范

赠送名片时有一些规范，下面对递送顺序、递送姿势、递送时的注意事项进行介绍。

（一）名片递送的顺序

递送名片的顺序与介绍的顺序一致，原则是"尊者优先了解情况"。方法是首先确定尊卑，比如，主客之间客为尊，级别高低之间高为尊，年龄长幼之间长

---

① 李天民：《现代国际礼仪知识》，世界知识出版社，1999，第 276 页。

为尊,男女之间女为尊。具体递送的顺序是主客之间,主方人员应先递名片;在职务高低之间,低职人员应先递名片;年龄长幼之间,年轻者先递名片;男女之间,男士应先递名片。当然,这些递送的顺序何时用哪种应根据场合而定,因为场合不同,尊卑的标准也不一样。公务性的外事场合一般以职务的高低作为第一参照标准;社交性的外事场合则不再把职务高低作为第一参照标准,可以遵循其他标准。比如,东方人比较看重年龄,往往视长者为尊;西方欧美国家的人比较看重性别,往往视女士为尊。最后,不管哪种场合,如同握手的伸手顺序一样,其实都不必过分拘泥,递送名片的姿势往往更加重要。需要注意的是,如果多人一起交流赠送名片应该一视同仁全部赠送以示尊重,不应厚此薄彼,只赠送其中一位或者两位是不太礼貌的。

(二) 名片递送的姿势

人的动作、姿势能够传递信息,属于体态语的组成部分,符合礼仪规范的姿势应该能够传递积极、正向的信息与含义,比如身体前倾、面带微笑、目光交流、双手递送、适当寒暄、字朝对方等。

双手递送是东方人以示恭敬的常用做法,欧美人士有单手递接名片的习惯，按照对等原则，如果对方是如此，我方也可以单手递接，一般说右手递左手接。当然，如果对方是尊者我方双手递送也可以。递送名片时往往口中会说一些客气的话语，比如，"很高兴认识您"，"请多关照"……

关于"字朝对方"这一点，是为了让对方在第一时间看到信息，这体现了"把方便留给别人"的体谅精神。关于这一点，其实可以做一些延伸与推广，工作与生活中很多东西都要递送，比如，工作中常见的文件、手机、书、U盘、公文包、身份证、护照、机票，等等。作为一名外事工作者，应该养成凡是涉及递送物品时均应遵循"正面给彼"的良好习惯，不经意的一个递送物品的小动作，却能给外宾如沐春风的温暖感。

(三) 注意事项

递送名片时需要注意几个细节。如果有外事活动，应该事先准备好名片及名片夹，如果放置在公文包中，应放在固定和熟悉的位置，不至于让外宾一直等待。不要坐着交换名片，最好起身交换以示尊重，因为交换名片常常紧随自我介绍或经人介绍这个环节完成，介绍时最好也是站立进行。递送名片时要么双手、要么右手,尽量不要对外宾用左手递名片。递名片时不要厚此薄彼如给一人递送不给另一人递送,但也要避免滥发名片,满场发名片往往会降低名片的价值,影响个人身份。

三、接受名片的礼仪规范

来而不往非礼也,递接名片是一体的,接受名片也有一些规范。

(一) 收到名片时的语言与姿势

接受名片后立即收置起来是不太恰当的,最好先看一下名片,口中还可以读出其中有意思或者核心的信息,如"小板正雄,幸会幸会!""××区侨务办公室,啊,侨务工作有意思!"等,然后放入名片夹或者顺序摆放在会谈桌的桌面。如果时间紧,没有时间仔细看,至少也要看一眼再收,以示礼貌。

(二) 回赠名片

来而不往非礼也,如果接受了对方的名片应该在

第一时间回赠名片以示尊敬，只收名片不回赠名片的行为会传递负面的信息。如果实在是没有携带可以向对方适当解释，获得对方的谅解，并且找一些补救措施，如手写一张名片，或者给对方发送一个自我介绍的短信，最礼貌的做法是方便时给对方发送一封自我介绍的邮件。

（三）索要手机号码的方法

有些人的名片没有印制手机号码，如果没有印，按照国际礼仪规范的要求就不能要，说明对方把之当成个人隐私，直接询问会显得唐突。如果觉得对方对你来说非常重要，很害怕今后联系不到，可以非常含蓄委婉地提醒对方，比如，"我的名片上面给您留手机号码了吧？"一般来说，对方一听就会明白，如果对方立即反应："啊！来，我也给你把手机号写上，方便联系！"那最圆满。如果对方听完这句话没有任何反应，或者敷衍地说，"哦，知道了"，说明对方并不愿意留手机号码，这时不可以再追问："可否把手机号码留给我？"在礼宾礼仪的基本原则中，曾谈到微观层面的两个原则——体谅、应变，不冒犯对方，不让对方有压迫感，灵活应变处理各种问题是非常重要的。这既是尊重对方也是保护自己的聪明做法。

(四) 名片的收置

收到名片以后,如何放置也是一个值得注意的环节。可以放在名片夹、西服外套的内口袋,如果名片较少还可以放在西服外套的外口袋。如果同时收到很多名片,尤其是谈判、会谈的场合,可以将名片一一对应地放置在桌上,以便在交流中及时地称呼对方。但离开时要及时收置,遗忘名片、遗失名片等都是非常不妥的。还要避免轻率收置的行为,如放在裤子臀部的后口袋、可能造成折叠的裤子前面的小口袋里,也不太建议大家放在钱包内,最佳的还是名片夹。

思考题

1. 纸质类文书与电子类文书的优势与劣势各是什么?
2. 对外文书的格式有哪些规范与要求?
3. 递送名片中有一项内容是"字朝对方",关于这一点可以延伸到递送物品,工作与生活中的很多物品都可以采用"正面给彼",这体现与反映了礼仪的什么精神?

第八章 礼宾礼仪中的个人形象

前面的第五、六、七章介绍了偏中观的礼宾专业知识,下面的第八、九章将介绍偏微观的礼宾人员素养,如外交外事主体的着装服饰、行为举止、交谈技巧等,这也是礼宾礼仪中不可分割的组成部分。

在涉外交往中,个人外在形象将决定他人对外事人员的第一印象,不能小视。个人形象包含人视觉所能看到的一个人的外在状态,如服饰、发型妆容与举止,体现着外交外事人员的综合素养,必须重视。

第一节 服饰要求

孔子曾表达过这样的意思,"君子见人不可以不饰，不饰无貌，无貌不敬，无敬无礼，无礼不立"，[①]他把外在形象与礼仪修养联系起来，认为不进行适当的装饰是不尊重他人的体现，不尊重他人则缺乏礼仪，不讲礼仪则很难在社会处事立足。可见仪容服饰的重要性。对于涉外礼宾礼仪中的服饰，主要涉及两方面的内容，第一是如何把一套服装穿出基本的美感、符合人的审美要求；第二是如何根据不同场合的要求把服装穿得得体与规范。当然，服饰既包括服装也包括配饰，配饰虽是细节却是个人形象中不能忽视的一个重要方面，因此，本部分也会对配饰进行专门的介绍。

一、服饰的审美要求

莎士比亚曾说，"一个人的穿着打扮就是他教养、品味、地位的最真实的写照"，一个人的服饰体现着一个人的审美素养与品位格调，作为从事外交外事工作的复合型人才，人的审美素养随着时代发展变得越来越重要。

美的最高境界为"和谐"，服饰的审美应该符合

[①] ［清］王聘珍撰，王文锦点校：《十三经清人注疏大戴礼记解诂》，中华书局，1983，第134页。

"和谐"的要求,那么,如何实现"和谐"呢?服饰要和谐,必须要了解服饰的结构,每一件服饰都是由颜色、款式、质地这几个方面构成的,如果找到这几个元素与人的关系,找到最合适的颜色、款式与质地,就能形成令人和谐舒适的美感。

(一) 颜色

色彩的美体现在与其他色彩的搭配上,搭配得好就美,搭配得不好就不美,如果把人体理解成一种颜色,每个人都有最适合自己的颜色。比如,有的人适合浅色调的颜色,有的人适合深色调的颜色;有的人适合冷色调的颜色,有的人适合暖色调的颜色;有的人适合鲜艳色调的颜色,有的人适合浊色调的颜色;有的人适合大对比配色,有的人适合小对比配色。比如,一位男士皮肤偏冷、偏黑,皮肤质感很好,主导的头发与皮肤的对比是大对比,经过测色,最适合他的颜色是冷色调、深色调、艳色调,服饰之间可以呈现大对比如黑白配等,这样适合这位男士的色彩基本就出来了。合适的色彩穿在身上会给人一种舒适感、愉悦感,整个人神采奕奕。

色彩的搭配还体现在服饰之间。服饰之间的色彩如果有呼应关系就能产生和谐的美感。比如,下图男士领带颜色中的深蓝色与西服外套的深蓝色呼应;女士服装与鞋子的深灰色呼应,口袋巾与腰带的浅灰色呼应。由此,严谨、端庄中不失美感,如图35所示。

左图:男士的领带与西服颜色呼应

右图:女士的衣服与鞋子、口袋巾与腰带颜色呼应

图35 服饰的色彩搭配

(二) 款式

服装的款式各不相同,该选择哪种款式呢?最佳选择是能够完善个人体型、使之扬长避短的款式。比如,男性最令人羡慕的体型是倒三角形或称 Y 形。女性最令人羡慕的体型是沙漏形或称 X 形。服装款式能够塑造人的体型,帮助男士达到理想的 Y 形与女性达到理想的 X 形体型,使之符合人的审美需求,如图 36 所示。

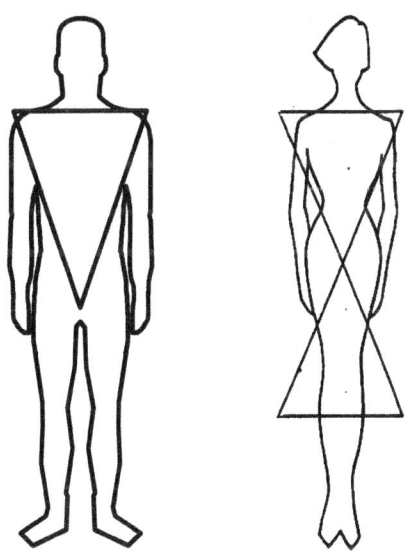

左图:男性最理想的身材——倒三角形
右图:女性最理想的身材——沙漏形

图 36 男性与女性最理想的身材

当然这是一个符合传统审美标准的理想体型。如果通过服装款式达不到标准体型也不用强求。需注意三个方面。第一，可以通过避免暴露身体缺点部分优化个人身材。比如，臀大、腰粗、肚子大的人避免穿着收腰、包臀、显肚子的服装，比较适合穿着矩形（H）款式或者三角形（A）款式的服装。第二，可以展示身体优势部位，扬了长自然短处就没有那么突出了。比如，一位腿部修长、纤细的女士，可多穿着裙装，把腿部优势展现出来。男士如果身材高大魁梧，可以尝试双排扣的欧版西服等。第三，可以通过调整服装的比例提升身材的美感。一位艺术家曾说："世间一切杰出的美丽都与比例有关。"最佳的身材比例是上下身符合黄金分割，分割点是肚脐眼的位置，也就是说下身与上身的比例符合1∶0.618。为了实现这一目标，可以通过服装人为地建立黄金分割点。比如，通过调整上下衣长短的比例，选用不同的颜色，增加腰带、高跟鞋等方法实现。总之，没有不好的身材，只有不适宜的服饰，服饰是为人服务的，服饰是优化人体型的工具。

(三) 质地

服装的质地也很重要，选择服装的质地有何讲究呢？大致有几个考量点。第一，身材的质感。如果身材为骨感型即身体有明显的骨感，比较适合穿着略微硬挺的面料；如果身材比较圆润，比较适合穿着垂感的飘逸面料；如果身材有较多的肌肉，比较适合硬挺度中等的面料。第二，肌肤的质感。如果脸部肌肤质感比较光滑细腻，比较适合穿着高精致度面料，如真丝、丝毛、羊绒等；如果脸部肌肤质感比较粗糙，有一些皱纹、粉刺等，比较适合有肌理感、凹凸感的面料，比如毛、麻、呢等。第三，年龄的因素。服装质地的重要性与年龄成正比，年龄越大越不能忽视质地。男士由于在款式与颜色上的选择空间较少，需要特别重视服装的质地。

二、服饰的规范要求

如果说审美是服饰的基础，规范性就是更高一级的要求。服饰的规范性是指人能够根据场合的不同要求穿着与场合适宜的服装，着装的规范性反映着外交外事人员的形象素养，是衡量着装修养的重要组成部分。这一部分将介绍着装如何符合不同场合的要求。

在正式场合中，如果服装与周围的人、环境和气氛不和谐，易陷入尴尬的境地，而在心理上也被排除在特定的圈子之外。为避免这种尴尬以及让活动具有统一性，正式活动的邀请函往往会附上"着装要求"，收到邀请函的人按照"着装要求"穿衣，这样服装的正式度大致匹配，有助于当事人融入其中，对东道方来说，也有助于活动的成功举办。

场合大致可以分成三大类：公务场合、社交场合与休闲场合。这里主要介绍公务场合与社交场合的着装要求。两大场合的着装要求不一样，公务场合严谨专业，社交场合高贵美丽。公务场合的"着装要求"分为"公务正式"或者"公务休闲"。如果着装要求是正式，通常适用于非常正式的会见、谈判、签约等场合，穿着最正式的深色成套西服，包括衬衣、领带、皮鞋、皮带等。女士着成套的西服，下身可以为裤子，也可为裙子，如图37所示。

第八章 礼宾礼仪中的个人形象

左图：男士"公务正式"服装　右图：女士"公务正式"服装

图37　公务正式场合的着装要求

如果着装要求是公务休闲，常见于正式度没有那么高的公务性活动。可以有两种穿法：（1）减法式，即不系领带的成套西服，衬衣第一粒扣子打开；（2）组合式，即不成套的单件西服上衣与裤子，其中较为

275

经典的"布雷泽"(Blazer)就是组合式中最经典的款式,如图38所示。

左图:减法式　　　中图:组合式　　　右图:布雷泽

图38　公务休闲场合的着装要求

再看社交场合,社交场合与公务场合是不同的系列,着装的要求也不一样,主要指宴会、颁奖、观看演出等隆重性的场合,"着装要求"可以分成四类:正式(Formal)、半正式(Semi-formal)、非正式(Informal)和休闲(Casual)。

根据国际着装规范,"正式"的隆重程度最高,按照传统的标准,即白天穿着晨礼服,晚上穿着燕尾服的场合。"半正式"是穿着"塔式多"礼服的场合。随着时代的发展,全球着装呈现出休闲化的趋势,所以很多欧美国家的"半正式"场合服装已经升格为"正式",燕尾服已经不占主流。中国人在正式与半正式场合可以穿着中式礼服,如男士为改良的中山装等,女士为改良的旗袍等。女士的裙长是衡量场合正式程度的重要标准,隆重程度最高的正式场合需要穿着及地长裙。"非正式"并非不正式,而是它的正式度与燕尾服之类的比起来就不那么正式了,是一种简易(一般)社交场合穿着的服饰,男士穿着成套深色西服,女士可以穿着较为正式的西服套装/裙、款式考究的连衣套裙等。最后一种是"休闲",社交系列的休闲并不是彻底的休闲,文化衫、吊带背心、短裤、拖鞋等是不可取的。社交系列的休闲服多为上下分身的服装,上衣与裤子不成套,而是组合而成。与公务场合的"组合式"基本相似,只不过多一些细节的装饰而已。女士穿着优雅的套裙或正式度比"非正式"略低的服装。其中,男士布雷泽可以在公务休闲场合穿,也可以在社交场合中的休闲场合穿,最经典的布雷泽为:扣子为金属质地,因此,布雷泽还有一个名称叫"铜扣子",上衣颜色多为藏青色、深蓝色,上衣款式多为双排扣也有单排扣，领带可系可不系，裤子颜色为浅色的休闲裤或卡其裤，全身颜色"上深下浅"是经典布雷泽的一大特点。

以上简要介绍了不同场合的着装方式，只有按照"着装要求"穿衣才能在每一次的活动中迅速融入其中，宾主尽欢，最终促进活动的顺利进行。

三、配饰的巧妙运用

俗话说"细节决定成败"（The Devil is in the detail），外交外事人员优化个人形象，细节是不能忽视的重要方面。与服装相比，配饰看上去都是小东西，但却是决定个人品位、格调不能忽视的一环。下面介绍配饰的使用以及容易忽视的细节。

（一）西服扣子

着西服坐下时应该解开所有纽扣，站立时应该系上扣子以传递尊重的信息，那么，具体各个纽扣之间哪些扣哪些不扣呢？以最为经典的单排扣三粒扣与两粒扣为例。三粒扣西服的系扣口诀是：有时、总是、从不原则，即有时扣最上面一粒，总是扣中间一粒，从不扣最下面一粒。两粒扣西服的口诀是：总是、从不原则，即总是扣上面一粒，从不扣下面一粒。为何最后一粒不扣呢？正式西服最讲究合体度，要服帖与挺括，最后一粒扣系上容易限制人的活动，且西服很容易出现皱褶，所以，以解开为宜。

(二) 衬衣与西服袖子关系

着正式西服，衬衣的袖口在手臂自然下垂的情况下要长出外套1—2厘米，这种搭配法既美观又实用。浅色衬衣的袖子露出深色西服的袖子1—2厘米将呈现完美的层次感。此外，搭配精致的袖扣也给予男士为数不多的展示配饰的机会。从实用的角度来说，衬衣袖子如果没有长出外套1—2厘米，外套袖口直接接触手部皮肤除了不利于西服的保养，也会显得过于懈怠而不够利落。这个小细节往往特别容易受到中国男士的忽视。

(三) 领带与丝巾

巴尔扎克曾说过，"领带是男人的介绍信"。也有人说过，"丝巾是女人的秘密武器!"那么，如何选择合适的领带与丝巾？领带和丝巾最好采用"呼应"原则,领带和丝巾与身上的其他单品搭配时颜色上有呼应关系,则能建立和谐的美感。另外,领带和丝巾的选择同样要考虑"平衡"原则,最好动静结合,单一颜色为静,花纹、格子、条纹等图案为动,当然最佳的配搭是兼顾"呼应"与"平衡"两个技巧,如图39所示。

说明:男士领带中的蓝色与灰色分别与蓝色上衣与灰色裤子呼应,此外,衬衣与西服外套为静,领带为动,用到了呼应与平衡两个技巧。

第八章 礼宾礼仪中的个人形象

说明：女士丝巾中的红色与红色的包与鞋呼应，丝巾中的蓝色与浅蓝色衬衣以及深蓝色外套呼应，此外，丝巾与衬衣为动，外套与裤子、包、鞋子为静，用到了呼应与平衡两个技巧。

图39 领带与丝巾对"呼应"与"平衡"原则的运用

(四) 袜子

很多人搭配正式西服时不知道袜子该用什么颜色,其实,袜子颜色可以与裤子一致也可以与鞋子一致,需要注意的是,穿着深色西服时千万不要穿浅色的袜子。袜子的长短也是容易忽视的地方,要保证无论怎样都不会露出腿部的皮肤。按照国际标准,男士西服袜子长度为超过小腿肚子、接近腿部膝盖的位置。对中国人来说是相当夸张的,如果不习惯那么长,至少长度应以不露腿部皮肤为标准。

(五) 皮鞋

男士搭配正式西服的皮鞋是三接头系带的黑色皮鞋,如今大多数男士偏爱的盖鞋只能在公务休闲中穿着。随着时代的发展,人们对正装皮鞋颜色的包容度变大了。目前,棕色系带皮鞋逐渐为人们所接受成为正式度较高的代表,尤其是欧洲的男士非常喜欢穿着公务正式的西服搭配棕色系带皮鞋。女性的公务正装皮鞋是质地为高档皮质的单鞋,椭圆头,鞋跟大约6厘米高,鞋跟粗细中等。鞋尖过尖,鞋跟过高、过细的皮鞋显然被排除在正装鞋之外了。女性公务正装皮鞋的颜色比男士的选择更多，根据衣服的颜色搭配黑色、咖啡色、米色等均可。

(六) 首饰配件

女士喜欢佩戴一些精巧的首饰，需要注意的是色彩、质地、风格上最好统一。色彩上，如统一为白金色或者统一为黄金色最好，如戒指是黄金色，耳环又是白金色的，则不够讲究。质地上，如戒指是黄金，项链是珍珠也不是特别理想，最好全部统一。风格上，如项链是严谨的风格，手表是休闲风格也不适宜，最好是统一成公务场合适用的精巧、简约风格。男士配饰亦然，手表、袖扣、皮带扣、西服扣颜色最好统一，这些很烦琐，但如果能够做到位，恰恰体现了一个人的形象素养。

外交外事人员的服饰如果体现了审美性、规范性，还能关注各种配饰的细节，就能呈现不俗的品位与格调。

第二节 发型与妆容

一个人的发型与妆容是外在形象不可分割的组成部分,下面介绍清洁、仪容与发型。

一、个人清洁工作

洁净是个人形象的基础,如果清洁工作做不好,将会影响一个人的形象。试想一个人的衣饰很华贵、发型很靓丽、妆容很精致,却在整洁上出了问题,如肩部有头皮屑、牙齿有菜叶、身上有异味,等等,将会使个人形象大打折扣。因此,要养成良好的卫生习惯。清洁要注意三个方面。

(一) 肌肤清洁

皮肤是人体的第一层外衣,不仅起着保护人体的作用,还起着美丽的作用。要保持肌肤清洁最好每天洗一个澡,把全身洗净。否则,异味、汗味会大大降低他人对我们的好感与印象。在与人交往时,手部往往很容易被他人看到,因此,要定期修剪指甲、倒刺,同时,要适当地涂抹手部与身体乳液以呈现健康、洁净的状态。

(二) 毛发清洁

毛发是身体的一道风景,可能裸露在外的毛发主要包括头发、眉毛、鼻毛、耳毛、胡须、腋毛、腿毛。毛发的清洁至关重要,如果清洁不及时、不适宜,会发出一种汗味、油味,头发甚至会出现白白的头皮屑。毛发除了要清洁,还要及时修剪。在国际场合,大多数情况下,男性不留长须,耳、鼻毛不能露出腔体,胸毛一般不外露。女士需要注意的是腋毛与腿毛。按照国际礼仪标准,女士露出腋毛、腿毛都是非常不雅的,会被认为是自我修养较差的表现,一定要处理好才能穿无袖与短袖的上衣、短裤与裙子。

(三) 五官清洁

眼睛与耳朵:眼睛与耳朵的清洁主要指清除分泌物。鼻子:平时要注意鼻腔的清洁,不要让异物堵塞鼻孔,或是让鼻涕流淌出来。不要随处吸鼻子、擤鼻涕、"发射"鼻涕。嘴巴与牙齿:嘴巴是进食与发声之处，要特别注意。出席活动之前应检查牙齿上是否有异物，同时，应避免在重要社交活动之前吸烟，进食酒、葱、蒜、韭菜、腐乳之类的气味刺鼻的食物，以免产生尴尬，如果进食后有外事活动，可以通过嚼口香糖、茶叶、含漱口水以去味。

需要注意的是，个人清洁工作只能在隐蔽处解决，如盥洗室、卫生间等，如剔牙、掏鼻孔、挖眼屎、修指甲、搓泥垢等，不能在大庭广众之下堂而皇之地处理。

二、外交外事人员的发型

发型被称为人的第二张脸，对个人形象影响非常大。对外交外事人员来说，发型应该简洁、大方并具有基本的美感，过分突出个性的发型是不适宜的。发型主要包含三方面的内容：长短、直曲、颜色。下面主要从这三个方面介绍外交外事人员的发型如何达到"和谐"与"规范"的要求。

（一）头发的长短

头发到底应该留多长？男士头发最好不要长过7

厘米,即大致不触及衬衫领口,口诀是前发不附额、侧发不掩耳、后发不及领,给人严谨、利落、干练之感。女性的长度可以选择长发、中长发、短发,到底哪种合适?如果从纯美学的角度,这个问题不难回答,国际上有一个 2.25 英寸(5.715 厘米)法则,可帮助我们找到答案。拿一把小尺子测量出从耳垂到下巴的垂直距离,如果长度小于 2.25 英寸就适合留短发,反之就适合留长发。长发又分中长发与长发,哪一种最合适?还是参照 2.25 英寸法则,如果长的不多就留中长发,如果长出很多就留长发。头发长短适宜可以让人看上去精神奕奕、和谐舒适。

  从规范性的角度来说,从事外交外事工作的女性,工作场合如为长发最好扎起来或者盘起来。飘逸的长发给人不够精神和干练的感觉,比如低头时头发往往散落下去遮住半张脸,一抬头为了露出整张脸又用力甩头,一低一抬十分烦琐,给人"低效率"的印象,这就是为何活跃于世界舞台的大多数女性政治家均留短发,短发带来的干练、精干、高效的感觉更加符合人们对女性政治家的角色期待。

(二) 头发的颜色

爱美之心人皆有之，为了提升个人形象，有些人往往通过染发以优化形象。对黄皮肤、黑头发的东亚人而言，一头浓密的黑发往往是年轻、精力充沛的象征。对男性来说，头发灰白或全白往往意味着年纪大、衰老，为了保持良好的状态，有些男性会把灰白的头发染黑。如果要染发需要注意，避免新长出的白发与染过的黑发之间有鲜明的断层，同时要及时处理鬓角新长出的白发。有些男士会保持自然的状态，选择不染发，想要转变灰白发色的劣势，需要格外留意服饰的选择。例如，配饰如手表、眼镜、腰带、袖扣等使用白金色或银色，这样可以与灰白或白色的头发形成浑然天成的和谐美感。傅莹女士是外交领域拥有成功形象的一个典范，她的一头灰白发令人印象深刻，而服饰中多选择能够与头发呼应的冷色也令其拥有不同凡响的风度。

对女性来说，如果要染发，要选择那些比较自然、保守的颜色，如棕色、深咖色、栗色等以增加美感，外交外事人员切不可选择特别鲜艳、扎眼的颜色，否则会让人觉得不规范、不严谨。总体来说，外交外事人员所处的职场文化特点是严谨、庄重,个人形象的装扮应该符合行业的规范与要求。

(三) 头发的直曲

发型还有一个要素是直曲的问题。什么人适合直发,什么人又适合烫发呢?对于男性来说,直发较为适宜。对于女性来说,可以根据个人需要决定,判断依据是个人脸型和五官的直曲。一般来说,人们五官和脸型的直曲比例是呈现橄榄型,绝对直线型的人和绝对曲线型的人都不多,如橄榄球的两端;脸型和五官直曲兼有的人占大多数,如橄榄球的中间。

绝对的直线型五官和脸型的人,脸型带有明显的棱角感,五官整体呈现直线感,具有男性般的俊朗感,这种女性比较适合选择直发。直发呼应直的脸型与五官,能够给人舒适的美感,展示直线型人的潇洒、帅气。五官和脸型都是直线型的人不适宜满头卷发,烫发后的曲线条与直线型的脸型会与五官产生违和感。如果直线型人想要改善硬朗的形象,可以选择局部烫发以削弱过于刚硬的感觉,如长发的发梢微微卷曲或者发型烫成柔和的大波浪。同理,曲线型人选择烫发是比较合适的,烫发可以与圆润的五官和脸型相呼应,体现柔美感。如果认为烫发呼应脸部与五官的曲线过于单调与乏味，可选择微微的局部烫发，如刘海儿或者发梢也可以。但完全直线发型则不太适合曲线脸型与五官线条的人，二者相融会有突兀感。

大部分人的脸部线条与五官是直曲兼有，到底选择直发还是卷发呢？主要参照点是个人最满意的脸型与五官线条，如果一个人最满意自己直线条的脸型、直线条的鼻子，就可以选择直发，以呼应脸型与鼻子线条，呼应产生强调，强调能够引导他人的目光。举个例子，我们读一段文章时，其中一句话加粗了，我们是不是会重点关注加粗的这句话呢？形象塑造中的呼应同理，呼应产生强调，强调可以引导他人重点关注我们身上的某个部位，这正达到了扬长避短的目的。

三、外交外事人员的妆容与香水

外交外事人员的妆容与气味非常私人化，却会塑造个人形象。让我们首先从妆容开始。

（一）妆容

女士需要化妆，化妆体现的不仅是美丽，更重要的是对他人的尊重。女性妆容要注意适度性，以清淡、简约、协调、自然为主，日常工作不可夸张，切忌浓妆艳抹，比较适合简易妆。下面介绍十分钟能完成的四步骤简易妆。

两分钟完成打底。粉底霜起到修整肌肤的目的，能减少斑点、粉刺，让肌肤更加匀整、光洁。打底霜的颜色并不是越白越好，比自身肌肤白一度是最合适的颜色。

两分钟画眉毛。眉毛是传神之处，不可忽视，画眉毛可以用眉笔加眉粉，颜色应接近眉毛色。眉形的高低粗细一般是眉峰最高，眉头最粗，眉尾最细，如此粗细、高低有致，眉毛的神韵就出来了。

四分钟画眼睛。眼睛是整个妆面中最需要精心刻画之处。一般来说，画眼影、夹睫毛、涂睫毛油就可以了。但也有人会涂眼线液或者画眼线，因人而异。

一分钟涂抹口红。口红非常重要，只要选对口红颜色，立马改变形象，呈现精神奕奕、精致美丽的状态。口红颜色的选择非常重要，一定要选择适合自己的口红。合适的口红能增添风韵，不合适的口红却产生相反的效果。

一分钟最后检查定妆。最后花一分钟前后左右地检查一下妆容,需要调整的地方适当修补。

以上介绍了外交外事工作的女性从事日常工作的妆容要求,如果是参加晚上的庆典、宴会、酒会等社交活动,要适当增加化妆的浓度,一方面增加隆重感,另一方面适应晚间灯光照射。

(二) 气味

个人形象的信息通过五大感官接受,即视觉、嗅觉、触觉、味觉、听觉。嗅觉也是非常重要的一个方面,好的形象需要对个人的气味进行管理。需要注意以下几个方面。

养成个人卫生的良好习惯,勤洗澡,勤漱口,勤换衣、鞋、袜等,每天更换服装。

避免出现令人不愉悦的气味,包括狐臭、口气、汗味、烟味等。如果是因为病理性原因造成的身体异味,应积极治疗,同时与他人交流时应刻意保持距离,以防造成他人的不适感,或者通过一些防护措施减少异味,比如洗澡、漱口、戴口罩、涂抹香水等。

使用香水改善身体的气味,外交外事人员白天工作使用的香水不宜过浓、过香、过刺鼻,宜选择清淡、自然的香味。涂抹香水时不要洒在腋下、脚部等容易出汗的部位，汗味和香水味混杂后很难产生令人愉悦的气味。同时，忌喷洒太多，香气过浓会令人产生一种攻击感，实质是强迫他人闻自己身上过浓的香水味道，往往会招致他人的反感。需要注意的是，白天涂抹香水宜清淡，如果是参加晚间的社交活动，香水可以适当地增加浓度。

最后需要注意的是，不管是化妆还是涂抹香水，都必须在避人的场合完成，大庭广众之下补妆与涂抹香水是不妥的。

第三节　举止仪态

个人形象既有静态也有动态，举止仪态属于动态形象。仪态无时无刻、无声无息、如影随形地存在于人的举手投足之间。下面将介绍仪态的审美性、规范性与文明性，随着时代的发展，外交外事人员应该对这部分内容有所了解。

一、体现美感的举止仪态

良好的仪态是一道流动的风景线,能给人带来较好的视觉感受。何为仪态的美感呢?是指举止、姿态、仪态美观大方,赏心悦目。

女性与男性的仪态,就美感而言,既有共性也有特性。首先看共性的部分。不管男性还是女性,仪态的韵律感能带来美不胜收的视觉美。就"立、坐"而言,虽然表面上是相对静止的,但骨骼、肌肉无时无刻不在随着呼吸运动,优雅、美丽的站立与端坐犹如一幅画、一道景,静中有动,正气十足。如果缺少韵律则立、坐无形。就"行、蹲"而言,运动中最能体现韵律感,行走时,能感受很强的节奏感,无论是肩膀、双臂还是双腿都是在节奏中和谐运行,提臀、收腹、抬脚、迈步,双臂自然摆动。缺少韵律感会给人一种拖沓、懒散、无专业度与信任感的印象。如何得知自己的行姿是否有韵律感?有一个简单的检验办法,女性如果穿高跟鞋,聆听皮鞋的声音,如果声音是有节奏感的,那行姿一定是有韵律的;如果声音是杂乱、零散的,那行姿很难达到韵律感的要求。蹲的韵律感

第八章 礼宾礼仪中的个人形象

体现在"行""蹲""起""走"四个环节。每个环节放松、自在。行、起、走符合行姿规范,下蹲时膝盖与臀部弯曲,蹲下时两条腿的弯曲幅度不一样,女士可采取交叉式和高低式蹲姿,男士采用高低式,如此呈现不同的美感。

再看女性与男性仪态的特性。女性的举止仪态应表现温柔之美,呈现出轻柔、典雅的美感。男性的举止仪态要有阳刚之美,姿势和动作要有力度,表现男子汉的刚劲、强壮、威武。比如行走时,为了体现女性的温柔之美,走路的线条可以走一条线;为了体现男性的阳刚之美,可以走平行线。女性需要注意的是脚踩在这条线的什么位置会有完全不同的效果。总原则是左右脚交叉得越多,传递的女性化感觉越明显;交叉得越少,传递的正式、严谨的感觉越明显。如以中线为准,左脚踩在线的中间甚至右边,传递的是妩媚的信息;左脚踩在线的左边,传递的是严谨的信息。

再看坐姿,女性要美丽就座,"背、膝、腿、脚"是关键,要避免驼背或者背全靠椅背;避免双膝、双腿分开,这是女性优雅大忌;还要避免双脚放置在不适宜的位置。为了展示女性的优雅,女性有一个专属性的动作,即把双脚摆出一定的角度,如双脚并拢放在左边或者右边,双脚偏向一边的角度越大体现的女性化的感觉越明显,角度越小体现的严谨的感觉越明显。英国女王伊丽莎白二世就座的姿势,从侧面看大小腿呈90°,从前面看小腿没有摆放任何角度,体现的是女王的端庄、威严与严谨。男性也有一个专属性的动作,即就座时可以把双膝分开,呈现男性的雄壮与阳刚之气,但不能采用女性的双脚摆出一定角度的坐姿,否则缺少了阳刚之气。

站立时女性应亭亭玉立,文静优雅;男性应刚劲挺拔,稳健大方。避免出现弯头、驼背、挺肚子、髋部前倾、身体重心下垂的状态,这种站姿过于懈怠,无法传递美感。

二、体现规范的举止仪态

外交外事人员的举止仪态要符合审美的要求,也要注意仪态的规范性,何为规范性呢?即举止仪态要符合身份与场合的要求。

(一)符合身份的要求

仪态应该符合身份的要求,不能一味以美丽为标准。外交外事工作严肃、严谨。女性的仪态应该端庄、大方，不能过于女性化，如行姿，双脚分别踩在一条线的内侧则走姿必然幅度过大，过于妩媚，并不适宜，女性左脚内侧踩在中线的左边即可，右脚反之亦然。坐姿同样讲究适度性，女性可以把双脚适当地摆放出一点儿角度，以体现女性的柔美感，但不宜角度过大，否则端庄感、专业感就没有了，不符合身份与行业的要求。美国第十八任交通部长赵小兰女士的仪态非常有代表性，堪称典范，她就座时的坐姿尤其值得称道，上身适当前倾，双脚微微地摆出一点点角度，既有女性的优雅，又有女性政治家的专业感，融美感与规范性于一体，不会多一分也不会少一分，"度"的拿捏非常恰当。

（二）符合场合的要求

如同着装、妆容有场合性一样，举止仪态也有场合性的要求。一般来说，公务性的场合仪态要板、正、直一些，如站、坐、行，可以按照"站如松，坐如钟，行如风"的标准要求，站着要像松树那样挺拔，坐着要像洪钟那样端正，行走要像风儿那样轻快。具体来说，站姿要像青松一般端直挺拔，必须三提一压：提臀、提胸、提脖、压肩才能呈现。如果站、坐、行能够符合这些标准，职场的严谨性、专业性与高效性就能体现出来。

社交场合是一个体现人高贵感的场合，穿着的服装非常讲究，举止仪态也需要配合华丽的服装展现仪态的视觉美感，无须像公务场合那样严肃、板正。比如，女性行走时，由于穿着礼服裙、高跟鞋，可以适当增加脚踩一条线时交叉的幅度，以呈现女性的曲线美感；女性就座时，双脚可以摆放出比公务场合更大的角度，以体现女性的性别特征与温柔之美。男性的举止仪态则要体现男士的绅士风度，比如，男士站、坐、行、蹲符合审美要求，举手投足能够展现男士的帅气。同时，懂得照顾女伴或身边的女士，比如，为女士引路、开门，进门后替女士拿外套，为女士拉椅子、提物品、让座，等等。这些内容已经属于举止仪态的延伸了。总体上，社交场合应该文质彬彬，体现人的气质和风度。

休闲场合举止仪态可以适当松弛、自然、随性一些。三个场合在言谈、着装、举止等方面的要求与规范是不一样的，只有按照不同场合的规范要求自己，才能把每一种角色扮演好。总之，仪态的规范性表明举止仪态要结合身份、场合的要求,寻求适度性,这往往比单纯的审美更富有挑战。

三、体现文明的举止仪态

举止仪态具有审美性与规范性,也具有文明性。

举止仪态属于非语言行为的范畴,一个人的非语言行为很大程度上是无意识的。所以人的举止仪态往往反映着一个人的层次,也从一个侧面反映着文明程度。仪态文明是一个人素养、教养、受教育程度的综合体现。仪态文明的要求是不给对方带去困扰,不给对方增添麻烦。哪些是不文明的仪态呢?

不文明仪态可以从两个方面分析:视觉不文明与听觉不文明。

视觉不文明包括与人交流时眼睛不看对方眼睛;递送物品时扔给对方而不双手呈递;当众挖鼻孔、剪指甲、乱扔烟蒂、乱吐痰等;不遮掩地挠痒痒、打哈欠、剔牙等;严肃场合跷二郎腿、就座时把脚放在茶几上;等等。曾经有一位公众人物乘飞机,因坐在第一排,他将双脚蹬在机舱壁上,受到很多的批评,因为这种不文明的举动,这位公众人物不得不公开道歉。

对女性而言，站立与就座时双腿叉开、下蹲时双腿分开或者膝盖直立都是不文明的举止；女士不管站立还是就座，只要把双腿叉开，不仅缺失了优雅，还无法体现文明的风范。此外，公共场合随处躺卧、穿着睡衣穿行、不排队、占座、加塞，男女在公共场合过分亲热等，这些行为都不太文明，要尽量避免。

听觉不文明是指仪态行为发出噪音干扰了别人。比如不加遮掩地咳嗽、打喷嚏、打嗝、放屁等；进出门手不扶门，任其自然闭合发出大声；走路时脚不离开地面，拖地行走，任凭鞋子摩擦地面发出较大的噪音；在公众场合如会议、就餐、听课时睡觉发出鼾声干扰他人；行走时身上的钥匙、小物件发出叮叮当当的声音；在公共场合与他人交谈时不加控制地大声说话笑闹；等等。

以上是比较明显的违反仪态文明的一些行为，还有一些是不易察觉的。比如，在安静的公共场合神色慌张地奔跑，开玩笑地随意拍打对方，与人交谈时脚底不经意地对着对方，等等。当然，如果发生危机，则另当别论。

以上介绍了举止仪态的审美性、规范性与文明性，静态的形象可以在短时间内得以塑造改变，而动态的形象——举止仪态——就没有那么容易改变，而它恰恰反映了一个人基本的层次、教养与素养。各国皇室成员往往拥有令人羡慕的高贵举止、优雅仪态，这与他们特别重视仪态以及从小接受仪态训练密切相关。正因为良好的仪态能带来高贵感，往往又需要很长时间的训练与培养，所以是外交外事人员需要花费更长时间去雕琢的一项内容。

思考题

1. 什么是服饰色彩搭配的呼应与平衡原则？
2. 为什么场合的规范性特别重要，外交外事人员需要懂得根据着装要求（Dress Code）穿衣？
3. 合适的发型需要考虑长短、直曲、颜色三个方面的内容，具体有哪些要求？

第九章 礼宾礼仪中的沟通交流

对于外交来说,沟通交流非常重要,对于外交外事人员来说,沟通交流是不能缺少的一项技巧。

第一节 交流的外交外事价值

交流对于外交外事到底有多么重要?这部分就探讨交流的外交外事价值。

一、交流在外交外事中的价值

对于外交,有一种观点认为其本质就是交流,交流之于外交就像血液之于人体一样,每当交流停止时,

第九章 礼宾礼仪中的沟通交流

国际政治的主体部分,即外交进程,就会消亡,从而带来暴力冲突或关系冷淡的后果,① 可见交流对于外交的重要性。外交的定义、价值与功能也体现了交流的核心地位。从定义来看,外交有狭义与广义之分,都与交流有密切的关系。先看狭义的定义,外交是一门有关国家之间谈判的科学或艺术。这种定义认为外交的实质就是通过谈判处理国家之间的关系,谈判从本质上来说,就是一种特殊的交流。但并非任何谈判都可以称之为外交,只有在国与国之间展开的谈判才能称之为外交。有学者认为如此定义外交过于狭窄,因此,外交也有广义的定义——外交是以和平的方式处理国与国之间的关系,离开了交流,外交无从开展。英国外交学家哈罗德·尼科松曾指出,外交从起源开始可以看作是处理一群人和另一群人之间关系的正常行为。人与人的关系离不开各种方式的交流。美国学者康威·汉得森在其《国际关系——世纪之交的冲突与合作》一书中指出:"外交的价值在于它有沟通和协商的功能。"② 这指出了包括沟通、协商等方式的交流

---

① Van Dinh Tran, *Communication and Diplomacy in a Changing World* (New Jersey: Alex Publishing Corporation, 1987), p. 8.
② 康威·汉得森:《国际关系——世纪之交的冲突与合作》,金帆译,海南出版社,2004,第187页。

在外交中的地位。有人更直接地把外交理解为国家间的广义交流，即国家与国家之间的往来、沟通与互动。从外交狭义与广义的定义可见，交流是外交的核心要素，没有交流，外交无从谈起。再从外交的功能来看，按照外交的四个功能：沟通、谈判、收集信息与最小化冲突，① 其中的沟通与谈判具有类似的性质，谈判从某种程度上来说也是一种特殊形式的交流，而收集信息与最小化冲突也与交流紧密地联系在一起。从外交的概念、价值与功能来看，都指出了交流的核心地位与重要作用。

交流对于外事工作同样非常重要。外事是一个与外交密切关联的概念，从19世纪中叶起，中国的外事与外务一词的含义类似，指对外国交涉的事务或指一个国家的对外事务，泛指国家、地方、部门和单位涉及国外、境外的事务。根据这种定义，外事包含外交，外交是外事的一个组成部分，是最高层次的外事。现在的外事有狭义与广义之分。狭义的外事是指除中央政府外交部门以外的中央政府非外交部门及地方政府、国家的其他社团机构所进行的对外事务、对外活动及

---

① 赫德利·布尔：《无政府社会世界政治秩序研究》，张小明译，世界知识出版社，2003，第135—136页。

对外工作。① 广义的外事则是在狭义外事含义的基础上同时把外交事务纳入其中。比如"中央外事工作领导小组"是中共中央政治局领导党和国家外事工作的中央直属议事协调机构，其中的"外事"就是指广义的外事。② 这种观点认为中央政府和地方政府的外交、外事部门处于一个系统之中，共同为中国的大外交服务。不管哪种定义，外事中所涉及的对外交往都必须紧紧依靠不同方式的交流展开。官方的各类交流方式，从大型仪式如迎送、签约仪式、宴请等，到文字上的各类文书，再到谈判、磋商等主要通过语言的沟通，最后到肢体语言的表达等，本质上都是一种外交信息的传递。如果外事工作不能进行良好的信息传递，就很难把外事工作做好；如果不能高效交流，外事工作也就失去了最基本的形式与手段。

二、交流对于外交外事人员的价值

交流对于外交外事工作非常重要，尽管外交外事

---

① 张历历：《外交决策》，世界知识出版社，2013，第44页。
② 《什么是外事?》，《重庆与世界》2013年第1期，第43页。

是国家对国家、官方对官方的交往，但它具体又是通过人与人的交流体现的。正如中国知名的外交家、外交学院前院长吴建民大使曾在《外交案例》一书中坦言："国与国之间的关系说到底是人与人之间的关系。"[①] 可见交流能力对于外交外事人员的重要性。在古希腊神话中，有一位与外交有密切联系的神——赫尔墨斯，在罗马神话中又叫墨丘利，是天神宙斯和迈亚的儿子。他是雄辩之神，掌管商业、交通、畜牧、竞技、演说以及欺诈和盗窃。赫尔墨斯风度翩翩、奸诈狡猾、能言善辩。传说他在出生之日，就曾偷了他哥哥阿波罗的50头牛，并把它们藏在山洞里，然后又回到摇篮里睡觉。赫尔墨斯双脚长有双翼，能行走如飞，他的聪明与机敏受到父亲宙斯神的赏识，曾多次派他担任最棘手的外交使命，也成为诸神传令的使者，为他们传送消息，后来逐渐成为使节和传令官的庇护神。赫尔墨斯的神性更多体现了机智和灵活，是一位情商颇高的神明，他总能运用灵活的脑袋和聪明的办法化解争斗，寻找出解决方法。

在古希腊人看来，使节、使者能言善辩的能力至

---

① 吴建民：《外交案例》，中国人民大学出版社，2007，第169页。

关重要，没有语言的能力就无法做好外交外事的工作。正如古希腊的外交家和演说家德摩斯梯尼说："使节手中不掌握战舰、军队和要塞，他们的武器只有语言和机会。"①

中国古代的春秋战国时期，也充分体现了使者交流、沟通能力的重要性。周王势力减弱，诸侯群雄纷争，各国混战不休，这既是一段大分裂的时期，也是百家争鸣、人才辈出的时代。诸侯国之间展开了丰富多彩的外交活动，各国派出的使者均为能言善辩的聪慧之人。比如，非常著名的晏子使楚的故事，就把晏子的善于辞令、能言善辩体现得淋漓尽致。楚王早知晏子是齐国善于言辞的人，三次故意羞辱他，结果都没有讨到好处。其中一个故事是楚王知道晏子身材矮小，故在大门的旁边开一个五尺高的小洞请晏子进去。晏子说："出使到狗国的人从狗洞进去，今天我出使到楚国来，不应该从这个洞进去。"迎接宾客的人只能带晏子改从大门进去。晏子拜见楚王，楚王又羞辱晏子说："齐国没有人吗？竟派你做使臣。"当晏子回复说齐国人口众多时，楚王则贬低晏子："为什么派你这样

---

① 阿·科瓦廖夫：《外交知识和技巧》，王海燕译，世界知识出版社，1989，第54页。

一个人来做使臣呢？"晏子的回答很好地教训了楚王的傲慢，他说："齐国派遣使臣，各有各的出使对象，贤明的使者被派遣出使贤明的君主那儿，不肖的使者被派遣出使不肖的君主那儿，我是最无能的人，所以就只好委屈一下出使楚国了。"晏子手无寸铁，但驳斥对方时合情合理、句句切中要害，不但没有被楚王的故意羞辱所难倒，反而有力地回击了对方，维护了个人及齐国的形象与利益，凭借的正是杰出的口才与善辩的能力。

在中国古人看来，使者与武将的要求不同，无须高大威猛、力大无穷，但需聪慧睿智、能言善辩。

时代在变化，今天对于外交外事人员来说，良好的交流能力依然是重要的素养与素质。在各类关于外交外事人员素养的书籍与文章中，能用不同方式进行沟通的交流能力是外交外事人员一项不可缺少的能力。

三、外交外事人员交流素养的构成

前面探讨了交流在外交外事中的地位以及对外交外事人员的重要性，那么，外交外事人员的交流素养包含哪些方面呢？主要有以下六个方面。

（一）具备一定的外语能力

从事外交外事工作，至少要掌握一门外语。外语是进行外交外事工作的重要工具，外交外事人员如果不懂一门外语，尤其是国际通用的英文，就会遇到很多障碍，难以主动地与对方沟通信息、增进了解、宣传自我。缺少了这个工具，外事人员就是"半聋哑人"和"半瘫子"，掌握了外语才能"耳聪目明"和"如虎添翼"，工作才能得心应手。正因如此，各国在选拔外事人才时，都会把掌握外语与否当成选拔的必要条件之一。

（二）懂得基本的礼貌呈现

外交外事工作"礼"先行。在交流当中，"礼"是非常重要的。言谈沟通中的"礼"可以表现在多个方面，如文书之中客套语的使用；口头表达中礼貌用语的使用；提问时礼貌问句的使用；肢体语言中积极体态语的使用；等等。

（三）了解委婉的表达方式

外交外事工作中的语言有时候需要委婉、模糊、含蓄。外交外事语言应该具有模糊性，表达观点时应该留有回旋余地，不能直话直说。这一方面是因为授权有限，有些话不能随便说；另一方面是因为外事工作是为政治服务的，在涉及国家之间、官方之间的表述时不能把话说得太绝对，语言模糊则能有弹性、有回旋余地，为外交外事工作留下空间。

（四）擅长能控场的口语表达

外交外事人员的口才很重要，既要能遵守一般的言谈沟通规律，又要能善于随机应变，临场发挥，达到"控场"（有分寸地引导与调控在场气氛）的良好效果。擅长口才不仅表现在一对一交流时的交谈甚欢、其乐融融；也表现在一对多交流即公众场合表达时的从容淡定与侃侃而谈。

（五）掌握非语言的重要技巧

对于外交外事人员来说，交流能力并不仅仅限于文字、口头语言，还包括非语言，最典型的非语言是体态语。由于体态语的可信度比语言的可信度更高，要成为优秀的沟通与交流高手，外交外事人员必须了解一定的体态语知识，这样就可以掌握先机，更快速与精准地了解信息,不至于被动。

(六)熟悉跨文化的交流技巧

外交外事工作中的交流本质上是一种跨文化交流,跨文化交流与同文化交流有很大的差异,这就要求外事人员应该具备跨文化的交流能力,包括不同文化下的语言交流与非语言交流技巧。

以上是外交外事人员应该具备的与交流相关的几项素养,下面主要介绍外交外事人员交流中的语言与非语言技巧。

第二节　外交外事人员的语言技巧

有人笑称外交人员有两件看家宝——"笔杆子"和"嘴皮子","笔杆子"是文字交流,"嘴皮子"是语言交流。下面介绍外交外事人员的"嘴皮子"能力,即语言交流的技巧。

一、外交辞令的理解

外交辞令是体现一国对外政策和捍卫一国利益的语言工具,它是一套特殊的言辞与语言体系,不起眼的词语传递着有深意的信息,从事外交外事工作的人必须对此有所了解。外交辞令有以下显著的特点。

(一) 礼貌表达

礼貌与优雅是外交辞令的一大特色,即使面对矛盾与冲突,外交外事人员都应有一套温和的说辞,哪怕是一件极不愉快的事情,也要婉而有致、词强不激,一般情况下要避免出言不逊、恶语伤人,这么做的目的是避免激烈的言辞冲突恶化双方关系。比如,指某人进行"不符合他身份的活动",这就是一种礼貌的表述,实质是指此人从事不合法的活动,有可能从事间谍活动。宣布某人为"不受欢迎的人",这样的表述也是一种雅化,实质是将他驱逐出境。礼貌表达已经成为外交辞令的一种共识,这也就为模糊、闪避、委婉辞令留下了用武之地。

(二) 模糊语言

使用模糊语言可以获得最大的自由度和灵活性，既达到交流的目的，又无损于任何一个国家的利益。比如，有外国记者问周恩来总理："中国现在有四亿人，需要修多少厕所？"这如何回答呢？外交场合又不便回绝，周总理回答道："两个！一个男厕所，一个女厕所。"还有一种情况是对于他人关于某事的拜托请助，如果没有授权或者无法给予明确的回复，模糊性的表述将是较好的一种回复方式，比如，"将予以认真研究""将予以积极考虑"等。如果对某种做法、主张既不能轻率地表示同意，也不能断然反对，常用"可以理解""表示理解"等话语模糊回复。用"对某某事情的进展表示赞赏或欢迎"代替"支持"的表述，"某某行动无助于什么"代替"明确反对"。

(三) 闪避艺术

出于某种特定的交际需要，说话人故意用一些适应性较宽泛的概念或者精确度不够的语言，以宽泛、含蓄、曲折的方式来表达，从而达到掩饰事实真相、回避对方的目的。有一个案例是，黄文欢举行记者招待会揭露黎笋集团,一位外国记者问道:"你在给你的同胞们说越南已经不再是独立自主的国家,而是附属于外国,你说的外国是谁?"这是记者明知故问。黄文欢机智地回答说:"你问这个外国是谁,我可以说,即使我不讲这个外国是谁。所有的人都知道它是谁。"还有一个例子是关于朱镕基总理的。中国总理朱镕基2000年举行记者招待会,台湾《联合报》记者提出,台湾"大选"只有三天了,中国大陆是否会像1996年一样搞一次军事演习来发挥影响力,朱镕基总理的回答很是巧妙:"请你等着瞧,不要着急,只有两天了。"[①]军事演习涉及国家的机密,是不可能随意公开的,总理运用了闪避的表达方式,非常机智地解答了这个问题。当然,模糊语言与闪避有非常密切的关系,模糊语言也可以理解为闪避的一种方式。

(四)委婉含蓄

外交语言的特色就是既回答得委婉得体,避免刺激对方,又传达了说话人的观点态度。比如,"会谈增进了双方的了解",是指双方没有取得一致意见,存在

---

① 《九届人大三次会议举行记者招待会 朱镕基总理会见中外记者回答记者提问》,《人民日报》2000年3月16日,第1版。

分歧。"深入地交换了意见""充分陈述了自己的观点""阐明了各自的立场",表示双方分歧较大,会谈仅止于自说自话。对某事表示"遗憾",这是对他人表达不满情绪。"我们不排除任何可能",意指保留做任何事、一切事的权利。表示赞同的词汇会用到"注意到""理解""不提出异议""同情""欣赏""欢迎"等语言表达。表示中立的词句包括"希望双方通过友好协商……""以和平大局为重……""以两国人民的传统友谊为重……"等。表示反对的词汇包括"表示关切""感到不安""表示遗憾""深表痛心"等。需要注意的是,一旦涉及触犯国家核心利益的做法,往往要突破委婉的表述,采用直接而坚定的话语表明立场,比如"愤慨""谴责""反对""抗议"等。

中国外交外事不分家,外事是大外交的一个重要组成部分,外事人员也应该对基本的外交辞令有所了解,这样可以在外事交往中听得懂对方的外交辞令,并在需要的时候运用外交辞令。

二、交谈内容的选择

外事工作很多时候会涉及个人化的交流与互动,

要想形成交谈甚欢的场景,让外宾产生愉快的交谈体验,既要在交谈内容上下功夫,也要在表达方式上下功夫。这部分将介绍交谈内容的选择与使用技巧。

(一) 多使用礼貌用语

对待外宾需要把常用的礼貌用语挂在嘴边,如"您好""请""谢谢"等。欧美国家的人觉得这是生活中的常识,即使是家人之间也应该如此。比如,一位中国女士嫁给了一位英国男士,一次,中国妻子对英国丈夫说:"把手提电脑递给我!"("Pass me the laptop!")没有想到,这样一句话却让丈夫不太高兴。丈夫有些抱怨地说:"你会用带'请'字的询问句吗?"("Do you know how to say 'Could you please…'?")可见,对待外国人可以多一些客套与礼貌。

交流中的礼貌用语还表现在谦辞与敬语的使用。谦辞和敬语是一个问题的两个方面,前者对己,后者对彼,内谦外敬。受到儒家文化影响的中国、日本、韩国都存在谦辞与敬语的使用,表现在称呼上,就是对自己以及与己相关的家人、物品要用谦辞,而对对方则用敬语。以称呼为例,谦称自己的父亲是"家父""家君",母亲是"家母",自己的妻子是"内人",称呼自己的丈夫是"外子",女儿是"小女",儿子是"小儿"或"犬子"。敬称用法则不同,称呼对方的父亲是"令尊",母亲是"令堂",称对方的妻子是"令妻""夫人""尊夫人",称呼对方的丈夫是"贵夫",[①]对方的女儿是"令媛",对方的儿子是"令郎"。需要注意的是,外交语言中也有谦辞敬语,比如,对外文书中客套语的使用正是敬语固定下来的格式。几百年前的欧洲外交中,当欧洲某国的新大使到英国赴任,在约请递交国书的信件中,会以"你忠诚的仆人"落款,这即是谦辞的典型表述。

(二) 对敬语、谦语的回复

前面介绍了敬语与谦语,听者如何回复?在受儒家文化影响的国家与欧美国家,回复是有差异的。在受儒家文化影响的中国、日本与韩国等,听到他人的恭敬与恭维时,得体的回复是适当的推辞,不能照单全收,比如"哪里哪里""不敢当""过奖了""谢谢夸奖"等。例如,1972年2月21日,毛泽东在书房会见尼克松与基辛格时,当基辛格博士与尼克松总统恭

---

① 夏松平:《"令夫"是用于尊称对方丈夫的敬辞吗》,《语文学习》2018年第10期,第74页。

维毛主席时,他采用了推辞与自贬的方式。如基辛格博士说:我在哈佛大学教书时,指定我的学生要阅读主席的全集。毛主席回复:我的那些东西没什么,我写的东西里面没什么教育意义。尼克松总统对毛主席说:主席的著作推动了一个国家,改变了这个世界。毛主席说:我没能力改变世界,我顶多改变北京附近的几个地方。① 这即是最经典的对恭维语的东方式回复。

此外,儒家文化要求人自谦,中国有自谦的传统,在中国越是有本事的人越谦逊。如果一个人特别谦虚,听者应该加倍地肯定与赞美对方。受儒家文化自谦而敬人的传统影响,双方的交谈好似玩跷跷板,双方都在压低自己抬高对方,如此不断循环。

而在欧美文化中,回复的模式有很大的差异。得到对方的赞美可以大方接受,不用过分谦逊,比如,当对方说:"您的英语说得真好!"可以直接回复:"谢谢您的赞美,非常高兴得到您的肯定!"如果是对方出现"自谦式"的表述,比如,"这次我发挥得不好,表现一般",也可以顺着对方的话往下说,如:"没关系,

---

① 李小翠:《毛泽东与尼克松会谈记录解密》,《报刊荟萃》2011年第11期,第45页。

那你继续努力一定能够成功!"可见,回复方式在不同的国家、文化之下的表达并不一样。

(三) 推荐与禁忌话题

与外宾交谈,如何当好东道主,营造交谈甚欢、其乐融融的氛围呢?选对话题特别重要,适宜涉及的话题包括:双方感兴趣的话题、双方擅长的话题、轻松愉快的话题、时下流行的话题等。如何得知对方对什么感兴趣、擅长什么呢?参加重要活动、接待贵宾,外事人员应该事先做功课,查阅资料,了解情况,以便掌握主动。如果双方实在没有共同的话题,可以退而求其次,选择对方感兴趣和擅长的话题,这即是对"体谅"原则的践行。轻松愉快的话题则是十分放松、人人都不会排斥的话题,如风景名胜、有趣故事、奇闻轶事、好书好电影分享等。时下流行的话题具有共享性的特点,人人都能聊上几句,不会出现有人能说、有人插不上嘴的情况,众人交流时尤其适用。

既然有所说就有所不说,哪些话题与话语是不宜涉及甚至是禁忌的呢?像负面消极语言、背后非议别人、低俗浅薄的话题、个人隐私的话题都应该避免,议论过多降低个人形象也易产生不良效果。负面消极语言包括气话，情绪性语言，不友好、不耐烦的语言，等等。背后非议别人是指在背后说人坏话，中国传统文化认为这非君子所为，强调君子应该"静坐当思自己过，闲谈莫论他人非"。低俗浅薄的话题是那些格调不高的话题如黄色笑话、流言蜚语以及难登大雅之堂的话题与话语。个人隐私的话题包括两大类，一类是共性类的，如收入、年纪、婚姻家庭、健康状态、宗教信仰、政治倾向等；还有一类是个性类的，这一类个人隐私话题与当事人密切相关，一般涉及个人的伤疤、囧事或者不值得炫耀的内容等，因此，我们不能"哪壶不开提哪壶"。

三、交谈方式的调整

前面介绍了言谈内容相关的知识，提升谈话水平并非只关注交谈内容就足够了，实际上，交谈方式是非常重要而又一直没有受到足够重视的内容。在工作与生活中，有的人特别会说话，一说话别人听着就很舒服，而有的人就不太会说话，一开口别人听着就刺耳、难听，他要是有什么提议、动议，别人就很反感、排斥、抵触，不愿意配合，这是什么原因造成的呢？

根据研究发现，与交谈方式有很大关系。

（一）表达方式

表达方式是指如何把一个观点呈现出来。表达方式的差异是一个人交流效果好坏与受欢迎程度高低的评判标准之一。比如，在外事活动中，常常需要他人做某件事情，通知对方某个信息，请对方做某种配合等，该如何表述呢？比如，召开一个国际会议，会议召开时间是上午9点，组织方安排大客车接送住在宾馆的参会外宾，路程是15分钟，通知贵宾8：20上车，不能迟到，尽管纸质日程上有时间安排，但组织方还是需要口头提醒各位外宾，该如何表述呢？这就与表达方式相关。可以有这样几种表述方式。

明天接送各位外宾的大客车8：20发车，请各位外宾不要迟到。

明天接送各位外宾的大客车8：20发车，请各位外宾按时登车好吗？

组织方明早安排了大客车接送各位外宾去会场，8：20发车，我们有这个荣幸恭候您8：20之前登车吗？

从以上三个表述可见，第一种比较生硬，有命令的感觉，尊重的程度不够；第二个表述变成了问句，口气变得礼貌委婉；第三种表述的恭敬程度最高，问句把"我"放在前面，这种表述可以用在很多地方。比如：

我能为您做什么？
我有这个荣幸得到您的名片吗？
我有这个荣幸与您共进晚餐吗？

问句含有协商、商量的含义，给予听者更多的尊重，而祈使句的尊重程度没有问句明显。要想成为受欢迎的交流者，一定要懂得通过提问提要求。

除了在表达方式上精雕细琢，为讲话添加"调味品"也是提升表达方式的一种技巧，比如，以赞美的方式说，以幽默的方式说。

(二) 赞美技巧

赞美本质上是对他人的个人价值的肯定与承认，这正是每个人都希望受到赞美的原因。在涉外交往中适当地赞美对方可以增进彼此的关系、提升交流效果。好的赞美不是简单的溜须拍马,能够打动人的赞美必须基于事实,所以对赞美人而言,需要有一双发现美的眼睛,正如苏格拉底所言:如果眼睛没有太阳,就看不见阳光,如果自己本身不美,就发现不了美。什么是好的赞美呢?如果说:"你真成功!""你真漂亮!""你真有钱!"……这些并不是最佳的赞美,好的赞美应该具体化,具体的赞美比泛泛的赞美要好得多,赞美的话语说出来能立刻帮助听者在大脑中绘制一幅图片,比如,"你的力气真大,农村用的抽水泵,你一个人能扛到肩上!"这样更生动、具体,有说服力。

需要注意的是,赞美可以适当夸张和扩大,但必须基于事实,阿谀奉承、为了赞美而赞美并不是高端的赞美,很难打动人。

(三) 幽默技巧

幽默是一种智慧,对外交外事人员来说,幽默可以提升个人的魅力、提升交流效果。西方人对幽默感特别看重,他们认为,"可以不做个优秀的人,但绝对不可以做个不懂幽默的人"。国外有学者认为幽默是任何有意制造不一致的意义,从而引起笑声的交流方式。

笑点来自哪里呢？幽默有很多种，这里介绍两种。第一种方法是"交叉错位"逻辑。如果遵守正常的因果逻辑关系，就不会产生笑料。交叉错位逻辑是指存在两条逻辑，且两条不互为因果的逻辑发生了碰撞，第一条逻辑跳跃到另一条不相干又有一定歪理的逻辑上。于是，幽默就产生了。如"不想当厨子的裁缝不是好司机"。第二种方法是"反向错位"逻辑，即在一条交谈的逻辑线上逆向思维，说出反话，比如，"我一直想减轻工作压力，在我的不懈努力下，终于越来越忙了"，这样就产生了笑点。

第三节　外交外事人员的非语言技巧

英国的语言学家大卫·阿伯罗比亚（David Abercrombie）曾经说过，"我们用发声器官说话，但我们用整个身体交谈"。[①] 非语言性行为很大程度上是无意识的，传递信息的可信度比语言符号高得多，因此，外交外事人员也需了解非语言交流的相关知识，这样

---

① 颜学金：《非言语行为的跨文化交际研究》，《西南民族学院学报（哲学社会科学版）》2002年第9期，第202页。

可以在交流中占据优势。非语言的内容广泛,不同学者划分不一样,按照毕继万教授的划分法,非语言包含体态语、环境语、客体语、副语言,[①] 这一节将专门介绍非语言交流中的体态语。

一、辨识积极的体态语

在交流中,积极的体态语可以传递欢迎、友好、重视、尊重的信息。了解这些信息,外交外事人员就可以多使用积极体态语以提升交流效果。

(一) 脸部表现

先看微笑。微笑是世界最美丽的语言,人人都把微笑当成善意、尊重的表示,不受文化差异的影响。微笑又分真笑与假笑。真笑时嘴角上翘,眼睛眯起。此时,面部主管笑容的颧骨主肌和环绕眼睛的眼轮匝肌同时收缩。而假笑时,只有嘴角上提,此时眼轮匝肌不会收缩,因为眼部肌肉不受人的意识支配,只有真的有感而发时才会发生变化。再看目光的交流。与

[①] 毕继万:《跨文化非语言交际》,外语教学与研究出版社,2012,第6—7页。

他人交谈一定要注视对方的眼睛,否则会传递不诚实或企图撒谎、不感兴趣或有抵触情绪等负面信息。

(二) 四肢表现

双手需要指人、唤人、引领示意时应采用手心打开的开掌式,开掌式具有积极的体态语含义,手心打开代表着坦诚、开放,是善良和美好的象征。双手手臂胸前交叉是一种消极的体态语。很多人知道它是消极的,为什么还是难以避免?因为这是人的一种自我保护的本能。婴儿饿了、渴了、疼了会通过哭的方式获得大人的关注,母亲往往会抱起婴儿安慰抚摸并试图找出原因。成年人仍旧会遇到令人不愉快的事情,当人无法获得母亲的拥抱和抚摸时会本能地自我触碰,由此缓解紧张与不快。那么,如何化解这个矛盾?最佳的方式是一只手抓住自己的另外一只手臂,或者手拿一件物品,如文件夹、小花束、晚宴包、酒杯等以释放压力。手部之间触碰,自我触碰最小化传递的积极信息更明显,比如双手的十指之间触碰在一起,代表的是自信、优越感,美国总统特朗普就座时就时常采用这种姿势。双臂打开是一种积极的语言,就如同跑在最前面的田径运动员展开双臂冲刺时的动作,展现的是拥抱世界的喜悦。就座时如果两人就座于一个沙发上，其中一人要跷二郎腿，上面的那条腿最好朝着坐在同一沙发上的交谈者，这是一种认同、欣赏、亲近的体态语。

（三）躯干表现

与人交流时身体略微前倾是愿意交流的信号。此外，全身的姿势最好协调一致。与多人交谈时，身子、脸部要全部转过去朝向交谈的那个人，不要身体与头部的方向脱节。同时，愉快地站立交谈往往会出现双方脸部表情轻松、面带微笑、逐渐伸开胳膊、展开手掌甚至解开外套扣子的动作，气氛轻松而愉悦。就座时较为尊敬的方式是臀部坐椅子的 3/4 或者 2/3，以示恭敬和尊重。

以上简单地介绍了本能层面的积极体态语，这些体态语的积极程度从低到高不等，传递的都是尊重、愉悦的含义，在外事工作中应注意多使用这些积极的体态语。

二、辨识消极的体态语

人有时会本能地呈现一些消极体态语，原因是多方面的，如个人的焦虑、烦躁或对某人、某事、某物的讨厌、反感、抵触等。消极体态语会让与之打交道的人感觉到不受尊重。本能层面的消极体态表现丰富，最为常见的三种表现如下。

(一) 脸部表现

友善的面部表情让人有如沐春风的感觉。眼睛无视、斜视、盯视、透过眼镜看人，表情傲慢、僵硬、没有微笑或假笑，交谈时脸部不正对着对方，下巴高扬等脸部表现，给人冷漠、无礼的感觉。脸红和冒汗常常代表着准备不足、缺少自信或者情绪失控。眼睛是心灵的窗户。瞳孔突然改变，突然变小或者突然变大都有可能是消极的，当然瞳孔变大并非都是消极的，人遇到高兴、兴奋的事情瞳孔也会变大，哪种属于消极含义？这就需要结合"体态语群"综合判断，体态语的研判永远是综合的而不是孤立的。微笑时要避免假笑、皮笑肉不笑，或者转身时笑肌立即收了起来，这种"变脸"是非常失礼的。

(二) 四肢表现

手部频繁触摸眼睛、鼻子、嘴巴、后脑勺、脖子等地方，可能意味着紧张、有疑问、不认同、不自信或者心中有鬼。此外，双手紧握或者越握越紧、用中指指人、用手心朝下的方式伸手与人握手、双手手臂胸前交叉、就座时双手头后交叉等都带有消极性含义。人在紧张时会本能地自我触碰，手部、腿部自我触碰越紧、面积越大，传递的恐惧、紧张的信息越明显。此外，与人交谈时，坐姿呈起跑状、一只脚踩在外呈离开状、就座时跷二郎腿且上面那条腿的方向没有朝向交谈者、抖腿、脚心对着对方、站立时一只脚紧紧地缠住另一只脚等，都会传递紧张、不重视、不尊重等负面信息。

(三) 躯干表现

与人交流时身体后仰，与人交谈时头部面对对方但身子转开，请对方讲话时手势与身体不在一个方向，就座时臀部坐满整个椅子，与多人交谈时身子只面向一人，表达某种信息时说话的内容与躯干、肢体语言不一致,等等。

以上简单地介绍了本能层面的消极体态,这些体态语的消极程度从低到高不等,传递的都是个人不自信、不欢迎、不尊重对方的含义。因此,在涉外交往中应注意避免这些消极的体态语。

三、不同文化影响下的体态语

某些姿态动作在一种文化中具有积极含义,在另一种文化中却具有消极含义的情况并不少见,对于从事外交外事工作的人来说,这需要格外注意。正如一位学者所言,很多人认为,在跨文化交流中最重要的是学好对方的语言,却忽略了非语言交流行为的文化差异及其影响,而非语言行为的差异比语言行为的差异所引起的文化冲突要严重。[①] 下面,我们就分析举止仪态的文化差异性。

(一) 头部表现

英美有句格言:"不要相信不敢直视你眼睛的人。"

---

① 毕继万:《跨文化非语言交际》,外语教学与研究出版社,2012,第8页。

在西方人看来，缺乏目光交流就是缺乏诚意、感到内疚、对话题不感兴趣、为人不诚实或者逃避推托的表现。然而，中国传统的观点认为直视对方的眼睛是不尊重他人的表现，为了表示对对方的尊重往往避免与对方有直接的眼神交流。但庆幸的是，随着中国的国际化程度越来越高，越来越多的中国人接受了眼神互动体现尊重的做法。在全球大多数的国家，点头等于肯定、赞同（"Yes"），摇头等于否定（"No"），但一些国家如印度、巴基斯坦、斯里兰卡、尼泊尔、保加利亚、阿尔巴尼亚、孟加拉国与非洲有些国家，他们类似摇头的姿势是"Yes"，类似点头表示"No"。

（二）四肢表现

"O"型手势相当于英语的"OK"，即"好了""一切妥当"等意思，中国人也如此理解。但并不是在全世界都共享这个含义。在法国南部和比利时，"OK"型手势表示"零"或"一无所有"。在德国与巴西则要特别小心，这是粗俗和下流的含义，希腊人与俄罗斯人也视它为不礼貌的。"V"形手势，形成如英语字母"V"的形状，表示"胜利"的意思。需要注意的是，如果将手心向内作出这样的手势，在英国和澳大利亚、新西兰等国,就成了一种猥亵侮辱他人的信号,①意为"去你的!走开!"("Up yours!")(叫人闭嘴或者叫人滚开)。在中国,如前文所说,可以使用类似的手势表示数字"2",在欧洲各地及美国,这一手势也用来表示"2"。

与人握手时,受儒家文化影响的国家认为双手相握是一种积极的含义,表示对对方的尊重、重视;而伊斯兰信仰者与印度教信仰者认为辅之左手是不敬的表现,因为在他们眼里,左手是肮脏、不洁的。捏拽耳垂这一动作在不同文化下也有不同含义,在南斯拉夫,表示对女性化的柔弱行为的藐视;在土耳其,则表示对恶意目光的"回敬";希腊人却以此表示警告;苏格兰人以此表示不相信;马耳他人却以此指告密者。②

(三) 躯干表现

躯干弯或直在不同文化下有不同的含义。受儒家文化影响的东方国家人士常常用略微含胸、身体前倾

---

① 魏晓红:《大学校园文化中的非言语交际形式剖析》,《湖北经济学院学报(人文社会科学版)》2011年第6期,第141页。
② 周加李:《涉外礼仪》,机械工业出版社,2018,第59页。

的方式表达对尊者的尊重,走路时也应谨慎、低调。欧美国家的人重视挺胸收腹、强调躯干挺直,有的中国人会把这种仪态动作理解成态度傲慢的表现。在致意的礼节上,日本人、中国人、韩国人喜爱欠身、鞠躬这种弯曲躯干、降低高度的方式表达敬意。而西方人对于欠身、鞠躬的动作则用得少得多,他们更喜欢平等的握手、拥抱。

思考题

1. 外交外事人员的交流素养包含哪些?
2. 外交辞令有哪些特点与表现?
3. 为什么外交外事人员需要了解一定的体态语知识?

第十章　礼仪习俗与文化

　　礼宾礼仪本质上是涉外礼仪，涉及不同文化的交流，礼宾工作者应该是跨文化交流的能手，能够理解世界不同礼仪习俗及背后的文化，同时也要对自身的传统文化如何影响礼宾礼仪有所熟悉。因此，本章也就是本书最后一章会介绍跨文化交流的一般原理，包括跨文化交流的"三度法则"，即敏感度、包容度与和合度，梳理世界几大主要文化圈的主导型价值特点，并从中国特色外交的角度阐释中国礼宾礼仪中的文化特色。

　　外交外事交往是典型的涉外交往，涉外交往本质上都是跨文化交往，外交外事人员都是跨文化交流的践行者。因此，想要成为跨文化交流的高手，在外交外事工作中不被跨文化交流的各种障碍所羁绊，树立跨文化交流意识,了解世界有代表性的几种文化,了解中国礼宾礼仪中的文化特色就非常有必要。

第一节 跨文化交流意识

从事涉外礼宾礼仪工作,了解与掌握跨文化交流的"三度法则"是非常有必要的,即敏感度、包容度与和合度。

一、建立跨文化交流的"敏感度"

"敏感度"是跨文化交流中的一个重要词汇,是跨文化交流人员最核心的能力。外交外事人员的跨文化敏感度如果偏低将会影响礼宾礼仪工作的顺利展开,而具备较高的跨文化敏感度,则意味着外交外事人员能够敏感对待不同文化间的差异性,使礼宾工作更加高效地完成。

何为跨文化敏感度?跨文化敏感是一种不断适应文化差异的能力,跨文化的敏感度包括三个方面:对异文化的兴趣度、对文化差异的敏感度以及调整自身行为以适应异文化的意愿。① 如果对某一种异文化保持兴趣而不是反感、排斥与厌恶，并在与对方打交道的时候保持敏感的意识，并落实到行为上，调整与修正自身行为，展示对该文化群体的尊重，将有益于积极、正向的跨文化互动。

跨文化的鼻祖式人物爱德华·霍尔曾说，"文化即交流、交流即文化"。② 文化与交流密不可分，人类的交际过程就是文化交流的过程。文化交流内容广泛，包括器物、制度与价值观，礼宾礼仪的内容不管是宏观还是微观的，如大型仪式、迎送安排、位次安排、言谈举止、穿衣打扮等，它们既是一种文化，也是一种交流的方式。尽管经过几百年的发展，世界各国已经接受了一套主要受欧美文化影响的礼宾礼仪国际规范，但各国在践行这些规范的过程中，难免会打上本国文化的烙印，这就要求礼宾礼仪中的主体不管是主人还是客人都能够具有跨文化敏感度。

如果缺少跨文化敏感度，在款待外宾时就容易出

---

① Bhawuk, D. P. S. & Brislin, R., "The Measurement of Intercultural Sensitivity Using the Concepts of Individualism and Collectivism," *International Journal of Intercultural Relations*, no. 16 (1992): 413-436.

② 爱德华·霍尔:《无声的语言》，何道宽译，北京大学出版社，2010，第145页。

现差错，实际上，很多礼宾礼仪中的失败案例都是与缺少跨文化敏感度相关。以色列总理款待日本首相出现失误就是典型的案例。2018年5月7日，日本首相安倍访问以色列，以色列总理内塔尼亚胡在官邸设宴款待安倍夫妇，负责烹调当晚顶级料理的是以色列知名主厨塞格夫。然而，主菜过后，上来的甜点却被盛装在一双"男士皮鞋"里，尽管是模具，但其大小、样式、颜色与真鞋无异，这一做法引起轩然大波，以色列的行为被视为"外交失礼"。一位曾在日本工作过的以色列外交官称，这是一个"愚蠢和麻木不仁的决定"，"在日本文化中，没有什么比鞋子更加龌龊了"。有报纸引述未具名的日本外交人员说："世界上没有哪个文化会把鞋子摆上桌。这位名厨是怎么想的？如果这是种幽默，我不觉得好笑，我们替首相觉得受到冒犯。"有网友认为："你不必了解任何文化，也知道在晚宴时端鞋上桌不对！"有人打了一个比喻："这相当于把犹太客人的巧克力放在一个形状像猪的盘子里。"所有人都知道，犹太人是不吃猪肉的，把猪肉视为肮脏的东西，这就如同日本人把鞋子视为肮脏的东西一样。面对众多的批评之声，以色列外交部发布声明表示，未事先过目这次晚宴的餐点："我们尊重且欣赏主厨。他很有创意。"然后修正并补充声明说:"我们对日本首相有最高的敬意。"尽管如此,这还是成了以色列接待中的一个失误。

从这个案例可见,以色列知名主厨塞格夫拥有超高的厨艺,但其缺少跨文化敏感度是这次失误的主要原因,他没有意识到鞋子在以色列文化与日本文化中拥有不同的含义。前面一章介绍了美国礼仪专家艾米莉·波斯特对礼仪的见解,"礼仪是对他人感受的一种敏感意识",敏感意识包含很多方面,跨文化交往中的敏感意识更加不能小视。

二、提升跨文化交流的"包容度"

前面探讨了跨文化的敏感度,敏感度是建立文化差异的意识与适应文化差异的能力。如果要更好地适应文化差异,对于外交外事人员来说还需要提升跨文化交流的"包容度"。敏感度与包容度有密切的关系。

不同文化之间存在差异性,文化差异虽可以导致不同文化之间的冲突,但也不乏交流与融合,所以,矛盾冲突与交流合作是文化差异可能导致的两个结果,如同钱币的两面。涉外礼宾礼仪就是要促成交流合作,规避矛盾冲突,因为"礼"文化的精髓是"和"。① 作为从事外交外事工作的人员,建立跨文化交流的"包容度"可以帮助促成和谐交流。这意味着,承认不同文化的差异并尊重不同文化的差异,不能将自身的生活方式理解为唯一正确的生活方式,不能认为自身的文化就是"真理"的化身,从而把自身文化所秉持的观点、态度和立场凌驾或强加于其他文化之上,并对外来文化抱有不同程度的"心理排斥"。不同的文化之间不存在高低优劣之分,任何一种文化对其他文化都不具有优越感,都应该相互倾听,彼此尊重。特别是要认识到,每一种文化都是建立在自身特定的历史和文化传统上,都受到各自的惯例、历史和制度的支配。只有从促进人类发展、增进人类福祉的高度,超越彼此的地域经验和制度传统,才有可能达成更多的文化"共识",从而实现有效的跨文化交流。

包容性的思维可以更好地适应跨文化交流,以展现对外宾的充分尊重。周总理的一个案例就非常具有典型性,周总理常说共产党员是无神论者、唯物主义者,不信宗教,但不能要求别人也不信教,我们要尊

---

① 张自慧:《中国礼文化之和谐观探析》,《江淮论坛》2005年第3期,第113页。

重人家。20世纪70年代初,巴基斯坦总统齐亚·哈克访华。他是一个极为虔诚的穆斯林,不论有多么重要的事情,每天都按时祷告。哈克总统来访后第二天下午3时左右,周总理告知礼宾司的工作人员,半小时后毛主席要接见他。毛主席当时接见外宾是没有提前安排日程的,以通知为准。结果,哈克总统正在祷告。焦急不已的工作人员请示周总理,周总理立即回电:"你们千万不能惊动哈克总统,也不要告诉他的秘书及其他高级官员。他什么时候祷告完就什么时候通知我。我先利用这个时间提前到毛主席那里去汇报,拖延一下时间。一有消息你们立即打电话到毛主席办公室。"当哈克总统获知此事后,再三向周总理道歉。他说:"我访问过那么多国家,没有哪一个像你们这样的大国领导人这么尊重我们的宗教信仰。"这不仅令哈克总统印象深刻,代表团其他成员也深受感动,回国后竞相告诉他们的亲朋好友,并称颂,中国这么高级的领导人都这么尊重他们的宗教信仰,这样的国家值得尊敬,值得与之建立友好关系。

从周总理的案例可见,他对不同宗教与文化具有巨大的包容性,包容他人的信仰,尊重对方的感受,如此也获得了他人的良好评价与较好的涉外交往效果。

三、增强跨文化交流的"和合度"

如果说"敏感度"与"包容度"都是一种合规律性的做法,"和合度"则是跨文化交流的最终目的性价值指向。与"和合"相关的哲学思想不管是中国古代还是古希腊都有过相关的论述,下面分别对中国古代的"和合"与古希腊的"中和"观点进行介绍。

"和合"是中国文化的精髓,"和合"两字最早分别见于甲骨文和金文。"和"指的是和谐、和睦、和平、和善等;"合"指的是聚合、汇合、结合、联合、融合等。[①] 中国古代的"和"来自差异,没有差异就没有"和合",表达的是多样性统一达成的和谐。在"和合"文化中,"中庸""和而不同"都是解决矛盾的有效方法。"中庸"讲事情的"度",做到恰到好处。"和而不同"讲究在差异中寻找共性,没有差异反而无法达成"和",即所谓"若以水济水,谁能食之?若琴瑟之专一,谁能听之?同之不可也如是"。[②] "和合"

---

① 冯来兴:《中国传统"和合"文化与构建和谐世界》,《江汉论坛》2006年第5期,第43页。
② 杜预:《春秋左传集解》第四册,上海人民出版社,1977,第1463—1464页。

正是来自差异性元素的有机结合,才能达到真正的"和"。"和合"思想是对世界差异性与多样性的肯定,并引导文化差异性向着交流合作而不是矛盾冲突的方向发展,强调事务之间相互依存、协调发展的一面。

其实,"和合"并非中国古代独有的概念,与之相关的一个概念是古希腊的"中和"观,[①] 这种思想在古希腊的历史上是一笔可贵的思想遗产。古希腊的人民在实践中逐渐发现一些规律,比如,音乐家发现高低音的配合可以形成美妙的音乐;建筑家们发现建筑各部分之间存在比例结构关系,比例得当符合视觉美感;画师们和谐搭配不同色彩,能绘制出美丽的图画……人们认识到"只有恰到好处,作品才能惟妙惟肖"。因此,任何一种技艺大师,都极力避免过多或不足,而讲究恰当、适中与和谐。这样,以适中、恰当、适度、和谐等为内容的"中和"观就形成了。与中国传统的中庸、和谐、和合观有相似之处。

不管是中国传统文化中的"和合"思想还是古希腊的"中和"思想,对于跨文化交流中的冲突弥合都具有现实价值。强调与其他文化和谐共处,形成文化

---

① 杨目生:《古希腊中和观初探》,《赣南师范学院学报(哲学社会科学)》1988年第1期,第105页。

多元并存的局面，倡导跨文化交流中的文化冲突向和谐有序的状态转变，这正是"和而不同"普适价值的具体体现，可以帮助外交外事工作者以更加开放的态度主动了解、欣赏另一种文化，实现文化的多元并存，相互理解、相互包容，日趋靠拢，最终建立真正意义上的和谐社会、和谐国度与和谐世界，也就是实现费孝通先生提出的"各美其美、美人之美、美美与共、天下大同"的目标。

从这个角度看跨文化交流中的礼宾礼仪，会有更高的视野与更大的格局。比如，各国在遵守一套具有共性特征的、成为国际惯例的礼宾礼仪规范时，不忘尊重其他国家在践行这套规范时所展现的具有个性特征的独特民族、文化，由此形成普遍性与特殊性的结合。这不仅有益于跨文化背景下的涉外礼宾礼仪工作的圆满完成，还能促进国与国之间的和谐共存、和平相处。这就是基于"敏感度""包容度"基础之上的"和合度"的最大价值。

第二节　世界三大文化圈及其文化

文化圈是分布于一个区域的文化特质组合，在此区域内各个族群都具有同样的文化特质。一个文化圈可能集中于某一地区，与其他族群毗邻而居，也可能分散在不同的地区。辨别文化圈并非依据单一文化现象或成分，而是根据一组具有持久性、自足性、相关性的文化特质组合，这种文化组合可能是精神的、物质与技术的或制度习俗的，凡是具有同类文化特质的族群即可视为一个文化圈。

关于世界文化圈的分布有不同的划分法，比如，世界三大文化圈如儒家文化圈、基督教文化圈、伊斯兰教文化圈；世界五大文化圈如西方文化圈、东亚文化圈、伊斯兰文化圈、印度文化圈和东欧文化圈；还有世界九大文化圈如西欧文化圈、东欧文化圈、东亚文化圈、南亚文化圈、东南亚文化圈、非洲文化圈、拉丁美洲文化圈、太平洋文化圈、伊斯兰教文化圈等。每一种划分都有其道理，本书主要介绍三大文化圈。对于外交外事人员来说，了解世界主要的三大文化圈分布,将能从宏观上把握世界文化的分布与特征,从而为与不同文化背景的人打交道做好准备。

一、儒家文化圈

儒家文化圈是指以儒家文化为文化基础的社会区域的统称,广义的儒家文化圈以汉字、册封体制、儒学思想、大乘佛教、律令制为五项基本要素,① 地理上主要分布在东亚,具体包括中国、朝鲜、韩国、越南、日本;② 还包括东南亚的新加坡、印度尼西亚、马来西亚和泰国的华人聚居地等。

儒家文化圈具有一些代表性的特征,比如,认同儒学的核心价值、历史上曾使用汉字或以此为基础创新本国文字、饮食上食用稻米、用筷子进食、类似风格的建筑等。文化有显性的物质文化和隐性的价值文化,隐性的价值文化将塑造文化圈内人的思维方式和

---

① 李开琴、杨麒霖:《儒学视域下中国儒家文化圈的文化外交研究》,《山东行政学院学报》2019年第2期,第121页。
② 关于日本,有观点认为日本在近代以前属于儒家文化圈,但鸦片战争后,"脱亚入欧"成为日本人的文化新选择,后实现从"和魂汉才"向"和魂洋才"的转换。因此,学界有时也将当代日本划入欧洲文化圈的范围。还有观点认为,自18世纪明治维新以来,日本政府虽然重在学习西方的科学技术,但意识形态仍然是经过改造后的儒家文化。

行为习惯。下面对儒家文化圈有代表性的几种价值文化进行介绍。

(一)"天人合一"的宇宙观

"天人合一"是中国传统文化最重要的思想之一,在传统思想中,道家、儒家都认同"天人合一"思想,"天人合一"也是儒家整个思想体系中非常重要的思想。[①] 不同时代的儒者对于"天人合一"的理解重点不尽相同,总体来说,儒家侧重于探讨人性问题,把天看成人性本质的外化,[②] 试图通过"天人合一"来论证"天人合德"。[③] 此外,在追求人与自然和谐的根本态度上,儒家较为积极,认为人是自然的一部分,但又不同于万物,是万物之灵,人可以积极参与天地宇宙间的变化。人的积极作用不是去征服或控制自然,而是去辅助和促成。[④] "天人合一"思想成为儒家文化圈注重修身与处理人与外部世界和谐关系的价值指导,

---

[①] 楼宇烈:《儒家"天人合一"思想》,《特区实践与理论》2017年第5期,第5页。
[②] 王竞芬:《天人统一于一心论邵雍儒道兼综的境界哲学》,《孔子研究》2000年第6期,第63页。
[③] 郝海燕:《论儒家"天人合一"的含义》,《高校理论战线》2010年第8期,第47页。
[④] 钱逊:《也谈对"天人合一"的认识》,《传统文化与现代化》1994年第3期,第12页。

也影响了文化圈内各国人民的宇宙观。

(二)"阴阳交变"的思维方式

"阴阳"是极富东方特色的哲学范畴,是贯穿中国文化的一种极为普遍的思维观念,中国传统文化经典《周易》的中心就是阐释阴阳之道。① "阴阳"不仅是道家的重要思想,也是儒家文化的重要组成部分。儒家经典《易传》是一部阐释《周易》的古老著作,"儒家的伦理观念、道家和阴阳五行家的天道观,成了《易传》解易的指导思想"。② "阴阳"影响了人的思维方式,成为儒家文化圈中人的一种思维特征,也成为人们理解一切事物的根本性规律,比如,儒家文化圈的人具有变通性、灵活性等特点就与阴阳思维有密切联系。

(三)"孝道仁爱"为基础的社会结构

孝道是儒家文化的理论根基,在儒家文化中具有

---

① 王治功:《释"易"及阴阳》,《汕头大学学报(人文社会科学版)》2008年第6期,第25页。
② 朱伯崑:《易学哲学史》第1卷,昆仑出版社,2005,第61页。

重要地位，被视为天经地义之道。① 儒家认为孝道是做人的根本，是人所特有的道德行为，是人优于动物的独特之处。孔子提出"孝为仁之本"，② 把孝作为"仁爱"的源泉和行善的起点，由近及远、由人及万物，从孝敬父母到敬祖尊师，再到报效国家，最后达到修身立事，实现自己的远大志向（"夫孝，始于事亲，中于事君，终于立身"——《孝经》）。孝道是儒家文化圈的重要特征之一，也成为理解儒家文化圈的关键。

儒家文化圈包含的思想内容众多，构成一幅多彩的画卷。以上从"天人合一""阴阳交变""孝道仁爱"三个方面介绍了儒家文化圈最具典型特征的核心价值，理解这些将能从深层获得与儒家文化圈人士打交道的逻辑。

二、基督教文化圈

基督教起源于犹太教，于公元 1 世纪中叶在巴勒

---

① 赵卫东：《儒家文化与中国人的生命底色》，《孔子研究》2019 年第 3 期，第 24 页。
② 朱岚：《论儒佛孝道观的歧异》，《世界宗教研究》2008 年第 1 期，第 45 页。

斯坦地区产生。基督教是信奉耶稣基督为救世主之各教派的总称,包括天主教、东正教和新教三大教派以及其他一些较小教派,在中国,将新教通称为基督教或耶稣教。[①] 基督教文化圈是以基督教文化为基础的地区的统称,主要分布区域是欧洲、美洲、澳洲等地。属于基督教文化圈的国家和地区,其社会生活和文化习俗都深受基督教文化的影响,如基督教文化圈国家的主要节日多与基督教相关;厌恶数字13与饮食中的不吃血液等许多习惯均与基督教有关;出生、结婚、葬礼等人生中的重大活动都要得到神的祝福与见证;绘画、建筑、音乐中常以圣经故事为题材;基督教爱的伦理思想具有深厚的人文关怀特点等。基督教文化圈还有一些主导性的文化特征,下面选取有代表性的几点简要介绍。

(一) 以"约"确立的相互关系

在基督教文化中,"约"是一个非常重要的观念。"约"(Covenants)的原意是指双方所达成和奉行的相互间的承诺。基督教认为,基督教的经典《圣经·新

[①] 周加李:《涉外礼仪》,机械工业出版社,2018,第152页。

旧约全书》所记载的是上帝与人类的关系,而这种关系主要是通过"约"的形式体现出来的,它包括旧约和新约。其中旧约是指上帝与犹太人所立的"约"(主要标志是"割礼""十诫"等),而新约是指上帝通过耶稣而与信仰者重新立的"约"(主要标志是耶稣在十字架上受难舍命)。在基督教中,上帝拯救人类,人类信仰上帝及耶稣,都是在履行上帝与人类所立的"约"。"约"体现了人类与上帝之间的权利和义务的平衡,意味着人与神之间并不是一种宿命安排,而是一种互动关系。正是这种立约观念,对近现代西方社会产生了较大影响。近代西方的"社会契约"说和现代西方社会普遍存在的"契约精神"无不受其影响。

(二) 追求理性的文化传统

基督教起源于犹太教,并深受古希腊罗马文化的影响。基督教文化一方面继承了希伯来犹太教文化的信仰传统,另一方面继承了古希腊罗马文化的理性传统。信仰与理性在一般情况下体现为相互对立,但基督教是一种将理性与信仰结合的宗教,基督教文化中的理性,是信仰前提下的理性思辨(即理性服从信仰,信仰高于理性)。基督教历史上的"和子句"之争

(是造成东西部教会分裂的主要原因之一),基督教神学中的"三位一体"之争和"基督"是神是人之争,基督教经院哲学中的唯实论和唯名论之争等,都体现了这一点。但也正是由于这种理性的思辨,当哥白尼、布鲁诺等作为虔诚的基督教徒在用思辨真理(理性精神)论证启示真理(上帝的启示)时,无意中使理性突破了信仰,进而开启了近代西方的科学文化,并迎来了西方近代历史上辉煌灿烂的理性时代。追求理性是基督教文化的独特之处,也是儒家文化及伊斯兰教文化所不及的。

(三) 二元对立的思维方式

在基督教文化中有关于"上帝"的观念,认为作为"善"的集中体现的上帝是世界万事万物的创造者和世界运动变化的终极推动者。但在基督教文化中同时又存在着关于"魔鬼"的观念,认为魔鬼撒旦是"恶"的化身和众"恶"之首。由此使基督教文化成为一种二元对立的文化,这种二元对立在基督教文化中除了体现为上帝与魔鬼的对立,还有天国与尘世的对立等。如德国诗人海涅所说:"天主教乃是上帝和魔鬼,亦即精神和物质之间的一种妥协。"二元对立的观念也深刻地影响了近现代的西方文化,如歌德的诗剧《浮士德》中的灵魂与肉体、善与恶的对立;康德的二律背反学说中的有限与无限的对立;现代西方哲学中的理性与非理性的对立等。这种二元对立观念也影响了西方人的思维方式,非黑即白、非好即坏、非对即错、非敌即友,它没有灰色地带,与中国传统文化中的阴阳辩证思维呈现出完全不同的思维取向。正如法国一位文学家所说,"人有两只耳朵,一只耳朵听到上帝的声音,一只耳朵听到魔鬼的声音",因此西方人始终是自我矛盾的,处于一种永无终止的自我冲突和困窘焦虑之中。

基督教文化圈的基础是基督教文化,基督教文化对文化圈内信众的影响是方方面面的,从世俗生活到政治形态,从思维方式到行为习惯,了解其主导性的文化特征便于从整体上更深入地理解基督教文化圈。

三、伊斯兰教文化圈

伊斯兰教文化圈是以伊斯兰教文化为文化基础的社会区域的统称,伊斯兰教文化圈主要分布在中亚、西亚、北非和南亚等地。伊斯兰教文化圈具有一些共同的文化特征，如民众信仰伊斯兰教、《古兰经》是经典、服从真主意志、使用阿拉伯字母、用手指抓饭进食、拥有类似的建筑风格等。伊斯兰教文化圈国家众多，由于时代和政治变革的要求，一些国家纷纷实行宗教改革，不同时期、不同国度的思想也各有所别，但伊斯兰教文化圈有一些主导性的文化特征，下面提取几点进行分析。

（一）"认主独一"的宇宙观

"认主独一"是伊斯兰教信仰体系的基础，立教之本质，信仰之核心。伊斯兰教作为彻底的一神教，认为真主是宇宙万物唯一的创造者、主宰者，其伟大和全能是无与伦比的，是人类感官无法直接认知的超然存在。国家、社会乃至个体的行为只有符合真主的意志，才被视为是正确与得体的。"认主独一"是伊斯兰教文化圈信众共同的宇宙观，信众毫不动摇地把坚信真主当成穷尽一生为之奋斗的最高理想与追求，是人生哲学的基本要义和终极目标。

（二）伊斯兰教法塑造社会秩序

伊斯兰教法对传统伊斯兰文化有决定性的影响。

伊斯兰教法以真主名义颁布，为穆斯林提供了一套建构社会秩序的宗教法规范。伊斯兰教法以统一的法律规定、道德准则和行为规范来约束全体社会成员。伊斯兰教法在现代的应用一直是保守和自由穆斯林之间争论的话题，至今许多伊斯兰国家仍然把教法当成民事、刑事基本法，并通过法庭实施，也有很多伊斯兰国家有了对应的世俗法。但整体上伊斯兰教法塑造了社会秩序，穆斯林在习惯上遵守教法教规成为伊斯兰教文化圈的文化特征。

（三）《古兰经》与"圣训"指引人生观与价值观

按照正统派主流的观点，伊斯兰教法的律法来源是《古兰经》、圣训、公议和类比四个方面，[1] 主要还是《古兰经》和圣训，[2] 下面对二者进行介绍。《古兰经》被各派教学学家一致当作最重要的立法渊源。其实，《古兰经》不仅是教法的重要来源，也是伊斯兰教信众人生观与价值观的指南。《古兰经》是用阿拉伯文字记录的真主启示的原话，是不证自明的宗教启示知

---

[1] 耿龙玺：《浅谈伊斯兰法的法源理论》，《甘肃政法学院学报》2003年第5期，第6页。
[2] 从恩霖：《伊斯兰法学及其发展历程》，《中国穆斯林》1996年第6期，第10页。

识,直接源自真主的启示,属于不容怀疑、永远正确的"绝对知识"。"圣训"是伊斯兰先知穆罕默德传教、立教的言行记录,是《古兰经》的解释和补充,是穆斯林的思想言行指导和行为的重要依据,也是仅次于《古兰经》的伊斯兰法的教法渊源。二者都是可靠的教法依据。一千多年来,穆斯林对圣训理解的差异曾引发教义争论,并因此兴起不同学派与教派。

与其他文化圈相比,伊斯兰教文化圈是一个宗教对圈内人民的思维方式与行为习惯影响最大的文化圈,不理解伊斯兰教对穆斯林的深厚影响,就会在与这个文化圈的人士打交道时面临很多障碍。

第三节 中国礼宾礼仪中的文化特色

礼宾礼仪是一套得到世界绝大多数国家认可与践行的国际规范,具有国际性特征。尽管礼宾礼仪的国际性特征明显,但各国在践行这些约定俗成的礼宾礼仪规范时,难免打上本国文化的烙印,使礼宾礼仪既具有国际性也具有民族性。

中华民族因一贯重视"礼"而被称为礼仪之邦,

"礼"是中华文化中非常重要的组成部分,那么,中国在践行礼宾礼仪规范时展现了哪些传统文化特色?思考这个问题,对于外交外事人员而言,能够更加深刻地认识与理解中国特色大国外交,并通过对中国礼宾礼仪中的文化特色的梳理,建立民族自豪感,传播中华文化,并促进不同文化的交流与互鉴。下面从中国传统文化中有代表性的几种思想看它们如何影响了中国的礼宾礼仪。

一、"天人合一"思想对中国礼宾位次观的影响

前面对儒家文化圈的介绍中已经提及了"天人合一"思想,它建构了圈内人士的宇宙观。其实,"天人合一"思想在儒、道、释三家均有阐述,不同的派别有不同的理解,尽管在表述上有一定差异,但都致力于天人关系的和谐发展。[①]"天人合一"强调天与人相通、相依,人与宇宙是不二状态,人与天地构成了一个"生命共同体"。[②]

[①] 张涛:《"周易"与儒释道的"天人合一"思想》,《山东大学学报(哲学社会科学版)》2017年第4期,第150页。
[②] 朱贻庭:《"天人合一"的道德哲学精义》,《华东师范大学学报(哲学社会科学版)》2017年第4期,第12页。

第十章 礼仪习俗与文化

位次是礼宾礼仪中非常重要又具有敏感度的内容，中国传统的位次观中左与右谁为尊的问题较为复杂，在中国历史上既有尚左也有尚右的情况。中国历史源远流长，若将中国历史上的"尚左""尚右"情况加以概括，则先秦时期尚左尚右兼有，秦朝时期尚左，汉初时期尚右，汉武帝之后尚左，三国到宋辽金时期尚左，元朝时期尚右，明清时期尚左。可见，在中国历史上，从汉武帝时期起，尚左逐渐成为汉民族的一种稳定的共同的习尚并作为中国传统文化的特色之一延续至今。目前中国政府系统、事业单位及相关机构的非涉外活动的位次排序均采用"以左为尊"的传统做法。

中国古人"以左为尊"的观念受到多种因素的影响，其中，"天人合一"思想便是一种影响因素。"天人合一"哲学观追求人类与自然界之间的统一协调关系，认为人是自然界的产物，也是自然界的有机组成部分，因此，人应当尊重自然、顺从自然，与大自然和谐相处。[①] 由于古人重视人与自然的和谐关系，他们修建房屋时特别重视关于生存环境学问的风水，阴阳

---

① 韩增禄：《"左右尊卑"辨析》，《周易文化研究》2010 年第 00 期，第 205 页。

和谐的方位理念是风水理论的核心理念。古人的建筑朝向需坐北朝南以最大化地接受阳光,在坐北朝南的格局下,东为阳,西为阴。由于人在屋内的方位与建筑一致皆为坐北朝南,人的左边(东边)是太阳升起的地方,象征着希望、光明、茂盛、胜利;右边(西边)是太阳落下的地方,象征着萧条、没落、衰败、死亡,故左为阳,右为阴。方位上的尊卑影响了中国古人"左尊右卑"观念的形成,故有"吉事尚左,凶事尚右"的说法。①

中华人民共和国建国之后,在外交礼宾上强调与国际接轨,在外交场合的位次基本遵循国际标准"以右为尊"。但是,饶有兴趣的是中国礼宾中也出现过把贵宾安排在左边的情景。例如,毛泽东晚年在中南海书房会见外宾,1972年2月会见美国总统尼克松,1973年9月会见法国总统蓬皮杜,1973年11月会见澳大利亚总理惠特拉姆以及1976年2月再次会见已经卸任的美国总统尼克松等,客人均被安排于毛泽东的左侧就座。如果说从新中国成立到改革开放之前,中国外交中偶尔会出现外宾居于左边的情况,那么,改革

---

① [魏]王弼(注),楼宇烈(校释):《老子道德经注校释》,中华书局,2008,第80页。

开放后，随着中国进一步融入国际社会，"以右为尊"的国际标准则在中国外交礼宾中基本制度化了。值得关注的是，近年来，随着中国不断崛起，中国外交礼宾中再次出现了外宾居于主人左侧的情况。比如，2017年11月美国总统特朗普访华，尽管在大多数场合中国采用"以右为尊"的国际标准礼待特朗普夫妇，但在故宫文物医院体验书画装裱工序的关键环节"托画心"，以及观看京剧表演后与演员合影的两个场合，特朗普夫妇均站在了主人习近平夫妇的左手边。

这些安排有无可能是出于按照中国传统文化"尊左为贵"的标准安排礼宾中的位次呢？但中国历史上确实存在"以左为尊"的传统。位次的背后是文化，作为一个五千年文明的古国，中国文化博大精深，"以左为尊"包含了深刻的东方智慧。外交场合偶尔出现的"以左为尊"让世界了解到，除了"以右为尊"的国际规范，中国传统还有一种"以左为尊"的情况，这是对世界位次规范的一种丰富。

二、"尚礼好客"思想对中国礼宾宴请观的影响

中国自古就有"尚礼好客"的传统。中国古人以

衣冠上国、礼仪之邦的国民而自豪。《辞海》对"好客"的解释是：乐于接待客人，对客人热情。好客是中国传统文化的组成部分，如《论语》中讲："有朋自远方来，不亦乐乎？"几千年来，这句老少皆知的名句被视为中国人好客之道、待人以礼的基本象征。

中国人的好客有久远的历史，"好客"一词早在中国古代文献中就频繁出现。"好客"作动词，意指"款待客人""热情待客"，如李白在《赠别从甥高五》中写道："贫家羞好客，语拙觉辞繁。三朝空错莫，对饭却惭冤。"此处的好客是"款待客人"的意思。作为动词的"好客"综合起来包括以下几个方面：主人对待客人热情、慷慨、友善、尊重，并通过某种仪式或形式体现出来，如礼节、仪式、庆典、宴会等。中国人的好客在精神上，是隆重而热烈的，如果不能超越己方条件加倍地优待客人就不足以表达礼与敬。

中国人表达好客的方式体现在很多方面，比较有代表性的是饮食。中国自古以来就是农业大国，"饮食"对中国人非常重要，《礼记·礼运》曰，"夫礼之初始诸饮食"，[①] 指中国的礼仪制度和风俗习惯始于饮

[①] 杨天宇撰：《十三经译注礼记译注》（上），上海世纪出版股份有限公司、上海古籍出版社，2004，第268页。

食活动，人类最早的礼仪是从饮食开始的。在与外国的交往中，宴请是款待外宾的重要一环，《周礼·春官·大宗伯》曰，"以飨、燕之礼，亲四方之宾客"，[①]指以招待宾客的飨礼和燕礼等宴会之礼，使四方前来朝聘的宾客相亲和。再看"社稷"二字，最初是土神和谷神的总称，社为土神，稷为谷神，土神和谷神是以农为本的中华民族最重要的原始崇拜物，因其重要性、独特性，以至于"社稷"一词后来被用来指代"国家"。到今天，饮食依然是中国人生活中非常重要的组成部分，包含着特殊意义。作为一种传统，中国人至今依然认为上好的酒食是款待客人最适宜、最体面的方式。

在中国古人看来，对外人好客是大方、富有和有礼貌的标志。中国古人重视主人自身的礼仪表达，隆重待客、厚礼相赠体现的是礼仪之邦的风范、气度与济世情怀。在与周边国家的交往中，中国古人并不看重物质上的完全对等，非物质化因素比如名望与声誉也是一种收获，中国传统文化中有"重义轻利"的传统，与周边国家的交往则多为"厚往薄来"。

[①] 杨天宇撰：《十三经译注周礼译注》，上海世纪出版股份有限公司、上海古籍出版社，2004，第279页。

这种"尚礼好客"的思想对中国礼宾礼仪的宴请产生了较大影响。比如中华人民共和国成立初期,经济基础非常薄弱,我方依然倾其所有款待外宾,对外宴会中菜肴数量多、菜品名贵的做法成为常态。改革开放后,中国宴请外宾逐渐与国际接轨,具有民族特色的隆重待客之道逐渐被简化的风格所替代,通过隆重宴请表达好客的方式得到调整。随着中国国家实力迅速提高,中国人的民族自信心不断增长,党的十八大以来,中国外事宴请中体现出中国的大国特色、气派与风格。以国宴为例,一方面,国宴的内容日渐丰富,菜肴数量不再局限于两菜一汤或者三菜一汤,东道主用丰富的饮食表达隆重的待客之情;另一方面,在国宴的仪式性、美学性呈现等方面又与国际接轨,食物之外的元素如场地、器皿、服饰、演出、氛围等也颇为用心。

总之,随着中国国力的提高和对民族文化的重视,宴请在国际化的基础上融入了隆重待客的传统,通过国际性与民族性相结合诠释了中国"尚礼好客"的精神,这也是具有大国外交特色方式的体现。

三、"以仁为本"思想对中国礼宾待客观的影响

礼是中国传统文化中非常重要的内容,孔子是中华传统之"礼"的集大成者,既重视"礼"的形式也重视对"礼"的本质的探讨。"礼"与"仁"是孔子儒学思想的核心内容,儒家的核心经典《论语》共11705字,"礼"字出现75次,"仁"字出现105次。①"仁"的含义是什么?樊迟问仁。子曰:"爱人。"②"爱人"就是关爱他人,以礼相待,就是要"己所不欲,勿施于人","推己及人"……由关爱他人延伸到关爱自己以外的所有生灵。③"仁"正是礼之本或礼之质。④孔子特别反对没有"仁"支撑的"礼",《论语·八佾》曰:"人而不仁,如礼何?人而不仁,如乐何?"⑤指出"仁"乃人与人之间的真情厚意,由此通过礼乐表达,如果人心中无此一番真情厚意,礼乐就

---

① 梅珍生:《论孔子思想中的"礼"与"仁"》,《江汉论坛》2013年第12期,第41页。
② 杨伯峻译注:《论语译注:大字本》,中华书局,2015,第150页。
③ 黄怀信:《〈论语〉中的"仁"与孔子仁学的内涵》,《齐鲁学刊》2007年第1期,第8页。
④ 梅珍生:《论孔子思想中的"礼"与"仁"》,《江汉论坛》2013年第12期,第41页。
⑤ 杨伯峻译注:《论语译注:大字本》,中华书局,2015,第27页。

失去了意义。由此,"仁"和"礼"的关系是"仁里礼外",①"仁"体现"礼"的本质,"礼"规定"仁"的方向,②"仁"是"礼"的思想基础,"礼"是"仁"的外在形式,"礼"如缺少内在"仁"的支撑,就会流于形式,空有其表。③

"仁"是处理人与人之间关系的最高道德标准,"以仁为本"思想也影响了中国的外交礼宾。中华人民共和国成立70周年,尽管外交礼宾经历了形式上的变化,但中国礼宾礼仪中"仁爱"的精神内核始终存在。

比如,20世纪60年代,中国和苏联在意识形态上发生分歧,双方展开了大规模论战。双方在各自举行的国宴上发表的正式讲话中常常有批评对方的言论。当中国抨击苏联之时,苏联和一些东欧国家使节有时会离席以示抗议。按照当时中国的习惯性做法,讲话是安排在上热菜以前,这样一来,离席退场的苏联与东欧国家的外交官就吃不上热菜。周恩来总理注意到这种情况,就指示礼宾司调整安排,把讲话放在上第

---

① 郭明俊:《礼的精神与价值》,《人文天下》2019年第22期,第17页。
② 颜世安:《外部规范与内心自觉之间——析〈论语〉中礼与仁的关系》,《江苏社会科学》2007年第1期,第25页。
③ 李建:《儒家"仁礼合一"传统与中华优秀传统文化教育》,《齐鲁学刊》2015年第4期,第6页。

三道热菜之后，目的是"让他们吃饱了再走"。① 在中苏关系恶化、相互敌视的情况下，还能够为他人着想，这除了体现周恩来细致入微的工作作风，也是儒家"仁爱"精神的生动展示。

类似的例子在中国的礼宾礼仪中并不少见。2010年4月30日晚上举行上海世博会开幕式，马耳他总统阿贝拉却在30日上午不慎摔伤，时任国家主席胡锦涛得知这一消息后，于5月1日在极为繁忙的日程之下抽空前往医院亲自探望阿贝拉总统，之后安排包含医疗组的专机护送阿贝拉总统回国。阿贝拉总统激动地说："我已经找不到合适的语言来表达我的感激之情。我会永远记住胡锦涛主席和夫人及中国人民的深情厚谊。"② 阿贝拉总统虽然意外摔伤，但得到了中方细致的关爱与照顾。中国在处理阿贝拉总统上的表现正是以"仁爱"为内核，不仅温暖人心，还极大地提升了宾主的感情并增进了两国的友谊。

2018年12月12日，习近平主席为厄瓜多尔总统加尔塞斯在人民大会堂举行国宾欢迎仪式。然而，加

---

① 张建宏：《礼仪楷模——周恩来》，《兰台世界》2011年第5期，第12页。
② 《马耳他总统上海不慎摔伤 胡主席派专机送他回家》，新浪网，http://news.sina.com.cn/w/2010-05-07/065817474147s.shtml，访问日期：2010年5月7日。

尔塞斯总统1998年因遇袭致残，出行需坐轮椅，考虑到这一特殊情况，中方在礼宾上进行了多处调整，如放弃有较多台阶的北门而改成从西北门进入，为总统就座于轮椅上检阅仪仗队提供便利等。这些形式性与程序性的调整正是以内在"仁爱"为支撑的，这些做法让中国结交了更多朋友。

"礼"脱离了"仁爱"精神就缺失了灵魂。中国礼宾中的诸多为他人考虑与着想的做法正是"仁爱"精神的外在表现。

四、"中庸之美"思想对中国礼宾服饰观的影响

中国古人崇尚中庸，把之当成最基本的价值观、方法论。何为中庸？孔子并未直接定义中庸，从历史文本去看，《论语·雍也》曰："中庸之为德也，其至矣乎！"[①] 《礼记·中庸》曰："君子中庸，小人反中庸。"[②] 这是对中庸道德价值的肯定，指出中庸是至高无上的德，是君子与小人的重要区别。中庸也是一种

---

① 杨伯峻译注：《论语译注：大字本》，中华书局，2015，第74页。
② 杨天宇撰：《十三经译注礼记译注》（下），上海世纪出版股份有限公司、上海古籍出版社，2004，第691页。

思想方法,《论语·先进》中有一段子贡与孔子的对话,子贡问:"师与商也孰贤?"子曰:"师也过,商也不及。"曰:"然则师愈与?"子曰:"过犹不及。"① 可见中庸并非折中主义、平均主义、妥协主义等,孔子认为过分和不足是一样的,中庸是对恰当性与适度性的追求。《中庸》是孔子的孙子子思所作,其中有相关描述:"喜怒哀乐之未发,谓之中;发而皆中节,谓之和;中也者,天下之大本也,和也者,天下之达道也。致中和,天地位焉,万物育焉。"② "中和"是儒家"中庸之道"的另一种说法,"中"是天下的根本,"喜怒哀乐之未发"就是"中",未发并非说不发,而是找到一个合适的途径发。"和也者,天下之达道也",喜怒哀乐发而有节制、合度,这就是"和",可见"中和"是一种节制、不偏不倚、不极端的状态。现代新儒学派代表人物杜维明教授认为:"中庸是要在一个复杂的社会、一个复杂的时空网络中,取得最好的、最合情合理的选择。"③ 综上,中庸是要坚持适度原则,

---

① 杨伯峻译注:《论语译注:大字本》,中华书局,2015,第132页。
② 陈晓芬、徐儒宗译注:《论语大学中庸》,中华书局,2015,第289页。
③ 杜维明:《儒家传统的现代转换》,北京中国广播电视出版社,1992,第117页。

把握分寸、恰到好处、无过无不及。①

中庸在历史上有多种表现形式，结合庞朴先生在《中国文化十一讲》第八讲中的研究，②在这里我们将中庸的表现形式归纳为三种：（1）"不A不B"形式——《论语·先进》："过犹不及。"③［宋］朱熹《中庸章句》："不偏不倚。"④（2）"亦A亦B"形式——《孟子·公孙丑下》："彼一时，此一时也。"⑤《礼记·中庸》："君子而时中。"⑥（3）"A而不A'"形式——《论语·八佾》："乐而不淫，哀而不伤。"⑦《论语·尧曰》："欲而不贪，泰而不骄，威而不猛。"⑧

中庸既是一种道德境界、思想方法，还是一种审美标准，所推崇的是一种中庸之美，它在礼宾礼仪服饰方面也有着明显的体现。根据中庸的三种表现形式，可以将服饰方面的中庸之美概括为三点。

---

① 杜宪峰：《"中庸"的本义及其时代价值》，《理论导刊》2010年第9期，第29页。
② 庞朴：《中国文化十一讲》第八讲，中华书局，2008，第119—133页。
③ 杨伯峻译注：《论语译注：大字本》，中华书局，2015，第132页。
④ ［宋］朱熹：《大学中庸章句》，中国社会出版社，2013，第22页。
⑤ 方勇译注：《孟子》，中华书局，2010，第83页。
⑥ 杨天宇撰：《十三经译注礼记译注》（下），上海世纪出版股份有限公司、上海古籍出版社，2004，第691页。
⑦ 杨伯峻译注：《论语译注：大字本》，中华书局，2015，第34页。
⑧ 杨伯峻译注：《论语译注：大字本》，中华书局，2015，第241页。

第一，中规中矩、不偏不倚之美（"不 A 不 B"形式）。中规中矩、不偏不倚之美崇尚含蓄、典雅、庄重的服饰。服饰体现着一个国家的文化与审美趣味。西方一直存在欣赏与展示人体美的传统，古希腊的奴隶社会时期就十分重视人体美的研究，[①] 因此，欧美国家的女性，在一些隆重的社交场合常常穿着袒胸露背的服装。而伊斯兰国家的女性受到宗教的影响，往往用黑或白色薄纱蒙头裹体。与这两种审美观不同，中国礼宾中的女性如领导人夫人、高级别女性官员等并没有放弃中国传统文化中的美学追求，经常以典雅、庄重、含蓄的礼服以体现其独特的美感。中国第一夫人彭丽媛在参加外交活动时，常穿着包含中式元素的服装展示出东方女性的端庄、友善、慈爱的形象和绚丽的中国风情。她被外媒赞为"中国外交新名片"，"丽媛 style"成了典雅的代名词，她的典雅总是恰到好处。如 2014 年彭丽媛女士参加比利时王室的欢迎国宴，她身着长至脚面的蓝灰色及地长裙，外穿一件同色立领、半透明的绣花绢纱开襟衫，立领、对襟、真丝、绣花与绲边等一系列中式元素呈现了含蓄典雅的风范，绢

[①] 孔寿山：《中华服饰文化发展及中心服饰审美的差异性》，《文艺研究》1992 年第 5 期，第 51 页。

纱开襟衫既显示出其优雅的心境又展现含蓄朦胧美感，不偏不倚、雍容华贵。

第二，此时彼时、趋时变通之美（"亦A亦B"形式）。这种审美注重的是动态之美感，即中庸之美不是单一单调、一成不变的，而是根据不同的时间、不同的场合出现不同的变化。比如中国首位少数民族大使傅莹女士就是在服饰穿搭上很有品位的一位女士，她曾任中国驻菲律宾、澳大利亚、英国等国大使，担任过外交部副部长。在不同的外交场合，她总是能够穿着适宜的服装以体现身份并呈现美感。比如，2007年，她作为新任驻英大使向英国女王伊丽莎白二世递交国书时，穿着一套含有中式元素的礼服，立领、盘扣、开襟、绲边、锦缎面料、玉镯子配饰等传递着庄重、温婉的东方美感。而她在很多公务性的外交场合，则喜爱以简约的素色长围巾搭配西服或者改良的西服以传递严肃中不失柔和的风范。每次出场，她应时应景的服装总是使人眼前一亮，以至于有人称她为"时尚外交官"。

第三，特色鲜明、秀而不媚之美（"A而不A'"形式）。中规中矩、不偏不倚之美并不是否定特色，而是在中规中矩、不偏不倚之美的基础上，追求既特色鲜明又秀而不媚之美。中国外交官章启月女士曾任中国外交部新闻发言人,还曾任中国驻比利时大使和驻印度尼西亚大使、中国驻纽约总领事、中国驻希腊大使。章启月有"外交名嘴"的美誉,在着装上也很讲究。如 2017 年 11 月 2 日,担任中国驻纽约总领事的章启月在纽约参加百老汇举行的中国学院 2017 蓝云晚会,这是一个隆重程度较高的社交场合,很多外国女性身着长至脚面的大礼服,章总领事身穿长至脚踝的新中式黑色旗袍,既有传统的中式元素,也有西式礼服的立体造型,中西合璧的礼服呈现的是落落大方、特色鲜明、秀而不媚。

以上以中国外交舞台上三位女性为例,聚焦她们的服饰,分析中国传统文化中的中庸之美如何影响了她们的服饰审美观,即不偏不倚、趋时变动、特色鲜明、恰到好处。

传统文化特色始终是中国外交的底色,党的十八大以来,传统文化得到更多重视与体现,文化成为中国外交的最大特色之一。习近平总书记非常善于用中国优秀传统文化的理念来指导中国对外政策的理论与实践,他多次强调"中华优秀传统文化是中华民族的突出优势,是我们最深厚的文化软实力"。①

外交礼宾礼仪是外交的重要组成部分,中国的外交礼宾礼仪必然受到中国传统文化的影响,使中国的外交礼宾礼仪在国际性特征的基础上呈现出一定的中国特色,这一方面丰富了具有鲜明国际性特征的外交礼宾礼仪规范,另一方面也促进了世界不同文明的对话与交流。

思考题

1. 做好礼宾礼仪工作为何要熟悉跨文化交流的知识?

2. 文化圈大约有几大类,为何了解世界不同的文化圈能够为与不同文化背景的人打交道奠定基础?

3. 有观点认为,一个国家越自信,越愿意展现自身的文化并期待获得认同与尊敬。你是否同意这种观点?

---

① 《习近平谈中华优秀传统文化:善于继承才能善于创新》,中国共产党新闻网,http://cpc.people.com.cn/xuexi/n1/2017/0213/c385476-29075643.html,访问日期:2020年8月1日。

后　记

新冠疫情三年惊心动魄，每个人都受到了影响。对于大学老师来说，隔离时间也是做学术研究的最佳机会，少了一份浮躁，多了一份难得的宁静，这也许就是令人沮丧的疫情给人带来的额外收获吧。

礼宾礼仪是中国大外交不可缺少的组成部分，它的重要性不言而喻，拥有丰富的礼宾礼仪知识可以展现个人素质、促进涉外交往、提升国家形象，为中国的外事工作助力。本人从事礼宾礼仪的教学与研究工作，至今已有十五年，《涉外礼宾礼仪》正是自己这些年教学与研究工作的一个总结。

本书共有十章内容，由五大部分组成。第一部分是礼宾礼仪基础，包括第一章，主要介绍礼宾礼仪的概念、内容、发展以及基本原则；第二部分是礼宾中的大型活动，包括第二、第三、第四章，主要梳理一些大型活动比如会见会谈、各种仪式、国际会议、餐宴组织等；第三部分是礼宾中的专业知识，包括第五、

第六、第七章，主要介绍外交外事中的位次、国家标志与外交特权、对外文书等；第四部分是礼宾中的人员素养，包括第八、第九章，主要梳理外交外事人员的外在形象、沟通技巧等；第五部分是礼仪文化与中国礼宾特色，体现在最后一章第十章，主要研究礼仪习俗、文化以及中国特色大国外交礼宾中所体现的文化特色。希望通过这五大部分十章内容对涉外礼宾礼仪进行较为系统的梳理，并力求凸显场景与情景的交融、人物与历史的交合、习俗与文化的交汇。

在写作本书的过程中，得到了很多人的帮助，请允许我一一表达谢意。

首先，要感谢对我无私指导的学者与礼宾实践者。特别感谢中国人民外交学会理事、浙江大学的余潇枫教授，一次偶然的机会，我与余教授交流这本书的写作任务，作为学术前辈的余教授对书稿提出了很多建设性的意见，从化整为零的写作方法到书稿目录的提升，再到成稿后的建议，使我受益匪浅。北京大学的张清敏教授在本人的学术研究方法上给予指正，他对书籍最后一章礼仪习俗与文化部分的无私指点使我深深受益。还要感谢外交学院的赵铁生副教授，他对书籍最后一章提出了很好的问题与建议，启发我思考，

后 记

使我获益良多。前辈们深湛的研究功力、过人的学识、谦虚的态度令我敬佩,值得我一生去学习!在写作的过程中,我还请教了青岛市政府外事办公室礼宾处副处长王成先生,作为一线的礼宾实践者,他的建议无疑是非常重要的。此外,我的学生王纾蕴与刘阅怡协助绘制了书中的图片,泰国留学生黄甜甜为泰国合十礼部分的撰写贡献了很多的建议,没有这些图片与建议本书是不完整的,要谢谢我的学生。

其次,要感谢中国外交礼宾界的前辈。外交部礼宾司原司长,中国前驻希腊、爱尔兰大使,中国前驻旧金山大使衔总领事罗林泉先生为本书倾情作序,罗大使曾任中国职位最高的礼宾官,他严谨、谦逊、周到与风趣,是中国礼宾官的杰出典范。罗大使对本书的肯定,对我的鼓励,都深深地激励着我。有以罗林泉大使为代表的前辈们的引领,我知道,外交礼宾礼仪研究的道路虽有些寂寞,却始终有照亮前进路程的光明。

再次,要感谢外交部、世界知识出版社、中国外交培训学院与我的单位外交学院。外交部相关领导前期对书籍目录、后期对书稿全稿进行审定,一头一尾整体把关,为书稿护航。世界知识出版社责任编辑严谨、认真，她的专业水平与敬业精神令人敬佩。中国外交培训学院大力协助本书的出版，李敏老师在书稿写作的过程中具体安排、接洽，为书稿的顺利完成提供了帮助。我的单位外交学院给予的支持则是贯穿始终的，特别要感谢"外交学院一流学科建设文库系列丛书"项目提供的出版资助。

最后，要感谢我的家人。在我写作期间，母亲、丈夫与儿子一直在北京陪伴我，他们的关怀与爱是我前进的动力。此外，书稿中一定有很多不足之处，非常期待读者朋友多提宝贵意见，如果这本书对于提升外交外事系统人员的礼宾水平有所帮助，将是我莫大的荣幸。

周加李

2023 年 6 月 6 日